U0599618

高职高专“十一五”规划教材

编审委员会

顾　问　姜大源

教育部职业技术教育中心研究所研究员

《中国职业技术教育》主编

委　员

马必学	黄木生	刘青春	李友玉	刘民钢
蔡泽寰	李前程	彭汉庆	陈秋中	廖世平
张　玲	魏文芳	杨福林	顿祖义	陈年友
陈杰峰	李家瑞	屠莲芳	张建军	饶水林
杨文堂	王展宏	刘友江	韩洪建	盛建龙
黎家龙	王进思	李　志	田巨平	张元树
梁建平	宋卫东	游　敏	颜永仁	杨仁和

高职高专“十一五”规划教材·市场营销系列

GAOZHI GAOZHUAN “SHIYIWU” GUIHUA JIAOCAI

电子商务物流管理

主　编　刘丽华　蔡　舒

副主编　龚　谨　南超兰　姚孟良

WUHAN UNIVERSITY PRESS

武汉大学出版社

高职高专“十一五”规划教材·市场营销系列

编　委　会

主　任　谢守忠　宋德凤

副主任　（以下按姓氏笔画排序）
卢世华　吴怀涛
吴新明　杨季夫
龚士林

委　员　卢世华　刘　含
吴怀涛　吴新明
宋德凤　李　伟
李质甫　杨季夫
陈文刚　周　庆
郑　璁　金　中
施复兴　龚士林
程　洁　覃慧海
谢守忠　谢海燕

前　言

随着电子商务环境的改善，以及电子商务所具备的巨大优势，政府和企业纷纷以不同的形式介入电子商务活动。在电子商务改变着传统产业结构的同时，物流业也不可避免地受到影响，两者之间的关系越来越紧密。一方面，物流业在电子商务形式下应采取新的发展策略；另一方面，物流对电子商务的影响更是不可忽视，已成为电子商务活动能否顺利开展的关键因素。因此，电子商务下的物流及其管理，是需要特别研究的新领域。

电子商务下的物流，有不同于一般物流的明显的特殊性，这使得电子商务环境下物流管理的难度远比传统形式的物流要高许多。有效的管理需要电子商务与物流知识的结合，并且应用一些特别的管理手段。因此，我们根据“基础充实、理论够用、以实为本、以能为主”的原则，以电子商务专业课程教学改革为契机，以专业岗位能力培养为核心，以缩短学生的从业适应期为目标，兼顾物流师系列职业资格认证的要求研制编撰了这本教材。目的是使学生从管理角度全面地了解物流的电子化过程，熟悉电子商务环境下的物流管理模式、作业流程以及物流信息系统等，掌握相关职业资格要求的专业技能。

在研制本教材时，我们力求在体例上有所突破。每章以“导读”引入，以“导读案例及问题”引导学生学习与思考，章后设置了“本章小结”、“复习思考题”及“实践练习”等栏目，以便于学生巩固所学知识。考虑到各院校配置的电子商务实训及物流实训系统不一致，建议教师在组织教学时，根据实际情况对实践练习内容进行适当调整与补充。

全书共分八章，刘丽华负责编写第一章和附录；南超兰负责编写第二章；姚孟良负责编写第三章；龚谨负责编写第四章；蔡舒负责编写第五章；杨佳佳负责编写第六章；万娴负责编写第七章；秦琴老师负责编写第八章。全书由刘丽华负责总纂。

本书研制过程中参考、引用了许多文献，在此一并表示衷心的感谢！

由于水平有限，书中难免存在一些错漏，敬请各位专家和读者赐教指正。

高职高专“十一五”规划教材
《电子商务物流管理》研制组
2008年1月

目　录

第一章　电子商务物流管理概述　1

第二章　电子商务物流作业管理（一）　23

第五章　电子商务物流系统化管理

第一章　电子商务物流管理概述

导　读

互联网越来越深入我们的生活。根据中国互联网络信息中心的调查数据，截至2007年6月，我国互联网普及率已经达到12.3%，比去年同期提高了接近3个百分点；我国网民人数已经达到1.62亿；我国网站数量已经达到131万个，年增长率达到66.4%；其中增长最快的是CN域名下的网站，目前.CN下网站数已达81万，年增长率达到137.5%，这与上半年CN域名的爆增①有直接关系。

调查数据同时显示，我国互联网普及率虽然一直在逐年提高，互联网应用正逐步广泛化，但总体水平依然偏低。如网络购物方面，我国只有25.5%的网民使用网络购物，而在美国，网络购物已经成为网民的普遍行为；网上旅行预订，我国网民仅有3.9%的人进行网上旅行预订，而已有超过6成的美国网民充分利用网络进行网上旅行预订。② 原因是多方面的，但不可忽视的一个问题是：企业从网上接收到客户的订单，能否按客户指定的时间和方式将指定货物送达到客户指定的地点？订单处理与履行能力的高低，越来越成为制约企业电子商务发展的关键因素。

企业应该怎么做？在电子商务形式下应采取哪些新的发展策略？这些都有待于我们进入一个全新的领域来学习电子商务下的物流及其管理。这一章正是让我们在了解电子商务物流活动基本规律的基础上，对电子商务物流管理有一个总括性的认识。

① 中国将于2008年举办奥运会，国外知名企业为抓住商机，纷纷抢注CN域名。
② CNNIC第20次《中国互联网络发展状况统计报告》。

导读案例一

物流自控高手——海尔

在家电企业纷纷将物流业务外包时，海尔选择了自己重构物流体系。

从1998年9月8日开始实施的市场链流程再造，是帮助海尔实现跨越式发展的重要一步。当时，海尔CEO张瑞敏预见到中国加入WTO后家电市场竞争的严重程度，决定把企业原有的结构打碎，建立市场竞争压力传导机制，把市场的竞争压力直接传到企业内部来。

张瑞敏用3个“流”的市场链流程，替代了过去直线职能式的金字塔结构。他认为现代企业最重要的是要流转顺畅：“过去企业信息流通是上下流动，下级报告上级，上级下达命令执行。现在则要横向流动，所有的人都面对市场，根据市场的要求来工作——即以订单信息流来带动物流、资金流的运转。因为这是有订单的，我们可以做到现款现货，产品到用户手里就可以拿到资金。这使整个企业运作流畅。”“订单信息流”概念后来成为带动海尔物流和资金流运转的核心，因为订单代表的是用户的需求，以最快的速度响应用户的需求，才能避免掉进价格战中。

在这样的集团战略之下，1999年，海尔成立物流推进本部，承担起实施物流重组和供应链整合的任务。

一、订单驱动现代物流

“海尔历来的一大特点就是自控能力极强，比如在营销方面它就极少依靠分销商，全都是自己在做，在物流上自然更不会放手。这是海尔具备足够大的企业规模才能做成的，是不可复制的模式。”国务院发展研究中心一位家电行业专家说。在张瑞敏看来，海尔做物流原因很简单，要做现代企业就要发展现代物流，没有现代物流，最后的结果就是“无物可流”。

海尔的现代物流经历了物流重组、供应链管理和物流产业化三个阶段。

海尔物流重组，第一步就是整合采购，将集团内分散在23个产品事业部的采购先集中起来。海尔每年采购量惊人，但因为当时家电行业的利润还很大，多花的钱和盈利相比显得无足轻重。采购集中受到了很多中高层管理人员的抵制，因为这样太不方便。

但集中后第一年就省了十几个亿，而且优化了分供方，原来的2 360多家只剩下300多家，另外引进来新的有竞争力的分供方400多家。优化不仅使分供方数量降下来，而且还有了59家全球500强的分供方，它们可以参与海尔产品的前端设计，使产品竞争力得到提高。海尔还开始实施三个 JIT（Just in Time）的物流管理，即 JIT 采购、JIT 原材料配送和 JIT 成品分拨物流。

在供应链管理阶段，海尔开创的“一流三网”的管理模式成为集团物流管理的特色。“一流”代表订单信息流，“三网”分别指全球供应链资源网络、全球配送资源网络和计算机信息网络。

“订单信息流”带来的改变确实可观。在海尔，每一个客户订单到达后，所有相关部门的终端都会同时响应。订单信息在物流推进本部的电脑终端被捕获后，立即转化为生产订单，由物流订单执行事业部将生产所需要的配件进行分解，统计共需要多少种零部件，接着排查库存，看有哪些是已有的，哪些需要采购。然后，电脑会自动形成采购订单。海尔全球 700 多家原材料分供方的电脑终端，也会同时看到订单信息，依托海尔的商务网，他们得到相应的供货订单，经过确认就可以马上出货。

与此同时，产品事业部根据终端传递的信息，将订单安排给各个生产线来生产，并将各种物料需要的具体时间和放置工位号等信息传递给物流配送部门，启动生产线。

订单信息转化为生产订单后，马上被传到海尔国际物流中心面积 7 200平方米的“物流中心立体仓库”中，每一件物品都在电脑终端的控制下，原材料在这里停留的时间最长不超过 7 天，成品则不到 24 小时便发往全国 42 个配送中心，物流中心每天的吞吐量相当于 40 多个同样大小的普通平面仓库。一辆辆无人驾驶的激光导引车会将每个订单生产需要的已有物料下架运出。只要几个小时这些物料就可以送达车间。

当产品还在不断生产中时，分拨物流事业部已经打印出成品货物的发货单。而海尔物流的大货车已经守候在生产线旁，经过无线扫描，成品装车启运，很快就能送达订货方。

从接到客户的订单到完成配送，海尔 10 天之内就可以完成。而一般企业完成这个过程则需要 30 天以上。海尔集团每个月平均要接到 6 万多个销售订单，这些订单的定制产品品种达 7 000 多个，需要采购的物料品种达 26 万余种。在这种复杂的情况下，海尔从最基本的物流容器单元化、标准化、集装化、通用化到物料搬运机械化逐步深入，实现了柔性生产，每条生产线每天可以生产销往几十个国家上百种规格的产品。

海尔流程再造 5 周年纪念日那天，海尔公布了一组数据来展现物流革命的成果：海尔的营运资金占用已经由流程再造前的 12.4 亿元降到零，库存资金周转速度由再造前的 30 天下降为现在的 7 天，订单响应速度由原来的 30 天下降为 6 天，营销网点则由原来的 2 万个增加到 3.4 万个，仓库面积由 24 万平方米缩减到 2 万平方米，分供方网络由原来的 2 236

家优化到目前的721家。

二、整合资源网络

确立了订单信息流的中心地位后，“三网”同步流动则为订单信息流的增值提供了支持。

整合全球供应链资源网络，使海尔获得了快速满足用户需求的能力。海尔通过整合内外资源，建立起全球供应链网络，经过优化的721家供应商中有世界500强企业59家。与这些世界领先的供应商建立战略合作关系的一大好处，是它们除了能为海尔生产配套产品外，还能加速海尔新产品的开发和设计。有时海尔只需提出自己对产品的特殊需求，比如希望采用高耐腐蚀性的钢材来生产某款冰箱，供应商很快就能研制生产原材料，这不但保证了海尔产品技术的领先性，开发的速度也大大加快。

在家电产品差别弱小、个性化需求越来越多的现在，能快速满足用户需求就意味着比竞争对手获得更大的市场。在海尔，用户可以定制能洗地瓜的洗衣机、能做泡菜的冰箱。2003年“非典”期间，海尔根据市场需求很快生产出了能消毒的洗衣机、能杀菌的空调。

2000年，海尔开始整合配送网络，在全国建设配送中心。现在，海尔有了42个配送中心，覆盖全国的配送时间不超过4天，每天能向1 550个专卖店与9 000多个网点配送超过5万台产品；同时B2C产品与备件配送全面开展，形成了成品分拨物流体系、备件配送体系与回收物流体系。在地区分拨方面，海尔物流称“只要有村级建制的地方，我们就能配送到”。当然，海尔并非完全自建所有的物流设施网络，除了在青岛由自建的立体库取代大量外租仓库满足生产物流及制造需要外，其他的42个地区配送中心，基本上是租用地方仓储企业的仓库；运输车辆除少部分自有外，绝大部分也是利用运输企业的运力。在欧洲和美国市场，则通过和专业物流公司合作的方式。

另一个重要部分是计算机网络。海尔投入巨资采用SAP公司提供的ERP（企业资源计划）和BBP系统（原材料网上采购系统），以保证在接到订单的一刹那，所有与这个订单有关系的部门和个人，都能同步地行动起来。海尔物流的ERP系统包括物料管理、制造与计划、销售与订单管理、财务管理与成本管理五大模块。ERP打破了原有的“信息孤岛”，加快了对供应链的响应速度。BBP系统主要是建立了与供应商之间基于因特网的业务和信息协同平台，采购计划、采购订单、库存信息、供应商供货清单、配额以及采购价格和计划交货时间都通过系统发布给供应商，使供应商及时备货和出货。

在企业物流上几近“修成正果”的海尔物流，正致力于：依托海尔集团的先进管理理念以及海尔集团的强大资源网络构建海尔物流的核心竞争力，为全球客户提供最有竞争力的综合物流集成服务，成为全球最具竞争力的第三方物流企业。

（根据 http：//www. chinawuliu. com. cn/oth/anli/index. html 资料改编。）

［思考问题］

1. 你从海尔“以订单信息流驱动物流”的做法中，领会到电子商务与物流之间关系如何？电子商务物流具有何种特征？

2. 从海尔物流的成功中，你意识到电子商务环境下企业的物流管理包括哪些内容？

3. 海尔的“一流三网”有哪些好处？有何值得借鉴之处？

第一节　电子商务物流管理的概念

一、现代物流的基本概念

（一）物流概念的演变与发展

20 世纪初，西方一些国家开始出现生产大量过剩、需求严重不足的经济危机，企业因此提出了销售和物流的问题。行业团体最早给物流下定义的是美国市场营销协会（AMA），它于 1935 年提出：“物流是销售活动中所伴随的物质资料从产地到消费地的种种企业活动，包括服务过程。”此时的物流指的是销售过程中的物流，研究的主要内容是企业为了把产品顺利销售出去而进行的一系列运输、仓储、包装等活动，使用的是 Physical Distribution（简称 PD）一词，意为实体配送。这一概念强调了与产品销售有关的输出物流，没有包括输入物流环节（即物料供应）。

在第二次世界大战期间，美国军队为了将武器弹药以及前线所需要的一切物资，包括粮食、帐篷等，及时、准确、安全、迅速地供应给前线而研究出了一种后勤保障系统方法（Logistics）。此后，这种系统方法逐步形成了独立的学科体系，并不断发展为后勤工程、后勤管理、后勤分配等后勤管理诸领域。

在 20 世纪 50 年代到 70 年代期间，由于人们研究的对象主要是与商品销售有关的物流活动，是实物流通过程中的商品实体运动，因此对于物流概念通常采用 PD 一词。1963 年，美国物流管理协会（简称 NCPDM）成立时名为 National Council of Physical Distribution Management。它对物流（PD）的定义是：“物流是以对原材料、在制品及制成品从产地到消费地的有效移动进行计划、实施和统管为目的而将两种或三种以上活动的集成。这些活动包括但不局限于顾客服务、需求预测、流通信息、库存管理、装卸、接受订货、零件供应并提供服务、工厂及仓库选址、采购、包装、废弃物回收处理、退货业务、搬运和运输、仓库保管等。"

伴随西方经济进入大量生产、大量销售的时期，如何降低流通成本的问题开始突出。学者们开始认识到 PD 表达的领域较为狭窄，而 Logistics 的概念更宽广、连贯和整体。后勤管理的理念和方法，开始被引入到工业部门和商业部门。军事后勤为部队和战争服务，工业后勤为制造业的生产和经营服务，商业后勤为商业运行和顾客服务，总之，物流的核心理念是服务。基于这一认识，1985 年，美国物流管理协会更名为 the Council of Logistics Management（简称 CLM），并将物流（Logistics）定义为："为了满足顾客需要而对货物、服务以及相关信息从供应地到消费地的高效率、低成本的流动和保管进行计划、实施和控制的过程。"这一概念拓展了物流的内涵和外延，既包括生产领域的原材料采购、生产过程中的物料搬运与厂内物流、流通过程中的物流，也包括服务物流。其后，各国行业团体英文名称相继更名，由 PD 改为 Logistics。Logistics 最终成为物流的代名词。

随着市场竞争的加剧和企业运营理念的变化，随着供应链管理（SCM）思想的出现，人们对物流的认识进一步深化。1998 年，CLM 对物流的最新定义是："物流是供应链流程的一部分，是为了满足客户需求而对货物、服务及相关信息从原产地到消费地的高效率、高效益的正向和反向流动及储存进行计划、实施与控制的过程。"该定义不仅把物流纳入到企业间互动协作关系的管理范畴，而且要求企业在更广阔的背景上考虑自身的物流运作；不仅要考虑自己的客户，还要考虑自己的供应商；不仅要考虑客户的客户，而且要考虑供应商的供应商；不仅要致力于降低某项具体物流作业的成本，而且要考虑使整个供应链运作的总成本最低。这一概念强调物流是供应链的一部分，并从"反向物流"角度进一步拓展了物流的内涵与外延。

（二）现代物流的含义

1. 现代物流的定义

目前各国对物流的定义表述不完全一样。上文提到了美国物流管理协会的定义。日本工业标准给出的定义是："物流是将实物从供应者向需要者的物理性移动，是创造时间性、场所性价值的经济活动，一般包括输送、保管、装卸以及与其有关的情报等各种活动。"联合国物流委员会对物流作出的界定则是："物流是为了满足消费者需要而进行的从起点到终点的原材料、中间过程库存、最终产品和相关信息有效流动和储存的计划、实现和控制管理过程。"

我国国家质量技术监督局于 2001 年 8 月 1 日颁布实施的国家标准《物流

术语》将物流定义为："物品从供应地向接收地的实体流动过程。根据实际需要，将运输、储存、装卸、搬运、包装、流通加工、配送、信息处理等基本功能实施有机结合。"本书采纳我国国家标准对物流的定义。

2. 现代物流含义的理解

尽管关于物流的定义在世界范围内尚无统一表述，但对物流含义的理解却是基本一致的，包括以下几个方面：

①物流的研究对象是贯穿流通领域和生产领域的一切物料流以及有关的信息流，研究目的是对其进行科学规划、管理与控制，使其低成本、高效益地完成预定的服务目标。

②物流的作用是满足客户对物品的需求，将物品由供给地向需求地转移。

③物流活动包括运输、仓储、装卸搬运、包装、流通加工、配送以及有关的信息处理等。

④物流作为供应链的一个组成部分，在供应链管理中有着十分重要的地位。

3. 物流的经济价值

物流对客户需要的满足是通过创造时间和场所价值来体现的，还包括在创造一定加工附加价值方面的贡献。

（1）时间价值

物品从供应地到需求地之间有一段时间差，由于改变这一时间差创造的价值，称为时间价值。其获得形式有如下几种：

①缩短时间创造价值。缩短物流时间，可获得多方面的好处，如减少物流损失、降低物流消耗、提高周转率以节约资金等。

②弥补时间差创造价值。经济社会中普遍地存在着需求和供应之间的时间差，如粮食生产的季节性、周期性与粮食消费需求的经常性、长期性之间，如何通过科学、系统的方法弥补时间差以解决供需矛盾，正是物流"时间价值"的体现。

③延长时间差创造价值。在某些具体物流中也存在着人为地、能动地延长物流时间来创造价值的情况。例如，配合待机销售的物流便是有意思地增加时间差来创造价值的。

（2）场所价值

物品从供应地到需求地之间有一段空间差，改变这一场所的差别从而创造的价值，称为场所价值。这是由现代社会产业结构、社会分工所决定的。商品在不同地理位置有不同的价值，通过物流将商品从低价值区转移到高价值区，便可获得价值差，即场所价值。它有以下几种形式：

①从集中生产场所流入分散需求场所创造价值。例如汽车在某地区集中大

批量生产后销往各地。

②从分散生产场所流入集中需求场所创造价值。例如汽车所需的零配件生产分布地很广，但往往集中在汽车生产商处装配。

③从甲地生产场所流入乙地需求场所创造价值。

(3) 加工附加价值

它是现代物流的一个重要特点，是根据自己的优势从事一定的补充性的加工活动，也称为流通加工活动。这种加工活动不是创造商品主要实体，形成商品主要功能和使用价值，而是带有完善、补充、增加性质的加工活动，必然会形成劳动对象的附加价值。

4. 物流的功能要素

(1) 运输

运输是对物品进行较长距离的空间移动。运输是物流最重要的一个功能，是由包括车站、码头的运输节点、运输途径、运输机构等在内的硬件要素，以及运输控制和营运等软件要素组成的有机整体，并通过这个有机整体发挥综合效应。

(2) 仓储

仓储在物流系统中起着缓冲、调节和平衡作用，是物流的另一个重要功能，其内容包括储存、管理、保养、维护等活动。通过调整供给和需求之间的时间间隔，保证和促使经济活动的顺利进行。相对以前强调商品价值维持或储存目的的长期保管来说，保管的主要设施是仓库，在基于商品出入库存信息的基础上进行在库管理。

(3) 装卸搬运

跨越运输机构和物流设施而进行的，发生在运输、保管、包装前后的对物品进行垂直方向移动为主的物流活动称为装卸，包括商品装入、卸出、分拣、备货等作业活动。搬运是指在同一场所内对物品进行以水平移动为主的物流作业。装卸搬运本身并不产生任何价值，但它起着联结运输、仓储和其他物流活动的重要作用。

(4) 包装

包装是指在商品输送或保管过程中，为保证商品的价值和形态而从事的物流活动。包装是生产的终点，同时也是社会物流的起点。

(5) 流通加工

流通加工是指物品在从生产地到使用地的过程中，根据需要施加包装、分割、计量、分拣、价格贴付、标签贴付、商品检验等简单作业的总称。如今，流通加工作为提高商品附加价值，促进商品差别化的重要手段之一，其重要性越来越强。

(6) 配送

配送是指在经济合理区域范围内，根据客户要求，对物品进行分拣、加工、包装、分割、组配等作业，并按时送达指定地点的物流活动。其本质也是物品的位移，但与运输功能相比，配送是区域内的短距离、多品种、少批量的商品送达服务。

(7) 信息处理

信息处理是指对与商品数量、质量、作业管理相关的物流信息，以及与订货、发货和货款支付相关的商流、资金信息的收集、整理与传递等，使物流活动能有效地进行。物流信息与物流活动各个环节都有密切联系，起着神经系统的作用。

二、电子商务物流活动过程

(一) 电子商务活动中的"三流"

商务是指以商品交换为中心的各种事务及管理活动。商品交换中必然包含商流、物流、资金流和信息流。一般的电子商务交易过程如下：

(1) 企业通过其电子商务网站将商品信息展示给客户，客户通过浏览器访问网站，选择需要购买的商品，并填写订单，确认付费和送货方式。

(2) 企业通过订单确认客户，同时通知企业内部的应用系统组织货源。

(3) 客户通过电子结算系统与金融部门交互执行货款支付。

(4) 金融部门通过电子邮件（或其他方式）通知买卖双方资金转移的结果。

(5) 企业将组织好的货物送达客户手中。

上述交易过程中，商品所有权的转移，意味着商流的发生；货款支付即资金的转移是资金流运动的结果；物质实体从供应地向需求地的流动过程就是物流；而信息流则是电子商务交易各个主体之间的信息传递与交流的过程。

现代商务活动中，信息流、资金流和物流的形成是商品流通不断发展的必然结果。它们在商品价值形态的转化过程中构成了商务活动中不可分割的整体，共同完成商品流通的全过程。同时，它们本身又是相互独立的，无论在时间上或渠道上都是可以分离的，流动的次序也没有固定的模式。

要注意的是，三者之间在功能上并非是互为替代的关系，而是一种依存与互动的关系。可以表述为：以信息流为依据，通过资金流实现商品的价值，通过物流实现商品的使用价值。物流是资金流的前提和条件，资金流是物流的依托和价值担保，并为适应物流的变化而不断进行调整，信息流对资金流和物流运动起指导和控制作用，并为资金流和物流活动提供决策的依据。

在电子商务时代，现代网络通信技术的发展和应用，使用户对信息流、资金流和物流的流通速度提出了更高要求。高速的信息流，将导致高速的物流，突出表现为对物流服务需求的高标准和多样化；运用数字信息流代替实物货币和票据的流通，将最大限度地发挥资金的有效使用率。这有利地促进了信息流、资金流、物流的有机结合。对于某些可以通过网络传输的商品和服务，甚至可以做到“三流”的同步处理，例如通过上网浏览、查询、挑选、点击，顾客可以完成对数字产品（如电子图书）的整个购物过程。

（二）电子商务物流的一般过程

电子商务活动中的物流作业（订单履行业务）同普通商务一样，目的都是要将客户所订货物送到客户手中，其主要作业环节与一般物流的作业环节一样，包括商品包装、运输、储存、装卸搬运和物流信息管理等。如图 1-1 所示。

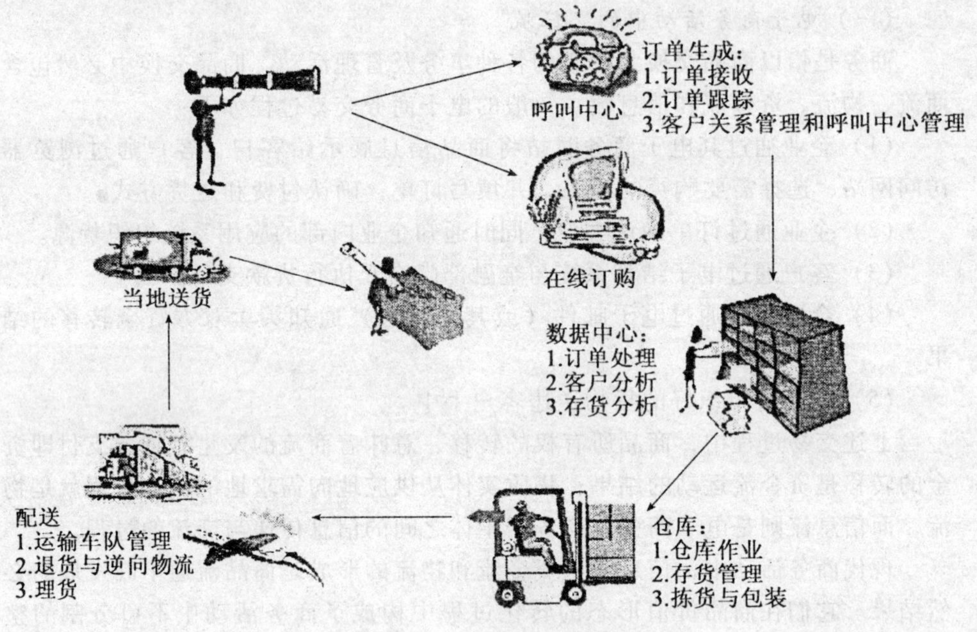

图 1-1　电子商务活动中的订单处理与履行流程

电子商务物流的基本业务流程因开展电子商务的企业性质不同而有所差异。如：

制造型企业的电子商务系统，其主要业务过程往往起始于客户订单，中间包括与生产准备和生产过程相关的物流环节，同时包括从产品入库直至产品送达客户的全部物流过程。也就是说，其物流活动一般包括企业供应物流、生产物流、销售物流、回收物流以及废弃物物流。

销售型的电子商务企业（如网上商城），其物流过程就不包括生产过程物流的提供，但与其商品组织相关的供应物流和销售物流的功能则极为完善。

对物流企业来说，它充当了为电子商务企业提供第三方物流服务的角色，因此它的功能和业务过程更接近传统意义上的物流或配送中心。

虽然不同类型企业的物流组织过程有所差异，但开展电子商务时，从电子商务物流过程上看，仍然有许多相同之处。具体地说，其基本业务流程一般都包括进货、进货检验、分拣、保存、分类、拣选、包装、组配、装车及送货等。

与传统物流模式不同的是，电子商务的每个订单都要送货上门，而有形店铺销售则不用，因此电子商务的物流成本更高，配送路线的规划、配送日程的调度、配送车辆的合理利用难度更大。与此同时，电子商务的物流流程可能会受到更多因素的制约。

三、电子商务物流管理的概念

现代物流管理和传统物流管理相比，无论是在深度还是广度上都有差别。概括地说，物流管理是指为了以最低的物流成本达到用户所满意的服务水平，对物流活动进行的计划、组织、领导与控制。

20 世纪末，电子商务的出现和发展使得物流企业的外界市场环境发生了很大变化，使得物流活动在管理方法、技术应用、信息处理等方面也产生了新的变革。首先，产品的多品种、小批量以及多样化决定了配送的复杂化。其次，制造业和营销业中的即时管理法、快速反应战略、连续补充战略等技术的应用，引进了以时间为基本条件的物流服务，要求人们做到在库存、运输和生产、销售之间进行严格协调与控制，以使存货量能够降低到最低限度，改变了传统的依赖于安全库存的物流战略。最后，计算机技术和信息技术的发展，有力地推动了现代物流的发展。物流管理高度依赖于对大量的数据、信息的分析处理。计算机技术和网络技术的发展和商用化，为物流系统提供了一个分析问题、处理事务、进行评估和决策的支持处理功能。传真技术、条形码技术、EDI 以及卫星通信技术等信息技术在物流作业中的广泛采用，大大提高了物流服务的水平和物流过程的透明度。物流活动的种种变革最终催生了物流管理的新发展——电子商务物流管理。

所谓电子商务物流管理是指在社会再生产过程中，根据物质实体流动的规律，运用管理的基本原理和科学方法，对电子商务物流活动进行计划、组织、领导和控制的过程。其目的是促使各项物流活动实现最佳协调和配合，以降低物流成本、提高物流效率和经济效益。

四、电子商务物流和物流业电子商务

在学习电子商务物流管理时，有两个概念必须区分，不能混为一谈，即电子商务的物流和物流业的电子商务。

电子商务的物流是指：在实现电子商务特定过程的时间和空间范围内，由所需位移的商品、包装设备、装卸搬运机械、运输工具、仓储设施，人员和通信设施等若干相互制约的动态要素所构成的具有特定功能的有机整体。物流是电子商务的重要组成部分，是电子商务的支点，是电子商务能否成功实施的关键，因为商务活动是通过物流将商品或服务转移到顾客手中后才得以终结。

电子商务的物流主要体现为：①整个系统具有无限的开放性；②物流节点普遍实行信息化管理；③信息流在物流过程中起引导和整合作用；④系统具有明显的规模优势。而我国电子商务的物流在电子商务发展过程中存在着物流障碍问题，主要体现为：由于传统的条块分割导致缺少物流整合的大循环系统和配送能力。

而物流业的电子商务则是指：利用 Internet 和 EDI 等现代信息传递和处理工具，以物流过程的信息流管理为起点，进行低成本网络营销，同时大规模集成物流中的所有供应链环节，向客户提供物流全过程的信息跟踪服务，从而在大幅度降低物流成本的同时，使物流业做到真正意义上的及时响应（Just in Time），使企业零库存成为可能。

物流业的电子商务主要体现为：①为传统商务或传统行业的电子商务提供高水平的物流管理技术；②为物流需求方和物流服务商之间提供低成本的信息交换平台；③为物流企业自身的物流效率和管理水平等内部资源整合提供解决手段。

另外，两者之间还表现出以下方面的区别：

1. 商业模式

电子商务有 B2B、B2C 等几种主要应用模式，商务的对象都是供方和需方。如 B2C 电子商务，从消费者的角度看，其商业模式要明确网上购物过程的先后顺序；从零售商的角度看，其商业模式要明确订货管理过程，即企业内部为履行顾客订单而必须采取的一系列步骤，目的在于尽可能加快整个在线交易的速度。物流业电子商务的实施对象重点在于物流服务提供商，需方无论选择传统的物流服务还是电子商务化后的物流，均以得到快速有效的物流控制为首要条件。

2. 技术应用层面

电子商务是以互联网络技术应用为主，包括网页制作、网络环境、应用数据库、网络安全和电子支付等。物流业的电子商务除上述技术的应用外，还涉

及地理信息系统技术、全球卫星定位技术、远程数据传输通信技术、EDI 技术和基于国际互联网的远程数据库进入与响应技术等。

3. 发展趋势

电子商务的发展问题是能否通过网络来实现用户个性化需求的大规模集成，能否通过网络实现安全的、快速的、大笔资金的网上划拨以及网下配送。物流业的电子商务发展问题是供应链环节的信息控制和畅通，用户定制需求与物流一体化的统一，政府职能机构信息管理系统、单证系统在基于互联网的 EDI 上的有效处理，客户流过程的全方位实时把握等。

总的来说，企业电子商务应用的好坏，有赖于电子商务物流问题的解决，而电子商务物流问题的解决又依赖于物流业的电子商务应用和企业自身物流管理水平的提高。

第二节　电子商务物流管理的内容

电子商务物流管理就是研究并应用电子商务物流活动规律对物流全过程、各环节和各方面的管理，其内容涉及宽广。因此可以从电子商务物流管理的目的出发，从多个层面来研究。

一、电子商务物流管理的目标

电子商务物流管理追求以最低的物流成本达到用户所满意的服务水平。具体表现为：

1. 降低物流成本

物流成本是伴随着物流活动而产生的各种费用，是物流活动中支出的人力、物力、财力的总和。它既包括向外支付的物流费用，又包括企业内部消耗的大量物流费用。

物流成本的高低直接关系到企业利润水平的高低。人们对于物流的关心首先是从关心物流成本开始的。假定某商品销售额为 1 000 万元，物流成本 200 万元，如果物流成本下降 10%，即减少 20 万元的成本，那么利润可以直接增加 20 万元。因此，降低物流成本是电子商务物流管理的一项核心内容。

2. 提高服务水平

物流业从行业性质来说，属于传统产业中的服务业。其管理活动从本质上说是一种对客户的服务，是在使客户满意的前提下，在权衡服务成本的基础上，迅速有效地向客户提供产品。

物流服务的内容就是要满足货主的需求，保障供给，而且无论是在服务的量上还是在质上都要使货主满意。因此，研究如何提高物流服务水平，也是电子商务物流管理的一项核心内容。

高水平的物流服务要靠高的物流成本来保证，企业很难做到既提高了物流服务水平，又降低了物流成本，除非有较大的技术进步。因此，如何综合考虑各方面因素在两者之间寻求最佳组合正是电子商务物流管理所要研究的。

3. 为客户创造价值

客户价值是指客户总价值与客户总成本之间的差额。客户总价值是指客户购买某一产品与服务期望获得的所有利益，包括产品价值、服务价值、人员价值和形象价值等；客户总成本是指客户为获得某一产品与服务时的所有支出，包括货币成本、时间成本、体力成本以及精力成本等。

客户价值是一种相对价值，客户可以感知，但不能精确计算。某一产品或服务的期望价值不仅在不同的客户间会不同，而且同一客户在不同时间的期望价值也会不同。因此，为客户创造价值，一定要通过物流管理向客户提供增值服务，使总客户价值大于总客户成本。

二、电子商务物流管理的内容

可以从不同角度对电子商务物流管理的内容进行分类，如表 1-1 所示。

表 1-1　　电子商务物流管理的内容

划分角度	具体内容
对电子商务物流活动过程的职能管理	计划管理、组织管理、质量管理、成本管理、服务管理
对电子商务物流活动各环节的管理	运输管理、储存管理、包装管理、装卸搬运管理、流通加工管理、配送管理等
对电子商务物流系统各要素的管理	人的管理、物的管理、财的管理、设备管理、技术管理、信息管理

上述分类中，电子商务物流作业管理、信息管理、成本管理、服务管理是最基本的电子商务物流管理内容。后续章节将对此作详细阐述。物流作业管理即是对电子商务物流活动各环节的管理，它构成了电子商务物流管理的基础，其他层面的物流管理都是围绕作业管理展开的，或是在作业管理基础上进行的延伸。有些管理内容则是和企业其他领域的管理同时进行的，如人力资源管理、财务管理等。

（一）对电子商务物流活动过程的职能管理

1. 物流计划管理

物流计划管理是指在整个物流系统规划的约束下，对物流过程中的每个环节都进行科学的计划管理，具体体现在物流系统内各种计划的编制、执行、修正及监督的全过程。

2. 物流组织管理

物流组织管理是指在综合考虑外界环境和自身条件的情况下，遵循分工协作、集权与分权相结合的原则，合理确定管理幅度和管理层次，构建电子商务物流管理的组织模式，制定岗位责任制及明确操作流程。

电子商务的发展使得产业界和理论界对物流管理重新认识，反映在物流组织机构上，就是从基层的个别活动管理上升到总体的物流系统管理，公司总部由此设立了专门管理物流活动的职能结构，主要有以下几种组织形式：

(1) 营业总部物流组织

将总部的物流机构重新归并到电子商务专门销售管理部门，把它视为电子商务公司的特有的职能部门，与计划、财务、生产部门维持相对独立性。

(2) 物流项目组织

因电子商务而产生的物流采用第三方物流模式交给物流专业公司去完成，日常业务物流由物流部门完成，公司总部只在必要时组织项目班子解决与物流有关的重大事项，如第三方物流的招投标。

(3) 物流子公司结构

将物流活动移交给专业物流公司去进行，总公司和物流公司的关系是母子公司，是控股与被控股的关系。这种模式即可获得物流的“第三利润”，又可使公司专心从事电子商务，但需要商务本身具有一定规模。

(4) 储运物流组织

这种模式是将过去物资储运部门进行改组，由储运部门负责电子商务物流的管理。储运物流组织主要适合于一些大型多元化公司，其电子商务业务范围仅仅限于与公司生产经营直接相关的物资供应和产品销售，因而物流组织沿袭原有机构。

(5) 产销一体化组织

电子商务物流活动延伸到企业供产销、人财物的各个领域，物流对应的组织 就是形成产销一体化组织，它不仅是一个部门，而且是物流部门之间形成的系统。这是电子商务发展到高级形态的适用模式。

3. 物流质量管理

物流质量是指整个物流过程的质量，既包含物流对象的质量，又包含物流手段、物流方法的质量，还包含工作质量，是一种全面的质量观。衡量物流质量的要素有物流时间、物流费用、物流效率等。

物流质量管理即是对物品质量、物流服务质量、物流工作质量、物流工程质量等方面的管理。物流质量管理水平的提高，将极大地促进企业竞争能力的提高。

4. 物流成本管理

物流成本可以反映物流活动的经济效益。物流成本管理就是以成本为手段的物流管理，通过对物流活动的管理来降低物流费用。换句话说，物流成本管理是指对物流相关费用进行的计划、协调与控制，包括物流费用的计算与控制，物流劳务价格的确定与管理，物流成本的信息反馈与决策等。

5. 物流服务管理

物流服务管理主要是指对于物流活动相关服务的组织和监督，包括调查和分析顾客对物流活动的反应，决定顾客所需要的服务水平、服务项目等。

（二）对电子商务物流活动各环节的管理

1. 运输管理

主要内容包括运输方式及服务方式的选择，运输路线的选择，车辆调度与组织等。

2. 储存管理

主要内容包括原料、半成品和成品的储存策略，储存统计，库存控制，保管和养护等。

3. 装卸搬运管理

主要内容包括装卸搬运系统的设计，设备规划与配置，作业组织等。

4. 包装管理

主要内容包括包装容器和包装材料的选择与设计，包装技术和方法的改进，包装系列化、标准化、自动化等。

5. 流通加工管理

主要内容包括加工场所的选定，加工机械的配置，加工技术与方法的研究和改进，加工作业流程的制定与优化等。

6. 配送管理

主要内容包括配送中心选址及优化布局，配送机械的合理配置与调度，配送作业流程的制定与优化等。

（三）对电子商务物流系统各要素的管理

1. 人的管理

人是物流系统和物流活动中最活跃的因素，对人的管理包括物流从业人员的选拔和录用，物流专业人才的培训与提高，物流教育和物流人才培养计划与措施的制定等。

2. 物的管理

“物”指的是物流活动的客体，即物质实体。物的管理贯穿于物流活动的始终，它涉及物流活动各环节，即物质实体的运输、储存、包装、流通加工等。

3. 财的管理

主要指物流管理中有关降低物流成本、提高经济效益等方面的内容，它是物流管理的出发点，也是物流管理的归宿。主要内容包括物流成本的计算与控制，物流经济效益指标体系的建立，资金的筹措与运用，提高物流经济效益的方法等。

4. 设备管理

主要内容包括物流设施的规划、建设与维修，各种物流设备的选型与优化配置，各种设备的合理使用和更新改造，各种设备的研制、开发与引进等。

5. 技术管理

主要内容包括物流硬技术和物流软技术的管理。对物流硬件技术进行管理，即是对物流基础设施和物流设备的管理。对物流软技术进行管理，主要是各种物流技术的研究、推广和普及，物流科学研究工作的组织与开展，新技术的推广和普及，现代管理方法的应用等。

6. 信息管理

主要指对物流信息所进行的搜集、加工、处理、存储和传输等。信息是物流系统的神经中枢，只有做到有效地处理并及时传输物流信息，才能对系统内部的人、财、物、设备和方法等要素进行有效的管理。目前，信息管理在电子商务物流管理中的作用越来越重要。

第三节　电子商务物流管理的职能与特点

一、电子商务物流管理的职能

电子商务物流管理和任何管理活动一样，其职能都包括计划、组织、领导与控制四大职能，或者细分为如下职能：

1. 计划职能

主要是编制和执行年度物流的供给和需求计划，月度供应作业计划，物流各环节的具体作业计划，如运输、仓储等，物流营运相关的经济财务计划等。

2. 组织职能

主要工作内容有：确定物流系统的机构设置、劳动分工和定额定员；配合有关部门进行物流的空间组织和时间组织的设计；对电子商务中的各项职能进行合理分工，对各个环节的职能进行专业化协调。

3. 协调职能

它对电子商务物流活动尤其重要，除物流业务运作本身的协调功能外，更需要进行物流与资金流、信息流之间的协调，这样才能保证电子商务用户 7R 的服务要求。7R 指的是 7 个适当，即适当的质量（Right Quality）、适当的数量（Right Quantity）、适当的时间（Right Time）、适当的地点（Right Place）、适当的条件（Right Condition）、适当的产品（Right Product）和适当的成本（Right Cost）。

4. 指挥职能

物流过程是物资从原材料供应者到最终消费者的一体化过程，指挥就是物流供应管理的基本保证，它涉及物流管理部门直接指挥的下属机构和直接控制的物流对象，如产成品、在制品、待售和售后产品、待运和在运货物等。

5. 激励职能

主要是物流系统内职员的挑选与培训、绩效的考核与评估、工作报酬与福利、激励与约束机制的设计。

6. 控制职能

由于电子商务涉及面广，其物流活动参与人员众多、波动大，所以物流管理的标准化、标准的执行与督查、偏差的发现与矫正等控制职能应具有广泛性。

7. 决策职能

物流管理的决策更多与物流技术挂钩，如库存合理定额的决策以及采购量和采购时间的决策等。

二、电子商务物流管理的特点

（一）电子商务对物流管理的影响

电子商务的出现加速了物流管理的发展，具体表现在：

1. 加速了物流管理的全球化

电子商务具有跨越时空的特点，因而整个物流系统需要从许多不同的国家收集所需要的资源，进行加工后再向各国出口。全球化的物流模式，使企业面临着许多新的问题，例如如何建设仓库，如何运输货物，如何设计合适的配送中心，如何提供良好服务，如何实现信息共享等；全球化的物流模式，还使物流企业和生产企业更紧密地联系在一起，形成社会大分工。

2. 加速了物流管理的信息化

电子商务时代，要提供最佳的服务，物流系统必须要有良好的信息处理和传输系统。物流的管理系统、操作流程、信息反馈系统都要求信息化、电子化和一体化，使客户、收货人与各仓储、运输公司等有机联系，使商品在几乎不停留的情况下快速流动，直达客户指定的目的地。例如一些大型企业建立的 ECR（Efficient Customer Response）系统和 JIT（Just in Time）系统。ECR 即有效客户反应，就是客户要什么就生产什么；JIT即准时生产制，就是将必要的零件以必要的数量在必要的时间送到生产线，并且将所需要的零件，只以所需的数量，只在正好需要的时间送到生产线。

3. 加速了物流管理的多功能化

电子商务促使物流发展到集约化阶段，一体化的配送中心不仅要提供仓储和运输服务，而且必须开展配货、送货和各种提高附加值的流通加工服务项目，还可按客户的个性化需求提供相应的服务。另外，供应链管理思想的引入，使企业在从供应者到消费者供应链的综合运作中，开始注重追求全面的系统的综合效果。也就是说，其目的不仅在于降低成本，更重要的是提供用户期望以外的增值服务，以产生和保持竞争优势。从某种意义上讲，供应链是物流系统的充分延伸，是产品与信息从原料到最终消费者之间的增值服务，它使未来的产业分工更加精细且日趋专业化。

（二）电子商务物流管理的特点

电子商务物流活动向全球化、信息化、一体化发展，使得电子商务物流管理具有不同于传统物流管理的显著特点。

1. 综合性

从覆盖的领域上看，电子商务物流管理涉及商务、物流、信息、技术等领域的管理；从管理的范围上看，电子商务物流管理不仅涉及企业，而且也涉及供应链的各个环节；从管理的方式、方法上看，电子商务物流管理兼容传统的管理方法和通过网络进行的过程管理、虚拟管理等。

2. 创新性

电子商务物流管理体现了新经济的特征，它是以物流信息为其管理的出发点和立足点。电子商务活动本身就是信息高度发达的产物，对信息活动的管理是一项全新的内容，也是对传统管理的挑战和更新。与传统的物流管理相比，电子商务物流管理在服务理念、配送体系、技术支持、管理特征等方面都具有明显的创新特征。

3. 智能性

对物流活动的管理过程中有着大量的运筹和决策，如库存水平的确定、运输路径的选择、自动导向车的运行轨迹和作业控制、自动分拣机的运行、物流配送中心经营管理的决策支持等问题，都需要借助于大量的知识才能解决。电子商务物流活动实现自动化、信息化的高层次应用必然体现为智能化的实时控制与管理。因而在电子商务物流管理中，必将更多地采用先进的科学技术与管理方法对电子商务物流活动进行决策、协调与控制等。

第四节 电子商务物流管理的发展趋势

一、现代物流管理的发展趋势

随着全球经济一体化进程的加快，现代物流管理展现出以下几方面的发展趋势：

1. 由传统顾客服务转向关系管理

传统顾客服务是一种被动客户服务，对客户的响应以售前、售中及售后的服务品质为主要管理重心。因此，评价管理绩效的指标多半为订单处理速度，供货率等。然而在供应链管理模式下，企业逐渐转向强调跨企业界限的整合，使得客户关系的维护与管理变得越来越重要。物流管理已从对物的管理提升到对物的附加值方案管理，要求为客户量身定做其所用的物品与服务，变被动为主动。

2. 由对立转向联合

传统商业通道中，企业间多半以自我为中心，追求自我利益，因此往往造成企业间对立的局面。然而在追求更大竞争力的驱动下，新兴的物流管理趋势是强调供应链成员的联合机制，通过联合规划与作业，成员间互换营运及策略的信息，尤其是内部需求及生产的信息，形成高度整合的供应链通道体系，使供应链整体绩效大幅提升。

3. 由信息保密转向信息共享

供应链管理的联合机制，要求供应链内相关企业必须将供应链整合所需的信息与其他企业分享，否则无法形成有效的供应链体系。

4. 由垂直整合转向虚拟整合

传统做法中，一些大型企业为了更有力地掌握通道，往往会进行通道的垂直整合，但这反而分散了企业的资源，削弱了主业。现代企业经营的趋势是专注核心业务，将非核心业务委托给专业管理公司，构建虚拟企业，使每个企业都能专注于自己的核心能力共同为客户提供更好的产品和服务。

在虚拟整合趋势下，供应链体系得以成功发展，物流产业得以配合主体企业商流之需，不断开发出新的增值服务项目，形成更专业的第三方物流，为客户提供更好、更多和更有附加值的服务。

5. 由绝对价值转向相对价值

传统财务评价只看一些绝对数值，新的评估方法将着重于相对价值的创造，即在供应链体系中提供附加值服务，顾客所增加的价值中企业可占多少比例。企业会计系统要求着重于提供附加值创造和跨企业的管理信息，以期能确认并支持可创造价值作业，而不仅在于收益增加和成本降低。

6. 由人员训练转向知识学习

物流作业的复杂性和全球化的发展趋势，增加了物流人力资源管理的复杂度。物流管理的成功需要建立物流从业人员的关键知识能力，要求必须将原来以个别人员技能训练为主的方式转向发展知识基础的学习，变被动训练为主动学习型员工，以期增强企业应变能力。

二、电子商务环境下物流管理的升级

对企业而言，电子商务的优势要在经济活动中得以体现，必须建立一个有别于传统仓储、运输模式的现代物流管理系统，这就需要对原有的物流要素进行升级。由于企业在电子商务建设的实施中投资巨大，首先应该把重点摆在物流管理的升级上，只有建立了符合需要的物流系统才能保证企业的后续经营效益。

要注意的是，物流系统不能脱离电子商务环境单独建设。因此，企业在建立电子商务系统的工作中，就需要把物流管理涉及的仓储、采购、运输、物流标准等要素与电子商务系统实现和谐对接。而企业物流管理工作除了采购、仓储、配送等具体的作业环节，着力点应该放在促进高效率、低成本的运营模式的建立上。

针对不同类型的企业，电子商务环境下物流管理的升级侧重点又有所不同。如生产制造企业物流管理的重点在于如何及时准确地获得下游客户的销售、库存信息，并在此基础上合理安排自身的采购生产计划。如果生产企业与下游客户之间实行“供应商管理库存（VMI）”策略，那么还需要重点提高企业自身物流服务人员的服务水平、工作态度等“物流软要素”，而商品流通企业物流管理的重点应该摆在配载效率的提高、物流成本的合理诊断及持续降低、向上游供应商提供及时准确的物流信息、建立合理的作业流程等方面。

总之，由于电子商务的投资巨大，物流管理成功升级的前提是对企业进行合理的物流诊断，判断出企业急需改进的物流问题，滚动投资、分步实施以实现逐步优化。只有这样，面临越来越多的世界性商业巨头进入我国市场，我国企业才能在未来的电子商务竞争中处于不败之地。

本章小结

物流是电子商务的重要组成部分。物流是指“物品从供应地向接收地的实体流动过程。根据实际需要，将运输、储存、装卸搬运、包装、流通加工、配送、信息处理等基本功能实施有机结合”。电子商务活动中的物流作业同普通商务一样，目的都是要将客户所订货物送到客户手中。

电子商务物流管理就是在社会再生产过程中，根据物质实体流动的规律，运用管理的基本原理和科学方法，对电子商务物流活动进行计划、组织、领导和控制的过程。

电子商务物流管理从其内容上看，就是对电子商务物流全过程、各环节和各方面的管理；具有计划、组织、协调、控制、决策等职能；具有综合性、创新性与智能性等特点。结合现代物流管理的发展趋势，实现电子商务环境下物流管理的成功升级，是电子商务能否成功实施的关键。

复习思考题

1. 什么是现代物流？如何正确理解现代物流的含义？
2. 电子商务与物流之间有何关系？
3. 如何正确理解电子商务活动中信息流、物流和资金流之间的关系？
4. 电子商务物流的一般过程是怎样的？
5. 什么是电子商务物流管理？它具有哪些特点？
6. 电子商务物流管理的目标是什么？
7. 电子商务物流管理的主要内容有哪些？
8. 电子商务环境下可采取的物流组织模式有哪几种？

实 践 练 习

一、实践项目

上网浏览海尔集团公司（http：//www. haier. com）和宝供物流企业集团有限公司（http：//www. pgl-world. cn）的电子商务网站。

二、实践目的

通过资料的收集与分析加深对本章内容的理解。

三、实践要求

比较两个网站在功能、风格等方面的异同并分析其原因。

四、实践环节

1. 复习以前所学的电子商务相关知识。
2. 复习本章有关内容，提出自己的问题。
3. 浏览指定网站并比较分析。

五、实践结果

学生完成实践报告。

第二章　电子商务物流作业管理（一）

导　读

随着网络的发展，电子商务越来越受到人们的关注，信息的沟通、单据的传递、合作意向的形成等都可以通过网络来完成，但实物的空间转换却需要具体的物流作业来完成。企业怎样实施物流作业管理，才能保证电子商务订单履行业务的顺利进行呢？

鉴于此，本章就有关电子商务下的物流作业管理的相关内容，包括物流采购管理、物流运输管理、装卸搬运管理作相应介绍。本章是本教材的核心内容之一，通过对本章的学习，要求能够了解物流采购管理、物流运输管理、装卸搬运管理的含义及其方法，并能够在日后的社会实践中灵活地加以运用。

导读案例二

网上集中采购为何半途而废

风驰物流有限公司是思源电力公司的全资子公司，负责思源电力公司所属电厂的物资供应工作。2004 年以前，风驰公司和各电厂之间没有任何制约关系，它们和一般供应商一样，向各发电厂供应物资，从中赚取商业费用，并建立了自己的商业采购网站。

从 2005 年开始实行网上采购，风驰公司向各发电公司实行统一采购，统一结算，并提取 5% 的管理费用，作为人员的开支。各电厂对网上采购的支持情况，纳入对各电厂一把手的年度责任考核和年薪制考核。

为了完成全系统的网上采购任务，风驰公司完善了采购网站的功能，实行了网上询价采购、网上招标采购、网上超市采购、网上虚拟出口仓库等功能模块。相应地，各发电厂将需求的所有物资上网，要求网上采购，各基建电厂将标书上传到网上进行网上招标。

思源公司大规模的招标开始了……

网上采购实际结果如下：

1. 电缆等技术型号简单的物质网上采购效果明显，采购单价显著降低，和同期人工采购相比，单价平均降低5%，但由于物流公司5%的加价，发电厂的采购成本没有降低。

2. 网上采购遭到了发电厂普遍的抵制。它们对供应商送货到现场进行尽可能的刁难，上网采购时间最低要求1天，供应商来不及网上报价。

3. 技术条件比较复杂的物质，例如物品备件等，发电厂物资部门故意填错、少填型号等，造成网上供应商报价不能够准确，发电厂物资部门再将准确的型号地下通知个别的供应商，操纵网上报价，使得网上采购徒有虚名。

4. 网上招标只能够完成标书上网，实际工作中是以传统方式招标后，再在网上走一遍，造成全过程网上采购的迹象。

5. 上网之后将技术型号改变，造成其他供应商不能报价，形成单一货源，实际手工采购。

6. 故意晚报急需物资，特别是事故检修物资，造成网上采购不能满足要求而转入人工，个别发电厂急需物资达93%。

7. 供应商恶意报价搅乱市场的行为时有发生。

8. 价格低采购质量得不到保证的现象时有发生。

9. 腐败现象没有得到明显控制，供应商常讲：物流公司得罪不起，发电厂更得罪不起。

10. 采购效率下降、采购劳动生产率下降。

11. 供需双方对网上超市交易方式均不太熟悉，货架上物资品种不足，造成超市物资的比质比价工作基本不能正常开展。

分析原因：

首先，询价采购订单处理不及时，造成采购申请积压。这是因为：①管理考核不到位，虽然制订了工作标准和考核标准，但执行不到位。②集中采购业务人员岗位压力小，没有岗位危机和紧迫感。③工作量相对比较集中。④技术业务不熟练。

其次，采购申请凌乱，三类零散物资上网数量较大。

再次，除电缆等技术简单的物资之外，网上采购没有降低采购成本，部分物资采购成本反而升高。具体原因是：发电厂物资需求属于多品种、小批量，形不成批量采购优势；个别人员操纵报价，用网上采购回避采购成本增加的责任。

基于上述原因，仅半年之后，集中由物流公司采购改为由各发电厂自行网上采购，批量采购的酸碱盐等实行统一人工采购。网上集中采购宣布中止。

（根据 http：//www. amteam. org/k/others/2005-11/511994. html 资料改编。）

[思考问题]

1. 企业为什么要实施网上集中采购？

2. 思源公司从各厂分散采购到集中网上采购的变革缘何以失败告终？

3. 成功实施网上采购需具备哪些基本条件？

第一节　电子商务下的物流采购管理

采购是企业物流管理的起始点，“按需采购”是前提条件，要尽量做到以最小的费用、最低的价格购进企业所需的各类货物。物流采购管理是电子商务的重点内容之一，是保证生产物流和客户订单交货期的关键环节。对制造商来讲，具备了足够的生产资料，才能保证生产的连续性；对流通企业来讲，具备了可供流通需要的货物，才能保证市场供求的平衡性。

一、物流采购管理概述

（一）采购的基本概念

1. 采购的含义及种类

所谓采购，一般认为是指采购人员或者单位基于各种目的和要求购买商品或劳务的一种行为，它具有明显的商业性。企业生产或经营活动所需的货物都是通过采购获得的，它是企业物流管理的起点。从日常生活到企业运作，人们都离不开它。

常见的采购方法包括：

①按采购地分，有国内采购和国外采购。

②按采购环节分，有直接采购、调拨采购和委托采购。

直接采购是指企业直接从制造商或原材料企业进行采购；调拨采购是指在制造商与客户之间，对货物调拨，满足需要；委托采购是指企业委托某采购代理商向制造商组织采购货物。

③按采购政策分，有集中采购和分散采购。

集中采购是指由采购企业部门统一进行采购，完成采购任务；分散采购是指由企业下层各部门采购机构分别按生产或销售需要自行独立采购。

④按采购时间分，有固定采购、非固定采购和紧急采购。

固定采购指采购时间基本保持不变；非固定采购指采购行为不随时间变化，需要时就采购；紧急采购是指急需货物时，毫无计划紧急作出采购行为。

⑤按采购性质分，有秘密采购、公开采购、投机性采购和正常性采购。

秘密采购指采购行为不为其他企业所认知；公开采购指采购计划公开化；

投机性采购由于购价和数量等因素变化，直接影响企业利润增减，因此带来投机利润；正常性采购是指市场经济和企业生产后销售无很大变化，采购纯粹是一种经济行为。

⑥按采购形式分，有口头电话采购、书信电报采购和签约采购。

口头电话采购是通过当面口头或电话形式进行洽谈，完成采购；书信电报采购是双方通过书面信件、电报形式，达成一致，完成采购；签约采购是指双方根据各自要求以书面形式，订立双方权利和义务的合约，严格履行其内容，这种方法对大宗货物的采购比较适用。

2. 采购的原则

采购工作的重要性使其必须遵循如下原则：

（1）适价

大量采购与少量采购，长期采购与短期采购往往存在价格差异，决策一个适宜的价格必须经过几个步骤：

①多渠道询价。企业在采购前，多方面了解市场行情，包括最高价、最低价和平均价。

②比价。分析供应商提供的货物或商品的规格、品性、功能，适宜比价标准。

③自行估价。企业成立估价机构或小组，由采购业务技术人员和会计人员组成，估算出符合企业要求的、较为准确的基本资料。

④议价。根据基本资料，市场情报，货物用料，采购量多少，付款方式及时间长短等与供应商协议指定出一个令双方满意且能接受的价格。

（2）适时

由于企业之间竞争异常激烈，企业必须制定非常严密的采购计划，不折不扣认真执行。特别是要充分掌握进货时间，既能保证生产有序进行，又能保证货物流畅。只有这样，才能合理节约采购成本，提高市场竞争能力。

（3）适量

一般而言，采购货物的数量与价格有一定关系，在一定范围内，采购数量越多，价格越低，但并不是采购越多越好。资金成本、货物储存的成本都直接影响采购成本，应综合考虑其因素，计算出最佳经济采购量。

（4）适质

货物的质量非常重要，直接影响最终产品的质量。如果货物的质量不能符合生产或销售的需要，将会造成一系列后果。会发生经常性退货，管理费用增加。影响生产和销售的连续性，影响成交期，降低企业信誉和竞争能力。还会增加检查人员和检验次数，增加人员成本。

（5）适地

供应商离企业越近越好，这样可以降低运输费用，同时采购工作的其他事宜的沟通也会方便些，企业成本就可以降低了。

（二）网上采购

1. 网上采购的含义及作用

网上采购是指政府、企业或个人通过互联网发布询价采购信息、供应商网上报价、网上公布中标供应商和中标价格等网上采购全过程的总称。

网上采购相对于传统的采购方式，最主要的区别就是网上采购采取现代计算机网络技术、特别是以因特网的应用为工具，把采购项目的信息公告、发标、投标报价、定标等过程放在计算机网络上来进行，采购相关的数据和信息实现了电子化方式。

网上采购作为一种先进的采购方式，其作用主要体现在：

①大大减少了采购需要的书面文档材料，减少了对电话传真等传统通信工具的依赖，提高了采购效率，降低了采购成本。

②利用网络开发的特点，使采购项目形成了最有效的竞争，有效地保证了采购质量。

③实现电子化评标，为评标工作提供方便。

④由于需要对各种电子信息进行分析、整理和汇总，可以促进采购单位的信息化建设。

⑤能够更加规范采购程序的操作和监督，大大减少采购过程中的人为干扰因素。

⑥更加符合信息时代对采购的要求，促进采购与电子商务相结合。

引用案例

韩国政府网上采购节约仓储和运输成本

韩国实行网上采购除杜绝腐败外，还在以下两方面发挥重要作用。

一是网上采购提高了政府的效率，节约了资金。过去，采购需要处理大量的文件，还要安排各种会面和谈判。在韩国引进“国家卖场”网上交易系统后，调达厅公务员平均每人处理的合同件数比引进前增加两倍以上。截至2006年6月底，网络采购为调达厅节约了18万亿韩元（约191.5亿美元，按940韩元兑换1美元计）的经费。与此同时，各种供应商也从网络供货中减少了销售环节，节约了营销成本。

二是通过网上采购节约了仓储和运输成本。供货商和需求方通过调达厅监管的“国家卖场”，在网上进行“一站式”网上交易，由供货商在交易后根据各部门需要直接将物资及时送到使用者手中，调达厅在调配物资时，不再需要使用大量的库房存放物资，节约了仓储和监管成本，还省去了运输成本。目前，调达厅每年在网上采购的金额为43万亿韩元（457.4亿美元），对3.5万个政府部门、地方政府、公共机关和学校所需要的物资和工程建设进行政府采购。交易过程中需要银行、（供应商）担保机构、政府机关、建设协会和交易认证发放部门等各部门的协作。为便于交易，"国家卖场"网站有便捷的检索功能，为政府、公共机关和10多万供货商之间，建立了桥梁。

2. 网上采购流程

网上采购的作业过程往往会因为采购货物来源、采购方式以及采购对象等原因，在具体细节上会存在若干差异，但是基本作业过程大同小异，步骤如下：

（1）采购申请

由采购单位提出采购申请，再由货物控制部门根据货物分析表计算出货物需求量，填写请购单。

（2）确认采购方式

采购中心收到请购单后，根据总的采购计划及要求来确定如何采购。

（3）形成采购单

采购中心根据品目分类表分类汇总合并申购单。

（4）发布采购公告

采购中心根据申购单的具体信息，在网上发布采购公告。

（5）应标报价及撤标

供应商根据采购公告，在报价有效期内允许报价及撤标。在报价有效期内可以撤标，但一般不得再次参与该项采购报价。

（6）初选中标供应商

采购单位在按照质量保底且价格封顶原则下，遵循价格最低原则，初选中标人，并说明选择的理由。

（7）初选中标审查

采购中心根据相关采购法等法律规定，对采购单位初选中标供应商理由进行合法性审查。

（8）确定中标供应商

采购中心发布预中标结果公示，受理落标供应商投诉，如无有效投诉，确定中标供应商。

（9）发布中标公告

采购中心在公示期内无异议或异议解决后，发布中标公告，签约履行。

二、物流采购方式

采购货物是为了实现企业销售目标，在了解市场需求的情况下，根据企业经营能力和管理能力，运用适当和正确的采购方式，取得适销对路的货物。

（一）公开招标

公开招标是采购方事先规定招标的有关规范，包括货物品质、品牌、报价方式、投票手续、运输方式、交货日期、品质检验等，公开征求供应商交货、承制。凡符合资格规定的供应商，均可参加竞标，以当众开标为原则。符合各项规定报价最低者，优先得标。

1. 公开招标的适用条件

①供应商不明或分布广泛，必须以公开方式通知所有可能供应的厂商，在某一时间内前来报价。

②不必追求供应商过去交货和服务业绩，对所有参与竞标的供应商应一视同仁。

③公开招标应以标准化的货物或劳务为宜。

④在公开竞争情况下，以低廉的货物价格取得货物，不许徇私舞弊。

2. 公开招标的程序

①招标。制定和审查采购货物内容、采购方法、买卖条件以及投标资格设定，以及制作与发售标单和公告。

②投标。即在投标截止日期前，投标商将投标单送至指定地点。必要时，收缴投标金。

③开标。首先做好开标前的准备工作，包括开标现场准备和各类文件准备。其次进行开标工作，包括启标、资格审查及开标文件整理。最后决定底价。会同货物使用部门、采购部门及财务审计部门共同决定货物最低价格。

④决标。首先是报价单审查，包括规格与条款审查。其次是决标单的公布与通知。在决标会议上当场决标并将决标结果正式通知得标厂商。

⑤签约。决标通知一经发出，依照惯例，即可办理书面采购与供应合约签订。

3. 公开招标优缺点

公开招标具有以下优点：

①公平。在符合规定的政策和范围内，投标者在公平竞争条件下，享有最低得标价格的权利和机会。

②价格合理。各投标者完全公开价格组成，并根据各自实力争取合约。

③改进货物品质。由于公开投标，各投标者竞标时会千方百计提供最先进或最优货物，从而使货物品质不断改进。

④减少干扰。公开招标和投标为实际业务操作带来公正性，可以避免人情关，减少各种作业干扰。

⑤正确掌握货物来源。公开招标可以提供更多的供应商，增加货物来源渠道。

公开招标的缺点有：

①采购费用较高。公开登报、制作表单、安排开标场所均需一定费用和人力支出，如果发生泼标或流标，则费用更大。

②可能造成抢标。由于有意低于合理价格，带来恶性抢标，以致造成偷工减料、延期交货的风险；或现货急于变现，或供应政策变化，或未来变化等均有可能造成不必要的损失。

③可能串通投标。供应商之间有意串通，提供不实报价或哄抬报价，造成相应损失。

（二）比价

比价又称为限定厂商公开招标，即已知少数厂家供应商具有供应能力，事先拟定有关政策和规范条款并通知其参加投标和竞标。此采购方式与公开招标方式除供应商数目不同之外，其余均无差异。

1. 比价适用条件

①对货物供应商相当或十分了解，将其中能力不佳者予以剔除，选定若干供应商参加投标。

②对货物品质要求很高，胜于其他因素。

③采购货物机密性高或急需货物时。

④在供应商技术能力或货物品质相当时，仅需比较价格高低。

2. 比价的优缺点

比价的优点如下：

①节约费用及时间。因不必公开或登报，可以减少招标环节，赢得时间。又因了解供应商，招标工作量减少，同样减少费用支出。

②公平。比价虽不及公开招标，不限制厂家数，但不失公平竞争之本性，只是竞争程度降低而已。

③减少干扰。比价仍有多家厂商合理竞争，并且实行公开原则，因此人为因素可以避免和克服。

比价的缺点则体现在：比价采购方式与公开招标在具体操作上有很多相似点，因此在可能造成抢标、串通投标、程序等方面基本类同。

（三）议价

议价往往基于货物专利或特定条件，与个别供应商进行接触洽谈，不公开当众竞标，纯系买卖双方面对面就货物价格讨价还价，最终确定货物供应商。

1. 议价适用的条件

①认定个别供应商，以邀约方式接洽，就货物价格或其他交易条件进行协商，选择最合适供应商。

②各供应商就货物材料、技术能力、品质等存在距离或差异，在价格表现方面也有不一致，有时价格最低者，未必就是得标者或确认供应商，采购方尽力得到满足一切采购要求且价格最低者。

③货物需求存在连续性。

④采购制度严密，其执行过程中，不存在徇私舞弊等情况。

2. 议价程序

①发放询单，邀请报价。向可能供应商分别寄发询价单，要求供应商提出报价，采购方根据各报价依次排序，并一对一进行讨价还价，取得双方满意价格。

②签约。一旦取得合理价格后，双方即刻签署书面协议，办理订购手续。

3. 议价的优缺点

议价表现出以下优点：

①节约费用和时间。议价事先不必公开登报或制作标单，只需提出规范及要求，因此可减少相应费用。同时，由于开标、投标、分析、审查等环节省略，所以采购所耗时间也大为节约。

②减少失误。议价是双方面对面的业务谈判，在谈判中双方均不断修正各自的目标和利益，弹性空间比较大，这样可以减少失误和不利因素。

议价的缺点主要是：信息不畅，货物品质难以发展和提高，价格偏高、缺乏公平竞争。

三、物流采购策略

为了实现企业销售目标，采购货物时，除了要运用适当和正确的采购方式以外，还必须重视采购策略的选择。同时，在整个物流过程中，应积极与供应商和客户建立协调业务关系，从而提高企业竞争能力。

（一）选择供应商策略

好的供应商除了拥有足够的生产能力外，还必须对采购企业做好全面优质的供货工作，达到满足采购企业的要求，这样供应商在市场竞争中就具有较强的竞争力。

1. 选择供应商要素

（1）货物质量和技术水平

作为供应商必须具有良好和稳定的货物生产过程和标准，并配置质量控制体系保证其连续性。供应商是否具有一定技术队伍对货物的生产和研制发展有相当重要的制约因素。对采购企业而言，这些仅仅是最基本的选择因素。

(2) 货物的供应能力、提前期和价格

连续性提供货物，并且随时可以订出提前交货的决策是供应商必须具有相当的生产规模与发展前景的可靠保证，否则无论在数量和质量上还是在交货期限等方面均丧失竞争力。价格是货物价值的最佳表现，货物实现其价值需要诸多因素的综合表现，如数量、质量、售后服务、供货时间、技术指标等，因此价格是否恰当是采购过程中至关重要的因素。

(3) 供应商的信誉表现

信誉是供应商在执行业务时所表现的形象，包括货物本身、经营作风、管理水平、口碑等，应该选择一家满意的供应商，为保证完成采购任务打下扎实的基础。

(4) 供应商地理位置

地理位置是构成采购成本的直接因素。运输成本和库存费用均由此而造成，在同等条件下，应尽量选择距离较近的供应商。

(5) 售后服务

售后服务是采购工作的延续环节，是保证采购连续性的重要方面。一般的售后服务包括提供零部件、技术咨询、保养修理、技术讲座、培训等内容，如果售后服务只流于形式，那么被选择的供应商只能是短时间配合与协作，不能成为战略伙伴关系。

2. 选择供应商步骤

包括建立专家评估组、明确供应商选择范围、建立指标体系、逐项评估、综合评分且确定供应商等五个步骤。

(二) 货物品质策略

所谓货物品质是指在一定生产标准范围内，满足买方使用需求目的。采购企业在决定对某一货物采购时，必须对货物全面了解，只有这样，才能得到满意的货物。

1. 货物品质构成要素

①材料。材料是制作货物的原料，是货物品质优劣的最直接因素，生产制造商在生产货物前就根据采购企业要求选用相应材料，避免因材料差异造成品质高低，导致不必要的供应与采购的矛盾。

②功能。功能是货物的最基本要素。它是使用者最初的构想。一般情况下，采购企业在采购前，必须认真描述货物功能的表现形式，然后选择其相应制造商或供应商。

③寿命。货物品质高低与其使用寿命有一定联系或影响。一般而言，寿命长短与货物使用频率成反比。寿命时期的确定应考虑技术创新、品质材料、生

产水平、市场消费需求等因素。

④稳定性。货物品质的稳定性包括内在稳定性和外观稳定性。内在稳定性包括货物所有功能表现情况；外观稳定性包括货物的形状结构、颜色搭配等。

⑤安全性。安全性是反映采购方在集体使用时，保证采购方使用安全，同时在使用过程中，也不对环境造成污染。

⑥流行性。货物的流行程度对市场推进有相当影响，由于市场发展速度相当快，再加上科学技术日新月异。因此，采购企业往往选择新材料、新技术、新工艺、新款式作为采购对象，从而满足流行要求。

2. 约定货物品质的过程

包括设计过程、制造过程和使用过程中的货物品质约定。

（三）采购价格策略

采购价格是指货物的成本（制造供应商的销售价格）和采购过程中所耗用的各种费用总和。采购价格直接影响采购企业的经营利润与资金利润。所以，对采购价格的管理具有重要作用。

1. 采购价格的组成内容

包括请购成本、采购过程成本、验收成本、运输及搬运成本、货物成本等五项内容。

请购成本指请购花费的人工费用、事务用品费用、审查费用；采购过程成本指询价、估价、比价、议价、通信、联络、事务用品等费用；验收成本指验收人工费用、仪器折旧费用；运输及搬运成本指运输费用、入库搬运费用、搬运设备折旧费用；货物成本则是供应商提供货物的销售价格。

2. 降低采购价格的基本途径

包括积极寻找货物供应商，合理使用采购方式及方法，对原有货物设计作重新修正或改进，寻找替代原有货物的货物，选择合理运输方式，加强采购过程标准化管理，运用现代化计算机网络技术等。

（四）采购时间策略

采购时间是指从请购货物至货物检验入库完毕所花费的时间。一般包括：处理订购单时间、供应商制造货物时间或提供货物时间、运输交货时间、检验入库时间等。

计算合理的采购时间依两种不同制度而决定。

1. 现用现购制度

有两种方法，一是以需用货物日期倒算采购时间，决定某一采购日期；二是以成本为原则，计算采购时间。

2. 存货控制制度

也有两种，一是在定量订货制下，当某一存货达到订购点时，即为采购日；二是在定期订货制下，每隔一定时期，即为采购日期。

（五）采购数量策略

采购数量的多少直接决定于生产和销售情况，采购数量过多会造成过高的储存成本、资金占用等缺陷，但同时可享受供应商的商业折扣；但采购数量过少，则会带来采购成本的增加，因此适当的采购数量是非常必要的。常用的方法有：

1. 定量订货法

定量订货法，也称订货点法，是指对库存状况进行连续性的记录、观察、核对，一旦发现库存量下降到预先规定的一个订货点时，就填发订货单按预先确定的经济订购批量来订货。这是一种订货数量确定，而订货时间不固定的订购方法。（经济订购批量的具体计算方法见第三章）

在现实生活中，订货点法又可以称为“二堆法”或“三堆法”。“二堆法”就是当一次订购货物抵厂时，可以将整个库存量分成两部分堆放、保管。第一堆是订货点储备量，第二堆是其余的量。在货物发放时，先动用第二堆，当第二堆没用完时，不必考虑订货。一旦第二堆用完，则表示已到订货点量。此时，企业应及时提出订购。“三堆法”是将保险储备单独从“二堆法”中的第一堆中分离出来。

2. 定期订货法

定期订货法就是企业订购时间预先确定。例如，每月或几周订购一次，而每次订购数量则不固定，随时根据库存的情况来决定。

订购量的计算如下：

订购量 = 平均日需用量 ×（订购周期 + 订购间隔期）+ 保险储备定额 − 实际库存量 − 订货余额

订货周期是指从提出订购、进货、检查直至入库的整个周期所需的时间，订购间隔期是指前后两次订货之间的时间间隔。

实际库存量为订购日的现有库存数量，定货余额为过去已经订购但尚未到货的数量。

例如：某物资的订购间隔期为 2 个月，订货周期为 1 个月，每日企业需用量为 20t，保险储备量为 200t，订购之间实际库存量为 450t，订货余额为 0，则：

$$订购量 = [20 \times (30 + 60) + 200 - 450 - 0]\text{t} = 1\ 550\text{t}$$

从上例可以看出，物资的订购间隔为 2 个月（即 60 天），那么，在通常情况下，一次订购量为（20 ×60） t = 1 200t，而按现在计划则为 1 550t，这是由于实际库存在采购间隔期内已降到保险储备定额以下，因而在订购时对订货量作了调整。

四、准时化采购（JIT）与供应商管理

（一）准时化采购策略

1. 准时化采购策略的基本思想

准时化采购也叫 JIT（Just in Time 的简称）采购，主要强调物流到达目的地的准时性，也就是恰好在需要的时候抵达。最初是日本汽车制造企业为消除生产过程中的各种浪费现象而推行的一种综合管理技术（通常也被称为丰田制造体系）。JIT 的基本思想就是要求严格按用户需求生产产品，缩短生产周期，压缩在制品占用量，提高效率，降低成本。其内容包括：

（1）按需生产

JIT 管理的目标是使企业实现“仅在需要的时刻，按需要的数量，生产真正需要的合格产品”。这就要求避免供应商在竞争中的短期行为，降低风险程度；同时要求供应商能有效地明确其长期发展目标，把与其优势互补的企业联合在一起，以最有效和最经济的方式参与市场竞争，使企业能迅速适应市场瞬息万变的需求，随时调整生产和产品，更有效地实现其管理目标。

（2）会员参与

JIT 主张企业对工作进行合理化的改进，并对员工采取多种技能培训，使这种先进的理念能在企业的实施过程中顺利进行并发挥作用。

（3）消除浪费

JIT 主张企业所有的工作均要以“消除一切无效作业和浪费”为准则，凡是对产品不起增值作用或增加产品附加值但又增加产品成本的作业，都属于浪费的无效作业。例如，多余的库存，多余的搬运和操作，造成返修品、次品和废品的操作，停工待料，没有销路的超产等。

（4）零库存

JIT 把库存量过大比喻为是管理中的“众弊之源”，所以把追求零库存的理想境界作为企业库存管理的目标。JIT 主张要从不断地降低企业内部原材料、半成品和产成品的库存量出发，不断改进管理中存在的问题，以改进企业的各项工作。

（5）追求完美质量

JIT 把全面质量管理（TQM）看成是企业长期发展的重要战略，认为单靠检验只能发现缺陷而不能防止和消除缺陷，即使补救也已造成浪费。因此企业必须建立质量保证体系，从产生质量问题的源头即原材料的供应商处着手，使企业生产的产品达到质量标准和客户的满意。

2. 实施准时化采购的条件

①选择最佳的供应商，并对供应商进行有效的管理是准时化采购成功的

基石。

②用户与供应商间的紧密合作是准时化采购成功的钥匙。

③卓有成效的采购过程质量控制是准时化采购成功的保证。

（二）供应商管理

供应商管理是供应链管理中的一个极其重要的问题，也是实施准时化采购的关键因素之一。供应商管理最主要的两个领域就是供应商的选择和供应商的关系管理。

1. 供应商管理的目标

①符合企业质量和数量要求的产品或服务。

②以最低的成本获得产品或服务。

③确保供应商提供最优的服务和及时送货。

④发展和维持良好的供应商关系。

⑤开发潜在的供应商。

2. 供应商的选择

选择供应商一般包括以下几个步骤：

①成立供应商评估和选择小组；

②确定全部的供应商名单；

③列出评估指标并确定权重；

④逐项评估每个供应商的履行能力；

⑤综合评分并确定供应商。

3. 双赢供应关系的管理

双赢关系模式是一种合作的关系模式，供应商和生产商之间共同分享信息，通过合作和协商进行运作。具体表现为：

①制造商对供应商给予协助，帮助供应商降低成本，改进质量，加快产品开发进度。

②通过建立相互信任的关系提高效率，降低交易、管理成本。

③长期的信任合作取代短期的合同。

④广泛的信息交流与共享机制。

（三）双赢关系对准时化采购的意义

供应商与制造商的合作关系对准时化采购的实施是非常重要的，只有建立良好的供需合作关系，准时化采购策略才能彻底贯彻落实，并取得预期效果。双赢关系对于采购中供需双方的作用表现在：

①增加整个供应链业务活动的共同责任感和利益的分享。

②增加对未来需求的可预见性和可控能力，长期的合同关系使供应计划更加稳定。

③成功的客户有助于供应商的成功。

④高质量的产品增强了供应商的竞争力。

⑤增加对采购业务的控制力。

⑥通过长期的、有信任保证的订货合同保证了满足采购的要求。

⑦减少和消除了不必要的对购进产品的检查活动。

第二节　电子商务下的物流运输管理

物流运输是社会经济活动的重要组成部分，是生产、消费经济大循环的必要条件，也是政治、军事活动的必然要求。社会产品的生产和需求之间，不可避免地存在着空间和时间上的差异。这就需要靠流通过程加以调节，需要现代化的运输规划来保证。

一、物流运输概述

（一）物流运输的基本概念

1. 物流运输的含义与职能

物流运输（Logistics Transportation）是指物的载运与输送，它是在不同地域范围间，如两个城市之间，人们借助运输工具，对物进行空间位移，以改变物的空间位置为目的的活动。

一般而言，物流运输实现了两种职能，即物品移动和短时间产品库存。

(1) 物品移动

运输首先实现了物品在空间上移动职能。无论物品处于哪种形式，是材料、零部件、配件、在制品或流通中的商品，运输都是必不可少的。运输通过改变物品的地点与位置而创造价值，这是空间效应。另外，运输能使物品在需要的时间内到达目的地，这是时间效应。运输的主要职能是以最少的时间完成产品的运输任务。

运输是一个增值的过程，通过创造空间效应和时间效应来创造价值。商品最终送到顾客手中，其运输成本构成了商品价格的一个重要部分，运输成本的降低可以达到以较低的成本提供优质服务的效果。

(2) 短时间产品库存

产品进行短时储存也是运输的职能之一，即将运输工具作为暂时的储存场所。如果转移中的产品需要储存，而在短时间内产品又要重新转移，卸货和装货的成本也许会超过储存在运输工具中的费用，这时，便可以考虑采用此方法。

2. 物流运输的原则

(1) 规模经济

规模经济的特点是随着装运规模的增长，使单位货物的运输成本下降。例如，整车装运的每单位成本低于零担装运。铁路或水路之类运输能力较大的运输工具，其每单位重量的费用要低于诸如汽车或飞机之类运输能力较小的工具。

（2）距离经济

距离经济的特点使每单位距离的运输成本随运输距离的增加而减少。距离经济的合理性类似于规模经济，尤其体现在运输装卸的费用上的分摊。距离越长，可使固定费用分摊后的值越小，导致每单位距离支付的总费用很小。

（二）物流运输方式

按运输设备及运输工具的不同，可以有多种不同的运输方式。

1. 铁路运输

铁路运输具有载运量大，运送速度较快，运输成本低于航空运输和汽车运输，安全程度较高，运输能耗低，用地省，对环境的污染较轻，受气候季节变化影响小等优点。但运输过程中受固定的铁路设施限制，缺乏灵活性。

适用范围：中长距离的运输；长距离、大宗货物的运输；在联合运输中（尤其是陆路）发挥骨干和纽带作用。

2. 水路运输

水路运输分为海洋和内河运输，海洋和主要内河干线的轮船及拖驳船队载重量大，航道航线通过能力所受限制极小，运输成本低，劳动生产率较高，特别是土地占用和能源消耗量较其他运输方式要低，对环境的污染较轻。但由于水上航道的地理走向和水情变化难以全面控制，因此运输的连续性、灵活性和时间的准确性差，运送速度慢。

适用范围：国际货物的运输；大宗、笨重货物的长途运输；在综合运输体系中发挥骨干作用。

3. 公路运输

汽车是最重要和普遍的中短途运输方式。虽然载运量小、运价较高、安全性较差、环境污染严重，但对不同的自然条件适应性很强，因而空间活动的灵活性很大，技术速度与送达速度均较快。汽车交通广泛服务于地方和城乡的物资交流和旅客来往，为干线交通集散客货，并便于实现货物运输“门到门”。

适用范围：承担中、短途客货运输；为其他运输方式集散客货；在综合运输体系中起补充和衔接作用。

4. 航空运输

航空运输速度快，飞行时速一般都在900公里以上，其他任何一种运输方式都无法比拟；灵活机动，不受自然地理条件限制，对加强与边远闭塞地区的联系作用较大，安全性较高；对土地占用和环境污染较少。但运费高、运量小。因此，它担负着政治、经济、文化中心及国际交往的快速旅客运输和报刊邮件、急迫物资的运输。

5. 管道运输

管道运输目前只是输送流体货物的一种运输方式，适合于石油及其制品、天然气、煤气、水、化学品及泥浆类流体货物的运输。它具有大量不间断运送、管理方便、土地占用少、人员占用较少、运输成本较低、受自然条件影响小等优点。但无法承担多种货物运输，且铺设时需要大量钢材。近年来随着固体物料液化技术的发展，管道已开始用于煤炭、矿石等固体物料的运输。

6. 联合运输

联合运输（Combined Transport）又简称联运，是指两个或两个以上的运输企业，根据同一运输计划，遵守共同的联运规章或签订协议，使用共同的运输票据或通过代办业务，组织两种以上运输工具或两程以上的运输衔接，以及产供销的运输协作，联合实现货物或旅客的全程运输。

联运是一种综合性运输组织工作，对挖掘运输潜力，发挥各种运输方式的优势，组织合理运输，加快商品流通，提高社会经济效益，更好地为货主、旅客和国民经济建设服务，具有重要作用，因而是交通运输发展的必然趋势，是运输组织发展的方向。联运形式多种多样，仅就五种运输方式中两种方式间相互结合，可能有15种。其中常见的有6种，即公路联运、铁水联运、公航联运、公水联运、公管（道）联运、水管（道）联运等。

（三）物流运输节点

1. 物流节点

物流节点又称物流结点，是物流网络中连接物流线路的结节之处，所以又称物流结节点。通常情况下，两种不同形式运动过程或相同形式的两次运动过程中都要有暂时的停顿，而一次暂时停顿也往往连接两次不同的运动。因此，物流过程便是由多次的运动、停顿、再运动、再停顿，直至达到最终目的所组成。全部的物流活动也是在线路和节点上进行的。

物流节点执行指挥、调度和信息中枢的职能，是整个物流网络的灵魂所在。其主要功能有：

（1）物流节点具有衔接功能

物流节点将各个物流线路连接成一个系统，通过转换运输方式衔接不同的运输手段；可以通过简单加工、包装，衔接干线物流和配送物流；可以通过储存衔接不同时间的供应物流和需求物流；可以通过集装箱、托盘等集装处理衔接整个“门到门”运输。

（2）物流节点具有信息功能

物流节点是整个物流系统信息传递、收集、处理、发送的集中地。每个节点都是一个信息点，它与物流系统的信息中心结合起来，便成了指挥、管理和调度整个物流系统的信息网络。

（3） 物流节点具有管理功能

物流系统的管理和指挥机构经常会集中设置于物流节点之中，因此物流节点成为集管理、指挥、调度、信息、衔接及货物处理为一体的物流综合设施。整个物流系统的运转的有序化和正常化，整个物流系统的效率水平取决于物流节点的管理水平。

2. 物流运输节点

运输节点是物流系统节点的一部分，它是处于运输线路上的节点，是货物的集散地，是各种运输工具的衔接点，是办理业务和运输工具作业的场所，也是运输工具的保养和维修基地。运输节点主要有：

①铁路车站。铁路车站口语习称火车站，是供铁路列车停靠的地方，用以搬运货物或让乘客乘车。它包括中间站、区段站、编组站和货运站。

②汽车站场。汽车站场是保证车辆正常运行的营业场所，它包括停车场库、货运站。

③港口。港口通常指水港，是由水域和陆域两大部分组成。水域是供船舶进出港以及在港内运转、锚泊和装卸作业使用的；陆域是供货物装卸、堆存和转运使用的。

④航空港。航空港习惯称机场，具有执行客货运业务和保养维修飞机、起飞、降落或临时停机等用途。一般由飞行区、客货运输服务区和机务维修区三部分组成。

⑤管道站。管道站又称输油（气）站，是对沿管道干线为输送油（气）品而建立的各种作业站（场）的统称，是给液流增加能量（压力），改变温度，提高液流流动性的场所。可分为首站（起点站）、末站（终点站）和中间站。

二、物流运输合理化

合理运输是指在实现社会产销联系的过程中，选取运距短、运力省、运费低、速度快的最佳运输线路和运输方式所组织的货物运输。组织合理运输不仅可以节省运输能力，发挥各种运输方式的优势，提高运输效率，而且可以减少货物的中转环节和装卸次数，减少货物损耗，缩短货物在途时间，加速货物周转，节省运输费用，提高社会经济效益。

组织合理运输，首先需要正确区分合理与不合理的界限，减少以致消除不合理运输。

（一）不合理运输

不合理运输是在现有条件下可以达到的运输水平而未达到，从而造成了运力浪费、运输时间增加、运费超支等问题的运输形式。目前我国存在的主要不合理运输形式有：

1. 单程空载

空车无货载行驶，可以说是不合理运输的最严重形式。在实际运输组织中，有时候必须调运空车，从管理上不能将其看成不合理运输。但是，因调运不当，货源计划不周，不采用运输社会化而形成的空驶，是不合理运输的表现。

2. 对流运输

对流运输也称"相向运输"、"交错运输"，指同一种货物，或彼此间可以相互代用而又不影响管理、技术及效益的货物，在同一线路上或平行线路上作相对方向的运送，而与对方运程的全部或一部分发生重叠交错的运输称对流运输。已经制定了合理流向图的产品，一般必须按合理流向的方向运输，如果与合理流向图指定的方向相反，那么也属对流运输。

3. 迂回运输

迂回运输是舍近求远的一种运输。可以选取短距离进行运输而不选，却选择路程较长路线进行运输的一种不合理形式。迂回运输有一定复杂性，不能简单判断，只有当计划不周、地理不熟悉、组织不当而发生的迂回，才属于不合理运输，如果最短距离有交通阻塞、道路情况不好或有对噪音、排气等特殊限制而不能使用时发生的迂回，则不能称为不合理运输。

4. 重复运输

本来可以直接将货物运到目的地，但是在未达目的地之处，或目的地之外的其他场所将货装卸，再重复装运送达目的地，这是重复运输的一种形式。另一种形式是，同品种货物在同一地点一面运进，同时又向外运出。重复运输的最大毛病是增加了非必要的中间环节，这就延缓了流通速度，增加了费用，增大了货损。

5. 倒流运输

倒流运输是指货物从销地或中转地向产地或起运地回流的一种运输现象。其不合理程度要甚于对流运输，其原因在于，往返两程的运输都是不必要的，形成了双程的浪费。

6. 过远运输

过远运输是指调运物资舍近求远，近处有资源不调而从远处调，这就造成可采取近程运输而未采取，拉长了货物运距的浪费现象。过远运输占用运力时间长、运输工具周转慢、物资占压资金时间长，远距离自然条件相差大。又易出现货损，增加了费用支出。

7. 运力选择不当

未比较各种运输工具的优势而不正确地选用运输工具造成的不合理现象，常见有以下几种形式：

①弃水走陆。在同时可以利用水运及陆运时，不利用成本较低的水运或水陆联运，而选用成本较高的铁路或汽车运输，使水运优势不能发挥。

②铁路、大型船舶的过近运输。不是铁路及大型船舶的经济运行里程却利用这些运力进行运输的不合理做法。主要不合理之处在于火车及大型船舶起运及达到目的地的准备、装卸时间长，且机动灵活性不足，在近距离中利用，发挥不了运速快的优势。相反，由于装卸时间长，反而会延长运输时间。另外，和小型运输设备比较，火车及大型船舶装卸难度大、费用也较高。

③运输工具承载能力选择不当。不根据承运货物数量及重量选择，而盲目决定运输工具，造成过分超载、损坏车辆及货物不满载、浪费运力的现象。尤其是“大马拉小车”现象发生较多。由于装货量小，单位货物运输成本必然增加。

8. 托运方式选择不当

对于货主而言，在可以选择最好托运方式时而未选择，造成运力浪费及费用支出加大的一种不合理运输。例如，应选择整车未选择，反而采取零担托运，应当直达而选择了中转运输，应当中转运输而选择了直达运输等属于这一类型的不合理运输。

以上各种不合理运输形式都是在特定条件下表现出来的，在进行判断时必须注意其不合理的前提条件，否则就容易出现判断的失误。例如，如果同一种产品，商标不同，价格不同，所发生的对流则不能绝对看成不合理，因为其中存在着市场机制引导的竞争，优胜劣汰。如果强调因为表面的对流而不允许运输，那么就会起到保护落后、阻碍竞争甚至助长地区封锁的作用。类似的例子，在各种不合理运输形式中都可以举出一些。

（二）物流运输合理化的影响因素

运输是物流中最重要的功能要素之一，物流合理化在很大程度上依赖于运输合理化。运输合理化的影响因素主要有：

1. 运输距离

在运输过程中，运输时间、运输货损、运费、运输工具周转率等若干技术经济指标，都与运输距离存在正比例关系，运距长短是运输是否合理的一个最基本因素。

2. 运输环节

每增加一次运输，不但会增加起运的运费和总运费，而且必须要增加运输的附属活动，如装卸、包装等，各项技术经济指标也会因此下降。所以，减少运输环节，尤其是同类运输工具的环节，对合理运输有促进作用。

3. 运输工具

各种运输工具都有其使用的优势领域，对运输工具进行优化选择，按运输工具特点进行装卸运输作业，最大发挥所用运输工具的作用，是运输合理化的重要一环。

4. 运输时间

运输是物流过程中需要花费较多时间的环节，尤其是远程海运，运输时间可达 2 个月。运输时间过长会造成运输成本增加。

5. 运输费用

运费在全部物流费用中占很大比例，运费降低可以提高整个物流系统的竞争能力。实际上，运输费用的降低，也是货主企业和物流经营企业双方的基本经营目标。运费的判断，也是各种合理化措施是否行之有效的最终依据之一。

从上述五个方面来考虑运输合理化，就能取得预想的效果。

（三）运输合理化的实施途径

1. 提高运输工具实载率

实载率包含两个统计内容：

①单车实际载重与运距之乘积和标定载重与行驶里程之乘积的比率，这在安排单车、单船运输时，是作为判断装载合理与否的重要指标。

运输工具实载率 =（实际载重 × 合同运距）/（标定载重 × 实际行驶里程）

②车船的统计指标，即一定时期内车船实际完成的货物周转量（以吨/公里计）占车船载重吨位与行驶公里之乘积的百分比。在计算时车船行驶的公里数，不但包括载货行驶，也包括空驶。

提高实载率的意义在于：充分利用运输工具的额定能力，减少车船空驶和不满载行驶的时间，减少浪费，从而求得运输的合理化。

2. 配载运输

配载运输是充分利用运输工具载重量和容积，合理安排装载的货物及载运方法以求得合理化的一种运输方式。配载运输也是提高运输工具实载率的一种有效形式。

配载运输往往是轻重商品的混合配载，在以重质货物运输为主的情况下，同时搭载一些轻泡货物，如海运矿石、黄沙等重质货物，在仓面捎运木材、毛竹等，铁路运矿石、钢材等重物上面搭运轻泡农、副产品等，在基本不增加运力投入的情况下，在基本不减少重质货物运输的情况下，解决了轻泡货的搭运，因而效果显著。

3. 开展联合运输

将公路两端运输的优势与铁路、水运、航空的干线长距离运输相结合，由一个总承运人安排“门到门”运输。这种联合运输，有利于实行专业分工，统一安排运输工具，避免对流、倒流、空驶、运力不当等多种不合理形式发生。

4. “四就直拨”运输

“四就直拨”是减少中转运输环节，力求以最少的中转次数完成运输任务的一种形式。一般批量到站或到港的货物，首先要进分配部门或批发部门的仓库，然后再按程序分拨或销售给用户。这样一来，往往出现不合理运输。“四就直拨”，则是由管理机构预先筹划，然后就厂或就站（码头）、就库、就车（船）将货物分送给用户，而无需再入库了。

5. 发展特殊运输技术和运输工具

依靠科技进步是运输合理化的重要途径。例如，专用散装及罐车，解决了粉状、液状物运输损耗大，安全性差等问题；袋鼠式车皮，大型半挂车解决了大型设备整体运输问题；“滚装船”解决了车载货的运输问题，集装箱船比一般船容纳更多的箱体，集装箱高速直达车船加快了运输速度等，都是通过先进的科学技术实现合理化。

6. 通过流通加工，使运输合理化

有不少产品，由于产品本身形态及特性问题，很难实现运输的合理化，如果进行适当加工，那么就能够有效解决合理运输问题。例如将造纸材在产地预先加工成干纸浆，然后压缩体积运输，就能解决造纸材运输不满载的问题。轻泡产品预先捆紧包装成规定尺寸，装车就容易提高装载量；水产品及肉类预先冷冻，就可提高车辆装载率并降低运输损耗。

三、运输业务管理

（一）运输服务与运输合同

1. 运输服务提供者

①单一方式承运人。最基本的承运人类型是单一方式承运人，他们仅利用一种运输方式提供服务，这种集中程度使承运人高度专门化，有足够的能力和高效率。托运人方面需要与每个单一的承运人进行洽谈并交易，这需要更多的时间和精力，也需要更多的管理工作。

②小件承运人。一些提供专门化服务的公司进入了小批量装运服务市场或包裹递送服务市场。它们所提供的各种服务不能千篇一律地按照传统的分类加以划分，因为包裹的途径可能为铁路、公路和航空运输。对于一些生产电子产品或者说靠散发目录来卖商品的企业，包裹递送服务是最佳选择。包裹递送服务的缺点在于，它对产品尺寸和质量限制较大，运送时间长短不一，对产品的

损害较大。

③多式联运经营人。多式联运人使用多种运输方式，以期望能在最低的成本条件下提供综合性服务。随着多式联运的发展，铁路和公路之间的关系有所改善，因为它们认识到将来多式联运会更密切地将它们联系在一起。当然，铁路和公路的竞争依然存在，但是它们更是潜在的合作者。

2. 运输合同

运输合同是承运人将旅客或者货物从起运地点运输到约定地点，旅客、托运人或者收货人支付票款或者运输费用的合同。

货物运输合同，是指承运人将货物运送至约定的地点，托运人向承运人支付运费的合同。它是由承运人开展运送业务的法律形式。其形式有书面合同和契约合同之分。前者是签订正式书面协议形式的合同，主要是租船运输合同；后者则是以货物运输单据作为运输合同，包括海洋提单运输、铁路运输、公路运输、航空运输等。

货物运输合同可根据不同的标准进行不同的分类，比如按运输工具分类可分为：铁路运输合同，公路运输合同，水路运输合同，航空运输合同以及管道运输合同等。按运送方式分类可分为：单一运输合同和联合运输合同。

货物运输合同的一般规定条款有：

①货物运输的起运地点和到达地点；

②托运方或收货方应付的运费和杂费；

③承运方不得拒绝托运方正常与合理的运输要求；

④承运方应当在约定期间或合理期间内，按约定运输路线将货物安全运到约定地点；

⑤违约货物的处理。

(二) 对运输企业的选择

运输方式及运输企业的选择有以下步骤：

1. 问题识别

要考虑的因素有：客户要求，现有模式的不足之处以及企业分销模式的改变。通常最重要的是与服务相关的一些因素。

2. 运输企业分析

要考虑的信息有：过去的经验，企业界的运输记录，客户意见等。

3. 选择决策

具体的选择标准包括以下主要内容：

①取货，运输的服务质量好，即准确、迅速、安全、可靠；

②门到门运输服务费用合理、低廉；

③能够及时提供运输车辆和运输状况等业务的查询、咨询服务；

④货物丢失时，能够及时处理有关索赔事项；

⑤正确填制提单、货票等运输凭证；

⑥与企业保持长期真诚合作关系。

（三）确定运输路线

1. 确定合理运输路线的意义

(1) 对运输企业而言

运输企业从合理的运输路线中可得到如下好处：更高的车辆利用率、更高的服务水平、更低的运输成本、更少的设备资金投入、更好的决策管理。

(2) 对托运人而言

合理的运输路线可以使托运人：降低成本、提高所接受的服务水平。

2. 路线设计问题的类型

①单一出发地和单一目的地。单一的出发地目的地的车辆路线问题可以视为网络规划问题，可以用运筹学的方法解决，其中最简单直接的解法是最短路线方法。

②多起点多终点问题。实际运输中常常碰到有多个供应商并供给多个工厂的问题。或者把不同工厂生产的同一产品分配到不同客户的问题，在这些问题中，起点和终点都不是单一的。在这类问题中，各供应商的供应量往往有所限制。

③起点和终点为同一地点。自有车辆运输时，车辆往往要回到起点。比较常见的情况是，车辆从一座仓库出发到不同的销售点送货并回到仓库，这一问题实际是出发地和目的地不同的问题的延伸，但相对而言更为复杂一些。它的目标是找到一个走遍所有地点的最佳顺序，使得总运输路线时间最少或距离最短。这一类问题没有固定的解题思路，在实践中通常是根据实际情况的不同，结合经验寻找适用的方法。

常见的限制条件有：

第一，每一地点既有货物要送又有货物要取；

第二，部分或全部地点的开放时间都有限制；

第三，因车辆容量的限制或其他因素，要求先送货再取货；

第四，司机的就餐时间和休息时间也在考虑的范围内。

有了这些限制，运输队路线计划和进度计划就很难找到最佳方案。实际操作中，通常是求助于简单易行的方法以得到解决问题的可行方案。

第三节　电子商务下的装卸搬运管理

一、装卸搬运的含义及作业分类

电子商务下的物流系统先后各个环节或同一环节的不同活动之间，都必须进行装卸搬运作业。如运输、储存、包装等都要有装卸搬运作业配合才能进行，如待运出的物品要装上车才能运走、达到目的地后，要卸下车才能入库等。

（一）装卸搬运的含义

装卸（Loading and Unloading）的定义是：指物品在指定地点以人力或机械装入运输设备或卸下。搬运（Handing/Carrying）的定义是：在同一场所内，对物品进行水平移动为主的物流作业。

装卸搬运是指在同一地域范围内进行的、以改变货物存放状态和空间位置为主要内容和目的的物流活动。严格地说，装卸和搬运是两个不同的概念，所谓装卸主要指的是货物在空间上所发生的以垂直方向为主的位移，主要是改变货物与地面之间的距离；而搬运则是指货物在小范围内发生的短距离的水平位移。装卸搬运与运输、储存不同，运输是解决物料空间距离的，储存是解决时间距离的，装卸搬运没有改变物料的时间或空间价值，因此往往不会引起人们的重视。可是一旦忽略了装卸搬运，生产和流通领域轻则发生混乱，重则造成生产活动停顿。

（二）装卸搬运作业的分类

1. 按作业场所分类

① 铁路装卸。指在铁路车站进行的装卸搬运活动。除装、卸火车车厢货物以外，还包括汽车的装卸、堆码、拆取、分拣、配货、中转等作业。

②港口装卸。指在仓库、堆场、物流中心等处的装卸搬运活动。另外，如空运机场、企业类别以及人不能进入的场所，均属此类。

2. 按操作特点分类

①堆码拆取作业。包括在车厢内、船舱内、仓库内的码垛和拆垛作业。

②分拣配货作业。指按品类、到站、去向、货主等不同的特征进行分拣货物作业。

③挪动移位作业。即单纯地改变货物的支承状态的作业（如，从汽车上将货物卸到站台上等）和显著（距离稍远）改变空间位置的作业。

以上作业又可分为手工操作、半自动操作和全自动操作。

3. 按作业方式分类

①吊装吊卸法（垂直装卸法）。主要是使用各种起重机械来改变货物的铅垂方向的位置为主要特征的方法，这种方法历史最悠久、应用面最广。

②滚装滚卸法（水平装卸法）。是以改变货物的水平方向的位置为主要特征的方法，如各种轮式、履带式车辆通过站台、渡板开上开下装、卸货物，用叉车、平移机来装、卸集装箱、托盘等。

4. 按作业对象分

①单件作业法。是人力作业阶段的主导方法。目前对长大笨重的货物，或集装会增加危险的货物等，仍采取这种传统的单件作业法。

②集装作业法。先将货物集零为整，再进行装卸搬运的方法，有集装箱作业法、托盘作业法、货捆作业法、滑板作业法、网装作业法以及挂车作业法等。

③散装作业法。指对煤炭、矿石、粮食、化肥等块、粒、粉状物资，采用重力法（通过筒仓、溜槽、隧洞等方法）、倾翻法（铁路的翻车机）、机械法（抓、舀）、气力输送（风机在管道内形成气流，应用动能、压差来输送）等方法进行装卸。

另外，按装卸设备作业原理分，有间歇作业（如起重机等）和连续作业（如连续输送机等）方法。按作业手段和组织水平可分为人工作业法、机械作业法和综合机械化作业法。

二、装卸搬运的方法

（一）单元化装卸——托盘和集装箱

1. 托盘

托盘是按一定规格制成的单层或双层平板载货工具。同时，托盘又是一种随货同行的载货工具。目前国际上对托盘的提供有两种来源：一是由承运人提供。即在装货地将货物集装在托盘上，然后货物与托盘一起装上运输工具，在卸货地收货人提货时，如果连同托盘一起提走，则必须在规定的时间内将空托盘送回。这种托盘结构比较坚固耐用，一般可以使用五六次。二是由供货方自备简易托盘。这种托盘连同货物一起交给收货人，不予退回。这种托盘成本较低，仅供一次性使用，其成本一般计算在货价之内。

（1）托盘的种类

托盘以木制为主，但也由塑料、玻璃纤维、金属材料或纸等材料制成。按结构不同，常见的有以下几种：

①平板托盘（Flat Paller），是由双层板或单层板另加底角支撑构成无上层装置。

②箱型托盘（Box Pallet），是以平板托盘为底，上面有箱形装置，四壁围有网眼板或普通板，顶部有盖或无盖。

③柱形托盘（Post Pallet），是以平板托盘为底，四角有支柱，横边有可以移动的边轨，托盘装货时便于按照需要调整长度或高度。

④纸托盘（Ship Sheet），又称滑片，为一厚实纸片，成本很低，供一次性使用，但需要与专用叉车配合作业。

（2）托盘装卸的特点

托盘在许多方面与集装箱是优点、缺点互补，因此可以在难以利用集装箱的地方利用托盘，而托盘难以完成的工作由集装箱来完成。

托盘的主要优点有：

①自重量小。因此用于装卸、运输托盘本身所消耗的劳动较小，无效运输及装卸与集装箱相比，相对较小。

②返空容易，返空时占用运力很少。由于托盘造价不高，又很容易相互代用，互以对方托盘抵补，所以无需像集装箱那样必有固定归属者，也无需像集装箱那样返空。即使返运，也比集装箱容易。

③装盘容易。不需要像集装箱一样深入到箱体内部，装盘后可采用捆扎、紧包等技术处理，使用简便。

④装载量比集装箱小，但也能集中一定数量，比一般包装的组合量大。

托盘的主要缺点有：保护性比集装箱差，露天存放困难，需要有仓库等配套设施。

2. 集装箱

集装箱（Container）又称“货箱”、“货柜”（Box）。集装箱是一种“容器”，但并非所有的容器都可以称为集装箱。它必须是具有一定的强度，专供周转使用并便于机械操作的大型货物容器。国际标准化组织（ISO）根据保证集装箱在装卸、堆放和运输过程中的安全需要，在货物集装箱的定义中，提出了作为一种运输工具的货物集装箱的基本条件，即：

①具有足够的强度，能长期反复使用；

②途中转运不需移动箱内货物，可以直接换装；

③有适当装置，可以进行快速装卸，并可以从一种运输工具直接方便地换到另一种运输工具；

④便于货物存放取出；

⑤具有 $1m^3$ 以上的容积。

(1) 集装箱的种类

在集装箱化发展过程中，虽然因所装货物的性质和运输的各种条件而出现了不同种类的集装箱，但目前应用最广泛的分类方法是按使用目的来区分。根据国际标准化组织的建议可分为以下几种：

①杂货集装箱（Dry Container）。这是一种不需要调节温度的货物所使用的集装箱，也是最常见的集装箱，并保持密封。它适于装载各种干杂货物，在集装箱中所占的比重最大。

②通风集装箱（Air Ventilation Container）。这种集装箱适于装载怕热、怕潮的货物，如新鲜水果、蔬菜等。

③保温集装箱（Keep Constant Temperature Container）。这种集装箱适用于

怕冻、怕寒货物在寒冷地区的运输。

④冷藏集装箱（Refrigerator Container)。这是一种附有制冷机，并在各壁涂有泡沫苯乙烯等热传导率较低的材料，用于装载冷冻货物和特种化工品等，在整个运输中，启动制冷机可保持设定的温度。

⑤散货集装箱（Solid Bulk Container)。这是可以装载大豆、大米、面粉及水泥等各种散装的粉粒货物的集装箱。使用这种集装箱，可以节约可观的包装费，并提高装卸效率。

某些国家对一些需要进行植物检疫的货物，规定了非常严格的检疫制度。如对进口粮食，有的就要求在港外锚地进行熏蒸消毒，因此，就要求在散货集装箱上设置投入熏蒸药物的开口以及熏蒸气体排出口，并且要求这种集装箱在熏蒸时能保持完全气密。

⑥开顶集装箱（Open Top Container)。这种集装箱适于装载玻璃板、钢制品、机械等重货，可以使用起重机从顶部装卸。为了使货物在运输中不发生移动，一般在箱内底板两侧各埋入几个索环，用以穿过绳索捆绑箱内货物。

⑦框架集装箱（Flat Rack Container)。这是用以装载不适于装在干货集装箱内或开顶集装箱的长大件、超重件等货物。它没有箱顶和箱壁，箱端壁也可以卸下，只保留箱底和四角柱来承受货载。

⑧罐式集装箱（Tank Container)。这种集装箱外形为长方形，内部是密封罐型，上下有进出口管，适于装卸酒类、油类、化学品等液体货物。

⑨特种集装箱（Special Container)。包括各种专用集装箱，如衣架集装箱、原皮集装箱、折叠集装箱、子目集装箱等。

(2) 集装箱装卸的特点

与托盘相比，集装箱的优点有：

①提高装卸效率，加速周转，降低货运成本。集装箱运输是将单件货物集合成组，装入箱内，使运输单位加大，便于机械操作，从而大大提高装卸效率。如一个20英尺型的国际标准箱，每一循环的装卸时间仅需3分钟，每小时可装卸货物达400吨。而传统货船每小时装卸货物仅为35吨。因此，采用集装箱运输可提高装卸效率达11倍。

②提高货运质量，减少货损货差。集装箱结构坚固，强度很大，对货物具有很好的保护作业。即使经过长途运输或多次换装，也不易损坏箱内货物，而且一般杂物集装箱均为水封，既不怕风吹雨淋日晒，也不怕中途偷窃。如我国出口到日本的金鱼缸和其他瓷器，按传统方式运输破损率最高达到50%，而采用集装箱进行装卸和运输后，破损率降为0.5%，基本保证了货物的完整无损。

③节省货物的包装用料。货物在集装箱内，集装箱本身实际上起到一个强度很大的外包装作用。货物在箱内由于集装箱的保护，不受外界的挤压、碰

撞，因此，货物的外包装可大大减化。如原来需要木箱包装的，就可改为硬纸箱；原来需要厚纸箱的，就可以改为厚纸包装，从而可以节约木料或其他材料，节省了包装费用。有些商品甚至无需包装，如目前国际上运输成衣服装，采用衣架集装箱。这种集装箱内专门设计装置，有一排排挂衣架供服装直接吊挂，无需任何包装，集装箱运达目的地后，收货人即可以从箱内取出服装，无需重新熨烫平整即可直接上售货架上，既节省包装用料和费用，又能使商品及时供应市场。据统计，其包装费用一般可节省50%以上。

（二）散装货物的装卸搬运

散装物资的装卸搬运，如大批量粉状、粒状货物进行无包装散装、散卸及搬运，可以连续进行，也可以采取间断的装卸方式。但是，都需要采用机械化设施、设备。在特定情况下，且批量不大时，也可采用人力装卸。散装物质装卸搬运的作业方法主要有：

①气力输送装卸。主要设备是管道及气力输送设备，以气流运动裹携粉状、粒状物沿管道运动而达到装、搬、卸的目的，也可以采用负压抽取的方法，使散货沿管道运动。管道装卸密封性好，装卸能力高，容易实现机械化、自动化。

②重力装卸。利用散货本身质量进行装卸方法，这种方法必须与其他方法配合，首先将散货提升到一定高度，具有一定势能之后，才能利用本身重力进行下一步装卸。

③机械装卸。利用能承载粉粒货物的各种机械进行装卸，有两种方式：

a. 用吊车、叉车改换不同机具或用专用装卸机，进行抓、铲、舀等形式作业，完成装卸及一定的搬运作业。

b. 用皮带、刮板等各种输送设备，进行一定距离的搬运卸货作业，并与其他设备配合实现装货。

三、装卸搬运合理化

装卸搬运合理化也是物流合理化的重要内容之一。其实施途径主要有：

1. 防止无效装卸

所谓无效作业是指在装卸作业活动中超出必要的装卸、搬运量的作业。显然，防止和消除无效作业对装卸作业的经济效益有重要作用。为了有效地防止和消除无效作业，可以从以下几个方面入手：

（1）尽量减少装卸次数

物流过程中，货损发生的主要环节是在装卸环节，而在整个物流过程中，装卸作业又是反复进行的，从发生的频数看，超过了任何其他活动，过多的装卸次数必然导致损失的增加。从发生的费用来讲，一次装卸的费用相当于几十公里的运输费用，因此，每增加一次装卸，费用就会有较大比例的增加。此外，装卸又会大大阻缓整个物流的速度，减少装卸次数又是增加物流速度的重要因素。

(2) 提高被装卸物料的纯度

进入物流过程的货物，有时混杂着没有使用价值或者对用户来讲，使用价值不对路的各种掺杂物，如矿石中的表面水分，石灰中的未烧熟石灰及过烧石灰等，在反复装卸时，实际对这些无效物质反复消耗劳动，因而形成无效装卸。物料的纯度越高则装卸作业的有效程度越高。反之，则无效作业就会增多。

(3) 包装要适宜

包装过大过重，在装卸时实际上是反复在包装上消耗较大的劳动，因而形成无效劳动。包装的轻型化、简单化、实用化会不同程度地减少作用于包装上的无效劳动。

(4) 缩短搬运作业的距离

物料在装卸、搬运当中，要实现水平和垂直两个方向的位移，选择最短的路线完成这一活动，就可以避免超越这一最短路线以上的无效劳动。

2. 充分利用重力

装卸搬运使物料通过做功实现垂直或水平位移，在这一过程中，要尽可能实现装卸作业的省力化。

在装卸作业中应尽可能地消除重力的不利影响。在有条件的情况下利用重力进行装卸，可减轻劳动强度和能量的消耗。将设有动力的小型运输带斜放在货车、卡车或站台上进行装卸，使物料在倾斜的输送带上移动。这种装卸是靠重力的水平分力完成的。在搬运作业中，不用手搬，而是把物资放在台车上，由器具承担物体的重力，人们只要克服滚动阻力，使物料水平移动是十分省力的。

采用重力式移动货架也是一种利用重力进行省力化的装卸方式之一。重力式货架的每一层均有一定的倾斜度，利用货箱或托盘可自己沿着倾斜的货架层板滑到输送机械上。为了使物料滑动的阻力越小越好，通常货架表面均处理得十分光滑或者在货架层上装有滚轮，也有在承重物资的货箱或托盘下装上滚轮，这样将滑动摩擦变为滚动摩擦，物料移动时的阻力会更小。

3. 提高搬运活性

物料或货物平时存放的状态是各式各样的，可以散放在地上，也可以装箱放在地上或放在托盘上等。由于存放的状态不同，物料的搬运难易程度也不一样。人们把物料和货物的存放状态影响装卸搬运作业的难易程度称为搬运活性。将那些装卸较方便，费工时少的货物堆放方法称为搬运活性高，从经济角度看，这种搬运活性高的搬运方法是一种好方法。

搬运活性指数是用来表示各种状态下的物品的搬运活性的。活性指数共分0～4共5个等级：散乱堆放在地面上的货物，进行下一步装卸时必须进行包装或打捆，或者只能一件件操作处理；将货物包装好或捆扎好然后放置于地面，在下一步装卸时可直接对整体货载进行操作，因而活性有所提高，但操作时需支起、穿绳、挂索，或支垫入叉，装卸搬运前预操作要占用时间，不能取得很快的装卸搬运速度，活性仍然不高，定为"1"级活性；将货物形成集装箱或托盘的集装状态，或对已组合成捆、堆或捆扎好的货物，进行预垫或预挂，装卸机具能立刻起吊或入叉，活性有所提高，定为"2"级活性；将货物预置在搬运车、台车或其他可移动挂车上，动力车辆能随时将车、货拖走，这种活性更高，定为"3"级；如果货物就预置在动力车辆或传送带上，即刻进入运动状态，而不需做任何预先准备，活性最高，定为"4"级。活性的区分和活性指数见表2-1。

表2-1　**活性的区分和活性指数**

物品状态	作业说明	作业种类				还需要作业数目(个)	已不需要作业数目(个)	搬运活性指数(级)
		集中	搬起	升起	运走			
散放在地上	集中、搬起、升起、运走	要	要	要	要	4	0	0
集装箱中	搬起、升起、运走（已集中）	否	要	要	要	3	1	1
托盘上	运走（不用升起）	否	否	要	要	2	2	2
车中		否	否	否	要	1	3	3
运输着的输送机	不要（保持运动）	否	否	否	否	0	4	4
运动着的物体	不要（保持运动）	否	否	否	否	0	4	4

由于装卸搬运是在物流过程中反复进行的活动，因而其速度可能决定整个物流速度，每次装卸搬运的时间缩短，多次装卸搬运的累计效果则十分可观。因此，提高装卸搬运活性对合理化是很重要的因素。

4. 装卸搬运自动化

随着生产力的发展，装卸搬运的机械化程度不断提高，部分企业已实现搬运自动化。自动化搬运的发展经过了三个阶段：

(1) 自动化物料搬运

如自动化仓库或自动存取系统（AR/RS）、自动导向车（AGV）、电眼以及条形码、机器人等设备的使用。

(2) 集成化物料搬运系统

即通过计算机使若干自动化搬运设备协调动作组成一个集成系统并能与生产系统相协调，取得更好的效益。

(3) 智能型物料搬运系统

该系统能将计划自动分解成人员、物料需求计划并对物料搬运进行规划和实施。

自动化搬运具有灵活性、自动化程度高、可节省大量劳动力，维护劳动者健康等优点，如在有噪声、空气污染、放射性等元素危害人体健康的地方及通道狭窄、光线较暗等不适合于驾驶车辆的场所，可采用自动无人引导车(AGV、LGV、AHV)。以智能、集成、信息为基础的物料搬运系统将是今后发展的趋势。

本章小结

物流采购是企业物流管理的起始点，是指采购人员或者单位基于各种目的和要求购买商品或劳务的一种行为，它具有明显的商业性。网上采购相对于传统的采购方式，最主要的区别就是利用现代计算机网络技术，使采购相关的数据和信息实现了电子化方式。在采购过程当中，“按需采购”是前提条件，要尽量做到以最小的费用、最低的价格购进企业所需的各类货物。由此，可采取不同的物流采购策略。

物流运输（Logistics Transportation）是指物的载运与输送，它是在不同地域范围间，人们借助运输工具，对物进行空间位移，以改变物的空间位置为目的的活动。物流运输的基本原则是规模经济和距离经济。物流运输的方式通常有：铁路运输、水路运输、公路运输、航空运输、管道运输和联合运输。物流活动中，必须强调运输合理化。

装卸（Loading and Unloading）是指物品在指定地点以人力或机械装入运输设备或卸下；搬运（Handing/Carrying）是指在同一场所内，对物品进行水平移动为主的物流作业。装卸搬运合理化主要包括：防止无效装卸、充分利用重力、提高搬运活性、装卸搬运自动化等。

复习思考题

1. 简述网上采购的含义及其流程。
2. 物流采购方式有哪几种？并说说其优缺点。
3. 如何运用采购策略？试举例说明。
4. 说明准时制管理方法在物流采购中的运用。
5. 运输方式有哪些？运输在电子商务物流中有哪些作用？
6. 影响运输的因素有哪些？不合理运输体现在哪些方面？
7. 装卸搬运应遵循哪些基本原则？
8. 如何实现装卸搬运的合理化？

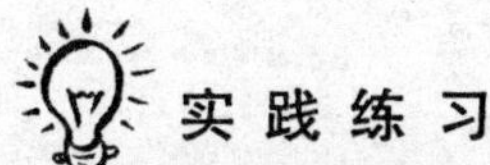

实践练习

项目一

一、实践项目

网上采购。

二、实践目的

通过实际操作增强对物流采购管理的了解。

三、实践要求

通过搜索网上采购信息，熟悉网上采购的具体流程及实际操作要领。

四、实践环节

1. 实践场所选择

选择熟悉的网站，如阿里巴巴，然后进入B2B、B2C或B2G等模块。

2. 实践准备工作

复习本章有关内容，提出问题，设计好操作目标。

3. 实践步骤

(1) 了解阿里巴巴网的功能区。

(2) 用户注册；注册——登录——修改联系信息。

(3) 卖家操作流程：

商品信息发布——获取求购信息——公司信息发布——产品目录发布——在线拍卖——订单管理——货款交割。

(4) 买方操作流程：

搜索供应信息——查找供应商信息——货比三家——发送询盘——网上洽

谈——订货。

(5) 网上交易技巧训练。

五、实践结果

学生完成实践报告。

项 目 二

一、实践项目

商品的装卸搬运。

二、实践目的

通过实践促进对物流装卸搬运基本知识的掌握。

三、实践要求

参观一个物流企业，观察在物流中装卸搬运的实际操作。

四、实践环节

1. 实践场所选择

本市具有一定规模、物流机械化水平较高的物流企业。

2. 实践准备工作

复习本章有关内容，提出自己的问题，设计好参观目标。

3. 实践步骤

(1) 该物流企业的规模、客户服务范围。

(2) 该企业主要的搬运装卸作业流程及其设施。

(3) 搬运装卸中主要存在的问题。

(5) 该企业改善搬运装卸作业的可行性分析。

五、实践结果

学生完成实践报告。

第三章　电子商务物流作业管理（二）

导　读

为了保证电子商务订单履行业务顺利进行，必须正确实施物流作业管理。仓储管理正是物流作业管理的核心内容之一，它不仅对仓储系统而且对整个物流系统都起着十分重要的作用。仓储管理的核心目标是提高仓库的运作效率。配送也是电子商务物流中不可缺少的重要经济活动，配送中心是开展配送活动的物质技术基础。了解配送中心及配送中心的作用意义和运作组织，对于从事电子商务的人员来说是十分重要的。流通加工是指商品在流通中的一种特殊的加工形式，是为了促进销售、维护产品质量和提高物流效率，而对商品所进行的加工。对满足用户的个性化、多样化需求有不可替代的作用。

导读案例三

配送中心物流运作案例

上海联华生鲜食品加工配送中心是一家规模较大的以加工为主的配送中心，在生产加工生鲜食品的同时，还从事水果、冷冻品以及南北货的配送任务。连锁经营的利润源重点在物流，该公司的成功就在于拥有一个物流服务水平和物流成本控制都做得比较好的物流系统。

生鲜商品大部分需要冷藏，所以其物流流转周期必须很短，节约成本；生鲜商品保值期很短，客户对其色泽等要求很高，所以在物流过程中需要快速流转。生鲜配送中心在物流方面的要求，通俗的归结起来就是"快"和"准确"。下面分别从几个方面来说明一下联华生鲜配送中心是如何做的。

一、订单管理

门店的要货订单通过联华数据通信平台，实时的传输到生鲜配送中心，在订单上制定各商品的数量和相应的到货日期。生鲜配送中心接到门店的要货数据后，立即到系统中生成门店要货订单，按不同的商品物流类型进行不同的处理：

1. 储存型的商品：系统计算当前的有效库存，比对门店的要货需求以及日均配货量和相应的供应商送货周期自动生成各储存型商品的建议补货订单，采购人员根据此订单再根据实际的情况做一些修改即可形成正式的供应商订单。

2. 中转型商品：此种商品没有库存，直进直出，系统根据门店的需求汇总按到货日期直接生成供应商的订单。

3. 直送型商品：根据到货日期，分配各门店直送经营的供应商，直接生成供应商直送订单，并通过EDI系统直接发送到供应商。

4. 加工型商品：系统按日期汇总门店要货，根据各产成品/半成品的BOM（物料清单）表计算物料耗用，比对当前有效的库存，系统生成加工原料的建议订单，生产计划员根据实际需求做调整，发送采购部生成供应商原料订单。各种不同的订单在生成完成/或手工创建后，通过系统中的供应商服务系统自动发送给各供应商，时间间隔在10分钟以内。

二、物流计划

在得到门店的订单并汇总后，物流计划部根据第二天的收货、配送和生产任务制订物流计划。

1. 线路计划：根据各线路上门店的订货数量和品种，做线路的调整，保证运输效率。

2. 批次计划：根据总量和车辆人员情况设定加工和配送的批次，实现循环使用资源，提高效率；在批次计划中，将各线路分别分配到各批次中。

3. 生产计划：根据批次计划，制定生产计划，将量大的商品分批投料加工，设定各线路的加工顺序，保证和配送运输协调。

4. 配货计划：根据批次计划，结合场地及物流设备的情况，做配货安排。

三、储存型物流运作

商品进货时先要接受订单的品种和数量的预检，预检通过方可验货，验货时需进行不同要求的品质检验，终端系统检验商品条形码和记录数量。在商品进货数量上，定量的商品的进货数量不允许大于订单的数量，不定量的商品提供一个超值范围。对于需要重量计量的进货，系统和电子秤系统链接，自动去皮取值。

拣货采用播种方式，根据汇总取货，汇总单标识从各个仓位取货的数量，取货数量为本批配货的总量，取货完成后系统预扣库存，被取商品从仓库仓间拉到待发区。在待发区配货分配人员根据各路线各门店配货数量对各门店进行播种配货，并检查总量是否正确，如不正确则向上校核。如果商品的数量不足或其他原因造成门店的实配量小于应配量，那么配货人员通过手持终端调整实发数量，配货检验无误后使用手持终端确认配货数据。

在配货时，冷藏和常温商品被分置在不同的待发区。

四、中转型物流运作

供应商送货同储存型物流先预检，预检通过后方可进行验货配货；供应商把中转商品卸货到中转配货区，中转商品配货员使用中转配货系统按商品先路线再门店的顺序分配商品，数量根据系统配货指定的指令执行，贴物流标签。将配完的商品采用播种的方式放到指定的路线门店位置上，配货完成统计单个商品的总数量/总重量，根据配货的总数量生成进货单。

中转商品以发定进，没有库存，多余的部分由供应商带回，如果不足，则在门店间进行调剂。

五、加工型物流运作

生鲜的加工按原料和成品的对应关系可分为两种类型：组合和分割，两种类型在 BOM 设置和原料计算以及成本核算方面都存在很大的差异。在 BOM 中每个产品设定一个加工车间，只属于唯一的车间，在产品上区分最终产品、半成品和配送产品，商品的包装分为定量和不定量的加工，对于秤重的产品/半成品需要设定加工产品的换算率（单位产品的标准重量），原料的类型区分为最终原料和中间原料，设定各原料相对于单位成品的耗用量。

生产计划/任务中需要对多级产品链计算嵌套的生产计划/任务，并生成各种包装生产设备的加工指令。对于生产管理，在计划完成后，系统按计划内容出标准领料清单，指导生产人员从仓库领取原料以及生产时的投料。在生产计划中考虑产品链中前道与后道的衔接，各种加工指令、商品资料、门店资料、成分资料等下发到各生产自动化设备。

加工车间人员根据加工批次加工调度，协调不同量商品间的加工关系，满足配送要求。

六、配送运作

商品分捡完成后，都堆放在待发库区，按正常的配送计划，这些商品在晚上送到各门店，门店第二天早上将新鲜的商品上架。在装车时按计划依路线门店顺序进行，同时抽样检查准确性。在货物装车的同时，系统能够自动算出包装物（笼车、周转箱）的各门店使用清单，装货人员也据此来核对差异。在发车之前，系统根据各车的配载情况输出各运输车辆随车商品清单、各门店的交接签收单和发货单。

商品到门店后，由于数量的高度准确性，在门店验货时只需清点总的包装数量，退回上次配送带来的包装物，完成交接手续即可，一般一个门店的配送商品交接只需要5分钟。

（资料来源：http：//www.amteam.org/print.aspx？id=524814）

[思考问题]

1. 你认为联华公司在仓储管理上应如何改进？

2. 联华公司在库存作业中的做法是否可取？谈谈你是如何进行库存作业管理的？

3. 结合相关知识，请你为联华公司设计最好的运输方案。

4. 联华公司配送方法是否要改进？如何实现配送合理化？谈谈你对包装作用的认识。

5. 联华公司在流通加工中是否要改进？应如何改进？谈谈你的看法。

第一节　电子商务下的物流仓储管理

一、仓储的功能和分类

（一）仓库的概念和功能

仓库是保管、储存物品的建筑物和场所的总称，一般是指以库房、货运及其他设施或装置为劳动手段的，对商品、货物、物资进行收进、整理、储存、保管和分发等工作的场所。一般来说，仓库具有以下功能：

1. 储存和保管的功能

这是仓库的最基本功能，是指仓库应具有必要的空间用于容纳物品，以及使物品在储存过程中不丢失、不变质、不损坏。

2. 调节供需的功能

从生产和消费两方面看，其连续性的规律因不同产品而不同，因此，生产节奏和消费节奏不可完全一致，这就需要仓库的储存作为平衡环节加以调控。

3. 调节货物运输能力功能

各种运输工具的运量相差很大，船舶运量大，海运一般在万吨以上，汽车运量最小。在码头和车站进行不同运输方式转运时，这种运力不匹配问题必需通过仓库进行调节和衔接。

4. 配送和流通加工的功能

现代仓库不仅具备储存保管货物的设施，而且增加了分拣、配送、捆包、流通加工信息处理等设施，这样，现代仓库具有配送和流通加工的功能。

（二）仓库的分类

仓库的分类方法很多，主要的有以下几种：

1. 按储存物资的保管条件不同划分

普通仓库：没有太多设备，它的主要特征是常温、自然通风。用于存放一般物资，如家电、日用品。

专用仓库：是指专门用于储存某一类商品的仓库，如粮仓库。

特种仓库：是用来专门储存对保管条件有特殊要求的物品仓库。具体可分为恒温恒湿库和冷藏冷冻库以及存放化学品仓库。

2. 按使用范围不同划分

自用仓库：是生产和流通企业，为了本企业经营的需要而修建的附属仓库，用于储存本企业的原材料、燃料、产成品等。

公用仓库：是指面向社会，专门提供仓储服务的仓库。

保税仓库：是指受海关监督管理，专门储存保税货物的仓库。

3. 按仓库的建筑形式分

单层仓库：单层仓库只有一层建筑。此类仓库商品进出库方便，但土地利用率低。

多层仓库：多层仓库也称多层库。它的优势是土地利用率较高，但商品进出库不方便。

自动化立体仓库：指出入库用运送机械存放取出，用堆垛机械等设备进行机械化、自动化作业的高层货架仓库。

二、仓储作业管理

仓储作业管理是指以保管活动为中心，从仓库接收商品入库开始，到按需要把商品全部完好地发送出去的全过程管理。仓储业务流程，主要由商品入库、商品保管、商品出库等三个阶段组成。按其作业顺序来看，还可细分为接运、内部交接、验收入库、保管保养和出库五个作业环节。

上述仓储业务流程活动包括仓储作业流程和仓储作业技术两方面内容。前者是指对仓储作业手段的运用，如检验、保管、装卸与搬运作业组织，涉及仓储作业效率与经济效果的问题。后者则是指储存商品的作业方法和技术，如商品检验方法与技术、保管保养方法与技术、装卸操作方法与安全技术等，它涉及商品的储存质量和作业安全等问题。仓储作业技术将在下一问题中单独介绍。

（一）商品入库管理

商品入库管理，是根据商品入库凭证，在接收入库商品时所进行的卸货、查点、验收、办理入库手续等各项业务活动的计划和组织。商品入库作业，按工作顺序，大致可划分两阶段：一是入库前准备；二是对商品入库的具体操作。

1. 入库前的准备工作

做好入库前的准备工作，可以保证商品准确、迅速、安全入库。入库前准备工作有两个方面内容：一是编制仓库的商品入库计划；二是入库前的具体准备工作。

（1）编制仓库商品入库计划

商品入库计划是仓库业务计划的重要组成部分。仓库为了有计划地安排仓位，筹集各种器材，配备作业能力，使仓库的存储业务量最大限度地做到有准备、有秩序地进行。

商品入库计划，是根据业务部门提供的进货计划来编制的，其主要内容包括各类商品入库时间、品种、规格、数量等。这种计划通常也叫商品储存计划。

仓库则根据进货计划，结合仓库的储存能力、设备条件和劳动力等情况和各种仓库业务操作过程所需时间，来确定仓库入库业务计划。

（2）入库前的具体准备工作

为了保证商品入库作业顺利进行，应做好如下准备工作：首先，根据入库商品的数量、品种、规格以及性能等条件，合理安排仓位。其次，根据入库商品数量和时间，安排好作业人员，装卸搬运设备和所需物料。最后，根据商品入库作业的要求合理安排好各作业环节和作业顺序。

2. 商品入库操作程序

商品入库作业一般有以下操作程序：商品入库工作必须经过商品的接收、装卸、搬运、检查包装、清点数量、验收质量、商品堆码、办理交接手续和登账手续等一系列的操作过程。

（1）商品接运

商品接运人员，要熟悉交通运输部门及有关单位的制度和要求，根据不同的接运方式，处理接运中的各种问题。

在专线接运方式下，首先，要做好卸车前的检查；其次，要做好卸车中会同承运部门检查、记录，确保商品安全。最后，要做好卸车后的清理，将进货商品如数交给保管人员。

在车站码头提货，应向车站出示领货凭证，如果“领货凭证”发货人未予寄到，那么也可凭单位证明或单位提货专用章在货票存查联上加盖，将货物提回；

自提货，就是指仓库直接到供货单位提货，叫自提。提货回仓库后，将货物的单据交验收员和保管员复验。

送料，这是供货单位将商品直接送达仓库的一种供货方式。交验收员验收，如有差错，则应记录并向有关方索赔。

(2) 核对凭证

商品运抵仓库后，仓库收货人员首先要检验商品入库凭证，然后将商品入库凭证所列收货单位、货物名称、规格数量等具体内容，与商品各项标志核对。

(3) 大数点收

大数点收，是按商品大件包装进行数量清点。有两种方法：一是逐件点数计总；二是集中堆码点数。

(4) 检查包装

检查商品包装的完好程度，如有无破损、水浸、污染、变形。商品包装异状往往是商品受损的一种外在现象。

(5) 办理交接手续

入库商品经过上述工序，就可以与送货人员办理交接手续。通常是由仓库收货员在回单上签名盖章表示商品收讫。

(6) 商品验收

在办完交接手续后，仓库要对入库商品做全面的认真细致的验收，包括开箱、拆包、检验商品的质量和数量。

(7) 办理入库手续

商品验收后，由保管员或收货员在商品入库单上签收，同时将商品存放的库房、货位编号批注在入库单上，以便记账、查货和收发。

(二) 商品保管作业管理

商品保管作业管理指在一定的仓库设施和设备条件下，为保存商品的使用价值在仓库中所进行各项活动的总称。商品保管作业主要包括仓库布局、商品分区存放、商品堆码和商品维护保养等内容。

1. 仓库布局

仓库布局的主要任务是如何合理地利用库房面积，在库房内不仅要储存商品，而且要进行各种作业。为了提高库房的储存能力，就需尽可能增加储存面积，为了增加库房作业的灵活性，就要尽可能地增加作业面积。如何协调两者的关系，使库房面积得到充分利用，是仓库布局的主要任务。

仓库布局主要包括仓库总平面布置、仓库作业区布置和库房内部布置。仓库总平面一般可以划分为仓库作业区、辅助作业区、行政生活区，还包括铁路专用线和库内道路。

库房内部布置则要考虑库房作业内容的不同。储备型库房是以商品保管为主的库房。储存的商品一般周转较为缓慢，且以整进整出为主，因此，库房布置的重点是增加储存面积。流通型库房是以商品收发为主的库房，例如批发和零售仓库、中转仓库、储运公司以组织商品运输业务为主的库房等。这类库房储存商品一般周转较快，频繁地进行出入库作业，因此，在布置时，必须充分考虑提高作业效率的要求，即缩小储存区而增加检货和出库准备区。

2. 商品分区存放和货位编号

仓库对储存商品进行科学管理的一种重要方法是实行分区、分类和定位保管。所谓分区是指根据仓库保管条件把仓库分成若干保管区，以适应商品存储的需要；所谓分类是指根据商品的性能及储存要求，把商品分成若干大类，以便分类集中储存。所谓定位保管是指在分区分类的基础上，固定商品存放的位置。具体作业分三步：

第一步，分区分类的方法。仓库分区分类方法中，常见的一种是根据商品的种类和性能进行分类。将性能相同或相近商品同区存储，不同性能商品分区存储；单一商品要专储；对贵重商品要专储专管。

第二步，货位选择。货位是指仓库中实际用于堆货的场所。货位选择是在分区分类基础上进行的。合理地选择货位应遵循以下原则：首先，要确保储存商品安全；其次，要方便作业；最后，要有效地提高仓库利用率。

第三步，货位编号。货位编号是将货位按照一定方法编上顺序号码，并做出明显的标志。货位编号应按照统一的规则和方法进行。我国较常用的货位编号方法是采取四组数字来表示商品存放的位置。在采用货架存放商品的仓库里，四组数字依次代表库房编号、货架编号、货架层次编号、货格编号。如 2-9-4-6 表示第 2 号库房第 9 个货架第 4 层中的第 6 格。

3. 商品堆码

商品堆码是商品的具体存放形式。商品堆码的目的是为了在确保商品储存安全的前提下，充分发挥仓库的使用效能，保持仓库的整齐美观。商品堆码作业时应符合以下要求：要根据商品的性能和包装情况，合理地选择商品的堆码方式以符合商品保管和养护的要求；要根据有关消防的规定，堆码留五距：墙距、柱距、顶距、垛距、灯距；要为库内作业提供方便；在商品安全，作业方便的前提下，最大限度地提高仓库利用率。常用堆跺方法有：散堆法、垛堆法、架堆法和托盘堆码法。

4. 商品的养护

商品在储存期间，尽管表面上是静止的，但其内部却进行着变化，这些变化影响着商品的质量。因此，采取一定的措施和方法去控制影响商品质量变化的因素，保护商品的质量完好就是商品维护的中心任务。

（三）商品出库作业管理

商品出库作业管理，是根据出库凭证，将所需商品发放给需用单位所进行的各项业务管理。

1. 商品出库作业管理的要求

（1）按程序作业

商品发料出库必需按规定程序进行，领料提货单据必须符合要求，对于非正式凭证和白条一律不得发料出库。

（2）坚持“先进先出”的原则

在保证商品使用价值不变的前提下，坚持“先进先出”的原则。

（3）做好发放准备

为了使商品得到合理使用，及时投产，必须快速、准确发放。为此，必须做好一切发放的各项准备工作。如“化零为整”等。

（4）及时记账

商品发出后，应随即在商品保管账上核销，并保存发料凭证，同时吊销卡牌。

（5）保证安全

商品出库作业，要注意安全操作，防止损坏包装和商品，同时也要保障商品质量安全。必须注意商品安全保管期限。

2. 商品出库作业程序

（1）商品出库前准备

商品出库前准备一般分两个方面：一方面是计划工作，就是根据需求方提出的出库计划和要求，安排货场货位、机械搬运设备、工具和作业人员计划组织，另一方面，做好出库商品的包装和涂写标志工作。

（2）审核出库凭证

仓库保管人员首先要对商品出库凭证的真实性进行审核。内容包括：存货单位名称、仓库名称、商品名称、规格、等级、型号、数量、提货时间等。

（3）备料出库

仓库应根据商品的出库凭证的要求，把需要出库的商品从仓库中检出，加以集中，为发货做准备。

（4）复核

复核是对上述工作进行复检。它是防止出现差错的重要环节。

（5）发货清点

商品发出形式有两种：提货制和送货制。前者是存货单位自备运输工具到仓库提货。后者是仓库将商品送到存货单位。无论在哪种方式下仓库出货后购销双方都要清点核对。

三、仓储管理技术

（一）传统的仓储管理技术

传统的仓储管理技术主要是为生产服务。较为行之有效的管理技术主要有ABC分类管理和经济订购批量法。

1. ABC分类管理

ABC分析法最初源于人口管理理论。后来，美国通用电气公司的H. Ford Dicky首先认识到要根据库存项的重要性来排序。他建议通用电气公司根据相对销售量、现金流、交货周期或成本对库存进行分类，根据库存项的相对影响和价值分三组。A类库存商品，其年耗用金额占库存总金额的75%~80%，其品种数却占库存品种数的15%~20%；B类库存商品，其年耗用金额点总金额的10%~15%，其品种数占总库存数的20%~25%；C类库存商品，其年耗用金额占总库存金额的5%~10%，其品种数却占总库存品种数的60%~65%。

（1）ABC分类法实施步骤

ABC库存分类法实施步骤主要包括以下几个方面：

为确定ABC分类，收集数据进行统计分析，要选定一个合适的统计期，选定统计期的原则是：比较靠近计划期，运行比较正常，通常情况取过去一个月和几个月。

分别统计出所有各种物资在该统计期中的销售数量，单价和销售金额，并对每种物资制作一张ABC分析卡，填上物品名、物料编码、销售数量、销售金额。如表3-1所示。

表3-1　**ABC分析卡**

（物品名）		（物料编码）
单价	销售数量	销售金额

将ABC分析卡依次填写到ABC分类表中，并进行累计统计。从第一号品种开始，首先把前面品种累计为10%左右，销售额累计为70%左右划分为A类；接着依次累计，把品种累计为20%左右，销售额累计为20%左右划分为B类；最后把剩下的品种累计为70%左右，销售额累计10%左右划分为C类，这样就得到ABC分类表，如表3-2所示。

表 3-2　　**ABC 分类表**

物料编号	品种%	累计品种%	单价（元）	销售量（件）	销售额（元）	销售累计（元）	销售累计%	分类
1	2.22	2.22	480	3 280	1 833 600	1 833 600		
2	2.22	4.44	470	1 680	789 600	2 623 200		
3	2.22	6.67	200	1 060	212 000	2 835 200	66.8	A
4	2.22	8.90	8	23 750	190 000	2 025 200		
5	2.22	11.1	29	6 000	174 000	3 199 200		
6	2.22	13.3	45	3 820	171 900	3 371 100	88.6	B
15	15.6	28.90	1.5	40 000	60 000	4 012 365		
18	2.22	31.1	10.2	4 880	49 776	4 062 141		
9	2.22	33.3	11.25	37	41 675	4 103 816	100	C
10	64.5	97.8	1.2	1 838	1 606	4 527 607		
11	2.2	100	1.0	1 060	1 606	4 529 213		

以上是以销售额大小为依据进行 ABC 分类的例子。

（2） ABC 物资管理

对库存进行 ABC 分类之后，要根据企业的经营管理策略对不同级别的库存进行不同的管理和控制。

A 类库存物资数量虽少，但对企业最为重要，是需要严格管理和控制的库存。企业必须对这类库存定时进行盘点，详细记录及经常检查物资使用、存量增减、品质维护等信息，加强进货、发货、运输管理，满足企业内部需要和顾客需要的前提下维持尽可能低的经常库存量和安全库存量，加强与供应链上下游企业的合作以降低库存水平，加快库存周转率。

B 类库存状况处于 A 类库存和 C 类库存之间，因此对这类库存的管理强度也介于 A 类库存和 C 类库存之间。对 B 类库存进行正常的例行管理和控制即可。

C 类库存物资数量最大但对企业的重要性最低，因而被视为不重要的库存。对这类库存一般进行简单的管理和控制。

2. 经济订购批量法

（1） 库存成本构成

由于库存与采购决策所处环境的多变，库存管理非常复杂，然而对于那些需求十分稳定的企业来说，其生产过程同样也是十分稳定的。库存控制的目标就是对库存成本进行控制，这是仓储管理的重要环节。

构成库存成本的因素主要有：库存保管费用、采购成本和缺货成本。

库存保管费用，是指保管存储物资所发生的费用，包括存储设施的成本。如搬运费、折旧费、保险费、税金以及资金的机会成本等。每次订货量越大，库存量也越大，保管费用也就越多。

采购成本，是指进行一次采购所发生的费用，主要包括差旅费、通信费以及其他跟踪订单系统的成本。

缺货成本，主要包括由于缺货，不能为顾客服务所发生的费用，由于紧急订货所支付的特别费用，由于失去客户销售而损失的预定利益等。

(2) 经济订购批量

在不允许缺货和固定订货数量制中，每次是以固定的订购批量订货的。订货批量的大小直接关系到库存的水平和库存总成本的高低。为了降低企业库存总成本，企业通常按照经济批量进行订货。

经济订购批量（EOQ）是指库存总成本最小时的最佳订货量。它是通过采购成本和保管成本核算，以实现总库存成本最低的最佳订货量。其计算公式如下：

$$Q^* = \sqrt{\frac{2RS}{CK}}$$

式中，Q^* 为经济订购批量；R 为年物资需要量；

S 为一次订购费用；C 为物资单价；

K 为保管费用率；$H = C \cdot K$，单位商品年储存成本。

例：某电子商务企业每年需购进某种商品 10 000 件，购买价格为 16 元，每次订购成本为 100 元，每件商品保管费率为 0.5 元，求该商品经济订购批量，并求年订货次数和订货间隔期。

解：

$$\text{经济订购批量 } Q^* = \sqrt{\frac{2RS}{CK}} = \sqrt{\frac{2 \times 10\ 000 \times 100}{16 \times 0.5}} = 500 \text{（件）}$$

$$\text{年订购货物次数 } N = R/Q^* = 10\ 000/500 = 20 \text{（次）}$$

$$\text{每次订购间接期 } T = 365/20 = 18.25 \text{（天）}$$

这一公式模型是建立在许多假设条件下的一种简单模型，但在实际生活中，并非如此理想，存在着许多复杂性。如数量折扣引起的采购价格下降，缺货引起的购买延后，价格上涨等情况，因此有时需对经济批量模型进行修正或出现不适用等情况。

（二）现代仓储管理技术

1. JIT技术

JIT是Just in Time的缩写。意思是及时管理。及时管理方式与传统库存管理概念不同。传统库存管理认为库存是保证企业经营能正常进行的保障，是企业的一种资产；而及时管理方式认为库存是一种浪费，应尽量实现零库存。

（1）JIT技术的概念

准时制生产方式（Just in Time, JIT）的基本思想是"只在需要的时候，按需要的量生产所需的产品"。这种生产方式的核心是追求无库存的生产系统。为此而开发了包括"看板"在内的一系列具体方法，并逐渐形成了一套独具特色的生产经营体系。

（2）JIT生产方式的目标

JIT生产方式的最终目标即企业的经营目的——获取最大利润。为了实现这个最终目的，"降低成本"就成为基本目标。

用专业化的术语来说，JIT就是要寻求达到以下目标：

- 零废品。
- 零库存。
- 准备时间最短。
- 提前期最短。
- 减少零件搬运。

（3）实现JIT生产的重要手段——看板管理

看板管理作为一种生产管理技术，而看板只不过是一种管理手段。看板只有在工序一体化、生产均衡化、生产同步化的前提下，才有可能运用。如果错误地认为JIT生产方式就是看板方式，不对现有的生产管理方法做任何变动就单纯地引进看板方式，那么是不会起到任何作用的。所以，在引进JIT生产方式以及看板方式时，最重要的是对现存的生产系统进行全面改组。

看板主要功能如下：

①生产以及运送的工作指令。看板中记载着生产量、时间、方法、顺序以及运送量、运送时间、运送目的地、放置场所、搬运工具等信息，从装配工序逐次向前工序追溯，在装配线将所使用的零部件上所带的看板取下，以此再去前工序领取。"后工序领取"以及"适时适量生产"就是这样通过看板来实现的。

②防止过量生产和过量运送。看板必须按照既定的运用规则来使用。其中一条规则是："没有看板不能生产，也不能运送。"根据这一规则，若看板数量减少，则生产量也相应减少。

③进行"目视管理"的工具。看板的另一条运用规则是：看板必须在实

物上“存放”，前工序按照看板取下的顺序进行生产。根据这一规则，作业现场的管理人员对生产的优先顺序能够一目了然，易于管理。通过看板，可知道后工序的作业进展情况、库存情况等。

④改善的工具。在 JIT 生产方式中，通过不断减少看板数量来减少在制品的中间存储。根据看板的运用规则这一“不能把不良品送往后工序”，后工序所需得不到满足，就会造成全线停工，由此可立即使问题暴露，从而必须立即采取改善措施来解决问题。这样通过改善活动不仅使问题得到解决，也使生产线的“体质”不断增强，带来了生产率的提高。

2. 物料需求计划（MRP）

MRP（Material Requirement Planning）是 20 世纪 60 年代初期在美国开始出现的。它应用计算机来计算物料需求。随着竞争日益加剧，需求变得难以捉摸，随时发生变化，定量、定期模型已渐渐不能适应企业柔性生产对原材料的需求，而出现了计算机提供的数据处理能力，可以迅速地完成对零部件需求的计算，使企业采购能够及时根据需求变动进行调整，图 3-1 是 MRP 的一个简单模型。

MRP 的处理过程：先通过产品结构文件将主生产计划中产品的需求进行分解，生产对零部件以及材料的主需求量计划，进而利用主需求量、库存情况、计划期内各零部件的构成以及在制品情况等进行计算，以确定在产品结构各层次上零部件的净需求量，最终确定零部件的订购计划。

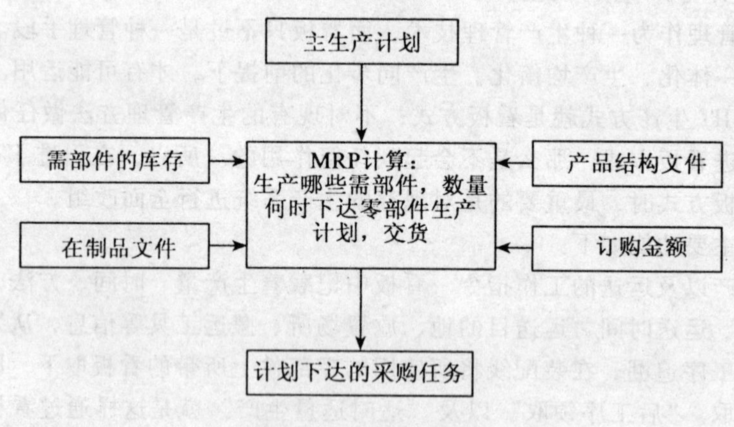

图 3-1　MRP 简单模型

在 MRP 计算中，计划订购的数量并不一定正好等于净需求量，经常要用一些方法来进行调整：

最大批量和最小批量。估计生产负荷及处理订单能力，确定批量的最高和最低限额。实际采用的批量，应不大于最大批量，不小于最小批量。

取整倍数。由于考虑运输或生产能力等因素，订货量应为某特定值的整数倍。这个特定值是由设备的生产能力或运输容量等所决定的。

MRP 所需的严密控制意味着有关数量、提前期、物料清单、产品规格的采购记录必须完全准确。而且，采购与存储职能也变得更集中，对所有权使用的存货必须进行更严格的控制。

第二节 电子商务下的物流配送管理

配送是一种特殊的物流活动，它是企业物流管理中重要的增值方面。配送管理是按用户要求，编制最佳的配送作业计划，运用合理的拣货策略，选择最优化的配送线路，以合理的方式送交客户，实现商品最终配置的经济活动。

一、配送的概念及特点

(一) 配送的概念

关于配送的概念并没有统一的说法，有的从功能上给出定义，有的则包括作业过程，有的甚至还对作业范围和作业地点进行了规定。本书引用国家《物流术语》中对配送的定义："在经济合理区域范围内，根据客户的要求，对物资进行拣选、加工、分割、组配、包装等作业，并按时送达指定地点的物流活动。"根据这一定义，可以得出配送的特点。

(二) 配送的特点

1. "配"与"送"是有机结合

配送的目的是送，配是为送服务的，是按送的要求配。这是配送与一般送货的区别，一般送货只是将客户自行取货改为主动送货上门，功能上没本质区别，而配送是即要实现送货服务，更强调在送货时满足客户多方面的要求，做到与客户的生产和销售"无缝连接"，把配送变成客户内部生产经营的一部分。

2. 以客户需求为出发点

根据客户的要求进行配货和送货，客户的要求包括配送品种、数量、送达时间、地点、安全要求、经济性、方便等多个方面。即使是组织内部配送，也应把需要配送的部门当作客户，根据他们的要求配送。

3. 在经济合理的范围内进行

经济合理就是既要满足客户的需要，又要考虑配送活动的经济效益。一般来说，配送的物资批量小，批次多，如果进行远距离运输，则相对费用就高，而且造成运力浪费，因而配送不宜在大范围内进行。

（三）配送与运输的关系

配送与运输都是线路活动，但它们也有区别，主要表现在以下几个方面：

1. 活动的范围不同

运输一般是在大范围内进行的，如国家之间、地区之间，而配送一般局限在一个地区或一个城市范围之内。

2. 功能上的差异

运输是实现大批量、远距离的物资位移，运输途中客观存在着一定存储功能；配送是实现小批量、多品种的近距离转移，同时还要满足客户的多种需求，如多品种、准时到货、多个到货地点，小份包装等，因此有时需要增加一些加工、分割、包装等活动。

3. 运输方式和工具不同

运输根据物资特点、时间要求、运达地点等因素，以经济合理为标准，选择各式运输工具，有时是多种运输工具联运。配送的运量小，频率高，只适合于采用装载量不大的短途运输工具，主要是汽车。配送与运输都属线路活动，二者在整个物流活动中形成了互补关系。一般来讲，运输和配送同时存在物流系统中，运输在配送之前，先通过运输完成长距离物资移动，然后交由配送完成短距离的输送。

二、电子商务下的配送模式和方式

同传统商务一样，电子商务中任何一笔交易都包含着物流、商流、信息流和资金流。在后三流都可在网上完成的情况下，配送体系的建立则成为电子商务的核心业务之一。对于从事电子商务的企业来说，电子商务中配送的实施，有多种模式可供选择。

（一）电子商务下的配送模式

1. 从事电子商务的企业自建配送中心，自己经营配送业务

这种模式是指从事电子商务的企业根据自己的经营规模和网点布局等多种条件与因素，选择适当的地点自己出资建立一个或几个配送中心，企业对配送中心进行经营管理，由自建的配送中心完成配送业务。

这种配送模式是一种附属型、自我服务性质的配送模式。在这种模式下，由于企业对配送业务直接进行管理和运作，配送业务围绕着企业销售而展开，能最大限度地满足企业销售服务的要求，因而其服务质量较高。

对于经济实力雄厚、规模较大，或自身拥有较好的物流设施和物流网络的电子商务企业来讲，可采用此模式。但对于规模较小，业务有限的中、小型企业来说，则不适宜选择此种模式。

2. 将配送业务外包给专业物流公司

这种模式是指从事电子商务的企业以签订合同的方式将配送业务委托给专业物流公司去办理，向专业物流公司支付配送服务费。专业物流公司是以向客户提供运输、储存、配送等物流服务为核心业务的专业公司。从事电子商务的企业将不是自己核心业务的配送业务外包给专门从事此项业务的专业公司去做，不仅能节省大量的投资和管理费用，集中精力搞好自己的主营业务，而且可以享受较完善的物流服务。同时，由于专业物流公司业务量大，形成规模经济效益，根据业务发展需要不断采用先进设施、设备和新技术、新方法、新工艺等，能不断降低物流、配送成本，从而进一步推动电子商务发展。所以这种模式应该是充分肯定并大力推广的模式。

3. 与专业物流公司进行合作，采取单项业务外包的配送模式

有些开展电子商务的企业自身拥有一定的物流设施设备并建有一些物流网络，可以满足本企业部分物流业务需要，但因各种原因又不愿扩大自身物流设施规模，这样的企业就可以与专业物流公司进行合作，将自身不擅长的业务或作业环节外包给专业物流公司，自己承担能够胜任的业务。这既可以合理地利用企业的自有资源，又能降低配送成本，提高服务质量。

4. 与其他企业合建配送中心，共同经营配送业务

这种模式是指电子商务企业与其他企业共同出资建立配送中心，通过对这个配送中心的运作管理，完成企业所需要的配送任务。在这里，其他企业主要包括两类：一是其他业种的企业，如运输、仓储企业，这种合作可以利用其先进的设施设备和多功能的服务，取得经济效益；其二是其他从事电子商务的企业，主要指一些规模不大或资金有限的中小型企业，由于不具自建配送中心能力，但又不想对企业配送业务进行控制和管理，便选择与其他同行共同建设和经营配送中心的途径。这种模式最大特点是企业间的优势互补，可以开展共同配送。企业采用这一模式与第一种模式相比，在相当大的程度上节省大量资金。

（二）配送种类

1. 按配送组织者分类

（1）配送中心配送

配送中心是由专门从事配送业务的配送中心所组织的配送。配送中心的规模大，专业性强，和顾客有固定的配送关系，一般实行计划配送，按配送需要储存各种商品，储存品种齐全，储存量较大。可以承担工业企业生产用主要物资、零部件、半成品的配送及商业企业补充性配送和个体消费者的消费品配送等。配送中心配送是配送的主要形式。

（2）仓库配送

仓库配送是由仓库组织的配送。仓库配送是将仓库改造成为配送中心进行配送，也可以是仓库在保持原有功能的基础上增加的配送职能。

(3) 生产企业配送

生产企业配送是由进行多品种生产的企业直接对本企业生产的产品进行配送，而无需将产品发运至配送中心进行中转配送。生产企业配送由于避免了一次物流中转环节，节省了物流费用，因而具有一定优势。

(4) 商店配送

商店配送的组织者是商业或物资的门市网点。这些网店主要承担商品零售业务，经营品种齐全。

2. 按配送的组织形式分类

(1) 独立配送

独立配送是配送企业依靠自身的力量，在一定的区域内各自进行配送，独立开拓市场和联系客户，建立自己的业务渠道和配送网络。

(2) 集团配送

集团配送是由几个配送企业以一定的形式建立起联系紧密、统一指挥、相互协调的企业集团，以在较大范围内合理规划和统筹配送企业结构、配送网点、配送路线和配送客户，从而使配送更加完善和优化的一种组织形式。

(3) 共同配送

共同配送是由几个配送中心联合起来，共同制定计划，在具体执行时共同使用配送车辆，共同对某一地区的客户进行配送的组织形式。

3. 按配送商品的类型分类

(1) 单品种、大批量配送

这种配送形式适合于需求较大的商品。单独一个品种或少数几个品种就可以达到较大的送货量实行整车运输，而不需要再与其他商品搭配，由配送中心配送。

(2) 多品种，小批量配送

这种配送形式是按顾客订货的要求，将其所需要的各种类数量不大的商品配备齐全，凑成整车后由配送企业送达顾客指定之处。在各种配送方式中，这是一种高水平、高技术的组织方式。

(3) 成套配套配送

成套配套配送是配送中心按企业生产，尤其是装配型企业生产的需要，将生产每一台所需要全部零部件配齐后，按生产节奏定时送达生产企业，生产企业随即将成套部件送入生产线装配产品的配送方式。

4. 按配送的时间和数量分类

(1) 定时配送

定时配送是按规定的时间间隔进行配送，如数天或数小时一次，配送商品的品种和数量可以按计划执行，也可以在配送之前以商定的联络方式加以确定。

(2) 定量配送

定量配送是按规定的商品数量在一个指定的时间范围内进行配送。这种配送方式数量固定，备货工作较为简单，可以采用按托盘、集装箱及车辆的装载能力规定配送数量的方法，也可以采取整车配送，提高配送效率。

(3) 定时定量配送

定时定量配送是按规定的配送时间和配送数量进行配送。这种配送方式兼有定时、定量两种配送方式的优点，但计划性强，对操作准确性要求高。

(4) 定时定路线配送

定时定路线配送是在规定的运行路线上指定送货到达的时间表，按运输时间表进行配送。

(5) 即时配送

即时配送是完全按客户临时提出的配送时间和数量进行配送的方式。

三、配送作业流程与配送线路优化

(一) 配送作业流程及要素

配送流程包括以下几项作业：进货、装卸搬运、仓储、订单处理、拣货、补货、配货、分货、送货。其流程如图 3-2 所示。

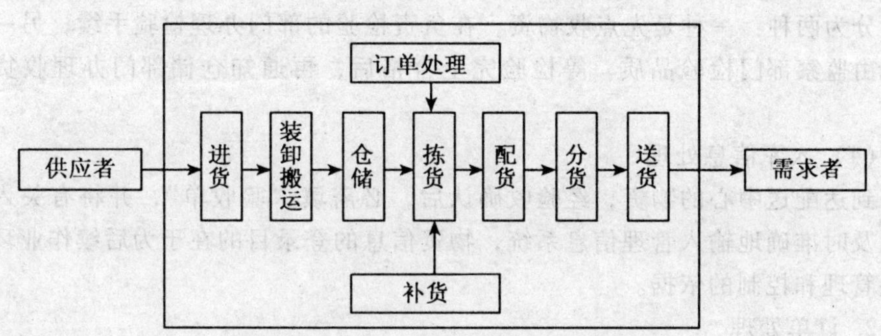

图 3-2 配送作业流程

1. 进货

在配送的基本作业流程中，进货作业包括领取物资，从货车上把物资卸下，开箱检查其数量、质量，然后将有关信息书面化等工作，其作业流程如图 3-3 所示。

进货作业中的主要环节有：

(1) 编码

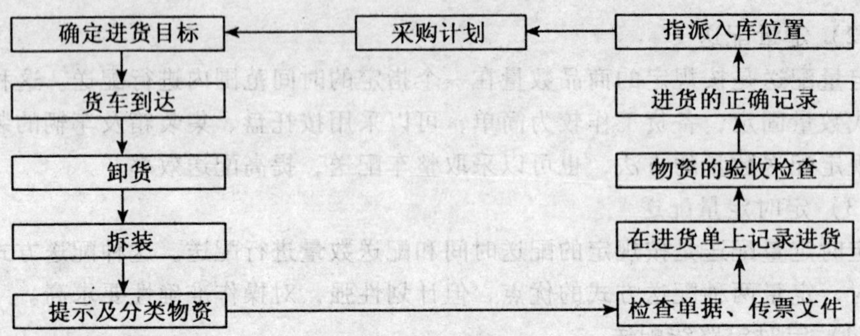

图 3-3 进货作业流程

进货是配送企业的第一道环节，为了后续作业准确而快速地进行，并使物资品质及作业水准得到妥善维持，在进货阶段应对物资进行合理正确的编码工作。

(2) 分类

物资分类是将多品种物资按其性质或其他条件逐次区别，分别归纳入不同的物资类别，并进行有系统的排列，以提高作业工作效率。

(3) 验收检查

物资验收检查是物资验收时对产品质量和数量进行检查的工作，验收工作一般分为两种：一种是先点收物资，在负责检验的部门办理检验手续；另一种是先由监察部门检验品质，等检验完全合格后，再通知仓储部门办理收货手续。

(4) 入库信息处理

到达配送中心的物资，经验收确认后，必需填“验收单”，并将有关入库信息及时准确地输入管理信息系统，物资信息的登录目的在于为后续作业环节提供管理和控制的依据。

2. 订单处理

所谓订单处理，就是从接到客户订单开始到着手准备拣货之前的作业阶段，通常包括订单资料的确认、存货查询、单据处理等内容。订单处理一般利用计算机来进行，人工处理速度缓慢而且容易出错，基本内容和步骤如图 3-4 所示。

订单处理主要工作流程：

(1) 接收订货

接单作业为订货处理的第一步，随着科技的发展，接收客户订货的方式也渐渐由传统的人工下单演变为电子订货方式，电子订货的形式根据客户对配送

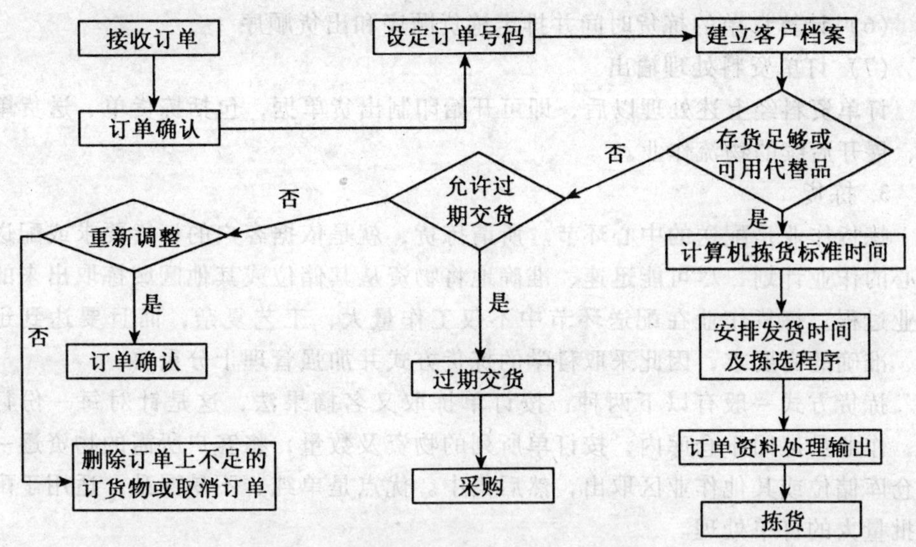

图 3-4　订单处理的基本内容和步骤

要求不同而不同，但都要求配送中心和客户有完备的电子订货系统。

(2) 订单确认

订单确认的内容有很多，包括：订货数量及日期的确认，尤其当送货时间有问题或出货时间延迟时，更需要与客户联系进一步确认订单内容或更正运送时间，采用电子订货方式接单也需对已接受的订货资料加以检验；客户信用的确认，包括核查客户的财务状况，以确定其是否具有支付订单的能力；订单价格确认，不同的客户，不同的订购批量，可能对应不同的售价，加工包装确认，客户订购的物资是否有特殊的包装、分装或贴标等要求，或是有关赠品的包装等资料都需经过确认。

(3) 设定订单号码

每一份订单都要有单独的订单号码，以利于后续的拣货、送货等工作流程的进行。

(4) 建立客户档案

将客户的详细资料记录在案，有益于此次交易顺利进行，也有利于以后的合作。

(5) 库存查询与分配

查询的目的在于确认库存是否能满足客户需求，在输入客户订货资料后，系统应查核存货的相关资料，看是否缺货，若缺货则应提供订货物资或此物资的已采购未入库信息，以便于接单人员与客户的协调。查询完毕后的任务是按订货资料把存货进行分类调拨。

(6) 计算订单的拣货时间并排定拣货顺序和出货顺序

(7) 订单资料处理输出

订单资料经上述处理以后，即可开始印制出货单据，包括拣货单、送货单等，展开后续的物流作业。

3. 拣货

拣货作业是配送的中心环节。所谓拣货，就是依据客户的订货要求或配送中心的作业计划，尽可能迅速、准确地将物资从其储位或其他区域拣取出来的作业过程。拣货作业在配送环节中不仅工作量大，工艺复杂，而且要达到迅速、准确的高要求，因此采取科学的拣货方式并加强管理十分重要。

拣货方式一般有以下两种：按订单拣取又名摘果法，这是针对每一份订单，作业员巡回于仓库内，按订单所列的物资及数量，将客户所需的物资逐一从仓库储位或其他作业区取出，然后集中。优点是单纯、不易混乱，适用于配送批量大的订单处理。

另一种是批量拣取法，又名播种法，是把多张订单合成一批次，按物资品种汇总后进行拣取，然后再根据订单做分类处理。优点是节省拣货路径，提高工作效率。

4. 补货

补货是为了确保拣货区有货可拣，将物资从仓库保管区搬运到拣货区的工作。补货的时机一般有三种：

批次补货，在每天或一批次拣取之前，经电脑计算所需物资的总拣取量，再查看拣货区的物资量，计算差额并在拣货作业之前补足；

定时补货，将每天划分为若干个时段，补货人员在时段内检查拣货区的物资存量，发现不足马上予以补充；

随机补货，设定专人从事补货作业，随时巡视拣货区的物资数量，发现不足随时予以补充。适用于每次拣取量不大，紧急追加定货量多，一天的作业量不易事先掌握的情况。

5. 配货

配货作业是指把拣取分类完成的物资经过配货检查过后，装入容器和做好标示，在运到配货准备区，待装车后发送。作业流程如图 3-5 所示。

6. 分货

分货就是把拣货后的物资，按客户或配送路线进行分类的工作。

7. 送货

送货作业是利用配送车辆把客户订购的物资从配送中心送到客户手中的过程。送货通常是一种短距离、小批量、高频率的运输形式。它以服务为目标，

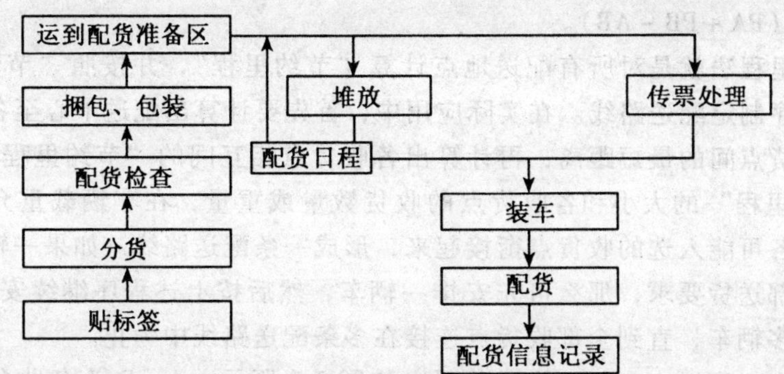

图 3-5　配货作业流程

以尽可能满足客户需求为宗旨。

（二）配送线路优化——节约里程法

配送路线是指各送货车辆向各个客户送货时所要经过的路线。配送路线合理与否对配送速度、成本、效益影响很大，采用科学的、合理的方法来优化配送路线，是配送管理中非常重要的工作。解决配送路线优化这一问题，最有代表性的方法就是节约里程法，又称为 VSP（Vehicle Scheduling Program）网络图法，也可称为车辆安排程序方法。

节约里程法的基本假设是：

①配送的是同一种货物；

②各客户的坐标及需求量均为已知；

③配送中心有足够的运输能力。

节约里程法的基本原理是：

如图 3-6 所示，设 P 为配送中心，A 和 B 为收货点，相互之间的道路距离为 a，b，c。

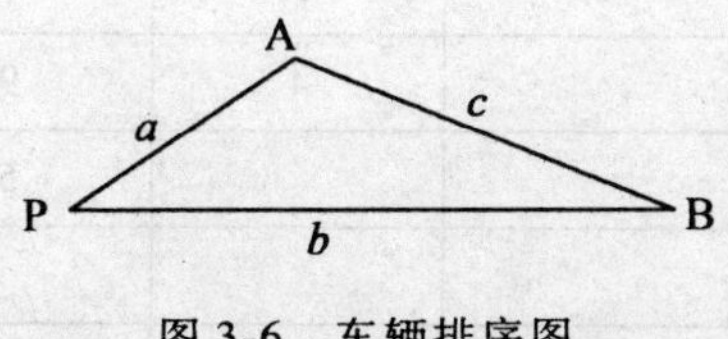

图 3-6　车辆排序图

若使用两辆货车分别向 A、B 两地往返送货，其行驶总里程为 $2a+2b$。

但若使用一辆货车由 P—A—B—P，单线巡回送货，其行驶总里程为：$a+c+b$。两者相比较，后一方案比前一方案可节省运输距离 $(2a+2b)-$

$(a+b+c)\ =a+b-c>0$。该节省距离即为收货点 AB 间的“节约里程”，一般公式为（PA + PB - AB）。

节约里程法就是对所有配送地点计算“节约里程”，并按照“节约里程”的大小顺序制定配送路线。在实际应用中，首先要计算出配送中心至各收货点以及各收货点间的最短距离，再计算出各收货点相互间的“节约里程”，然后按“节约里程”的大小和各收货点的收货数量或重量，在车辆载重允许的条件下，将各可能入选的收货点衔接起来，形成一条配送路线。如果一辆货车不能满足全部送货要求，那么可先安排一辆车，然后按上述程序继续安排第二、第三或更多辆车，直到全部收货点连接在多条配送路线中为止。

例：有一配送中心 P，其配送网络如图 3-7 所示，A—D 为各收货点，括号内的数字为各收货点的需求量（吨），两点间连线上的数字为两点间距离（公里）。运输货车有最大载重量为 2 吨和 4 吨两种，试确定配送路线。

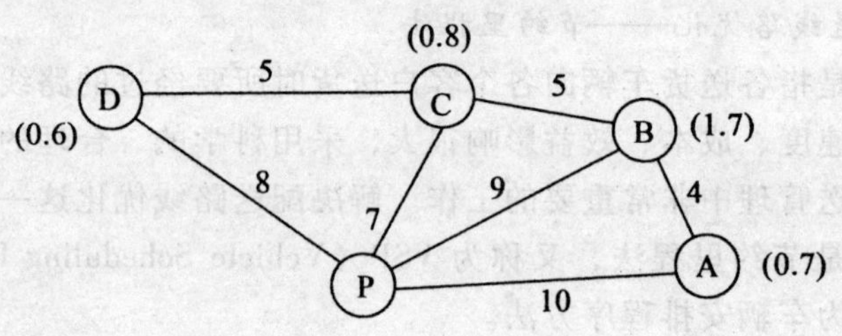

图 3-7　配送网络图

解：①计算配送中心与收货点间及各收货点相互之间的最短距离（如表 3-3）。

表 3-3　　最短距离表　　（单位：公里）

	P	A	B	C	D
P		10	9	7	8
A			4	9	14
B				5	10
C					5
D					

②计算各收货点间的节约里程数，并将之进行排序（如表 3-4）。

表3-4　　　　　　　　　节约里程数　　　　　　　　　（单位：公里）

序号	1	2	3	4	5	6
组合	AB	BC	CD	AC	BD	AD
节约里程	15	11	10	8	7	4

③按节约里程大小顺序组合，安排配送路线。

由表3-4看出，AB节约里程最大，已知A、B的配送货物量是：0.7+1.7=2.4（吨），在货车载重限度内，可以入选。BC节约里程次之，C的配送货物量是0.8吨，2.4+0.8=3.2（吨），未超出货车载重量。CD再次之，D的配送货物量是0.6吨，3.2+0.6=3.8（吨），可拼装采用一辆4吨货车。因此，配送线路一条，即PABCDP，全程为：10+4+5+5+8=32（公里）。

四、配送合理化

配送合理化是企业所追求的目标之一。组织合理化的配送作业正是配送中心最关键的管理活动。

（一）配送合理化的标志

配送合理化是指使用最经济的手段和方法实现配送功能。对于配送合理化与否的判断，是配送设计和决策的重要内容。目前国内尚没有统一的技术经济指标体系和判断方法，按照一般的认识，可以考虑库存、资金、成本和效益几个方面的标志，当然也可以考虑供应保证标志、社会运力节约标志、物流合理化标志等。

1. 库存标志

库存标志是判断配送合理与否的重要标志，具体指标有以下两个方面：

库存总量。在配送体系中，库存从分散的各个客户手中转移到配送中心，配送中心的库存量加上各个客户在实行配送后的库存量应该低于实施配送前的客户库存量之和，库存总量是一个动态的数量，上述比较应该是在一定的经营规模前提下，如果客户的经营规模发生变化，则应扣除相应的影响。

库存周转。由于配送的调剂作用，异地库存可以保持高供应能力，所以各个企业的库存周转应快于原来的库存周转。

2. 资金标志

总的来讲，实行配送有利于降低资金占用率，使资金运用更加合理化。

3. 成本和效益标志

总效益、宏观效益、资源筹措成本都是判断配送合理化与否的重要标志。对于不同配送方式，可以有不同的判断重点。

4. 供应保证标志

实行配送，客户最大的担心就是害怕供应保证程度降低，这是一个心态问题，也是承担风险的实际问题。配送的重要之处就在于要提高对客户的供应保证能力，才算实现了配送合理化。供应保证能力可以从以下几个方面来判断：

缺货次数，从客户角度看，实行配送后，该到货而未到货影响企业经营的次数应该有明显下降；即时配送能力及速度，在客户出现特殊情况时，对客户配送能力及反应速度必须高于未实行配送前；配送企业集中库存量，对每一个客户来说，实行配送后所形成的保证供应能力高于配送前单个企业的保证能力。

5. 物流合理化标志

配送必须有利于物流合理化，这可以从以下几个方面来判断：是否降低了物流费用；是否减少了物流损失；是否加快物流速度；是否发挥了各种物流方式的最优效果；是否有效衔接了干线运输和末端运输；是否不增加实际的物流中转次数；是否采用了先进的技术手段。

（二）实现配送合理化的措施

纵观国内外配送发展的现状，有一些配送合理化的先进经验值得借鉴，主要有：取得较好的配送效果并降低配送综合化的复杂程度及难度。

①推行一定综合程度的专业化配送，通过采用专业化的设备设施及操作程序，取得较好的配送效果并降低配送综合化的复杂程度及难度。

②推行加工配送。通过流通加工和配送的有机结合，不增加新的中转，求得配送的合理化。

③推行共同配送。通过共同配送可以减少企业配送成本和社会物流成本，达到合理化。

④实施双向配送。配送企业和客户建立稳定密切的协作关系，不仅成为客户的供应代理人，而且承担客户的存储据点，甚至成为企业的产品代销人，形成双向配送。

⑤推行准时制配送。配送做到准时，客户才可能放心的实施低库存甚至零库存，才可以有效地安排接货的人力与物力，追求工作的高效率。从国外的经验看，准时制配送是追求配送合理化的重要手段。

⑥推行应急配送。为解决客户的临时需求，提高保证供货能力，使客户实现零库存，即时配送是非常关键的。

第三节　电子商务下的包装与流通加工管理

一、包装管理

（一）包装的功能与分类

包装是指为了在流通过程中保护产品、方便储运、促进销售，按一定技术方法而采用的容器、材料及辅助物等的总体名称。

1. 包装的功能

包装的功能主要有以下四个方面：

①保护商品。保护包装内的商品不受损伤是商品包装的一个重要功能。为了防止商品在空间位移和储存过程中发生的破碎、挥发、污染渗漏等数量减少和质量变化，包装要选用适宜的包装物料、采用相应的防护措施，从而起到保护商品作用。

②方便物流。合理的包装物料、包装技术、包装标志等，不仅在整个物流过程中起到保护商品，同时能有利于物流过程中安全装卸、合理运输、科学堆码等物流作业的顺利进行。

③促进商品销售。商品的包装就是企业的面孔，是无声的推销员，精美的商品包装在一定程度上能促进商品的销售。

④方便消费。恰到好处的商品包装设计，可以方便消费者的使用，如便携式包装等。

2. 包装的分类

商品的包装按一定的分类标志可以分为以下几种：

①按包装目的，可以分为运输包装和销售包装。运输包装又称工业包装，是以保护产品、提高运输效率为主要目的的包装。销售包装又称商业包装，是以促进产品销售为主要目的的包装。

②按照产品包装的结构，可分为件装、内装和外装。件装是在每一个产品上所做的包装；外装是包装产品的外部包装，如箱装、袋装、桶装等；内装是介于外装和件装之间的包装，用于防止水分、湿气和日光的侵入，并防止同一外包装产品相互摩擦、碰撞而可能受到的破坏。

③按包装材料的类别，可分为纸和纸制品包装、塑料制品包装、木包装、金属包装、玻璃包装、陶瓷包装、草编包装及棉纺制品包装等。

④按产品的属性，可分为食品包装、药品包装、服装包装、五金包装、化工产品包装和电子产品包装等。

⑤按包装技术和方法，可分为防水包装、防潮包装、防锈包装、缓冲包装、防虫包装、防鼠包装、通风包装、压缩包装、真空包装及耐寒包装等。

（二）包装材料与包装容器

1. 包装材料

包装材料主要有：

①纸及纸制品。在包装材料中，纸的用途最为广泛，其品种也非常多，如牛皮纸、玻璃纸、植物羊皮纸、沥青纸、板纸、瓦楞纸板。其特点是价格低、耐摩擦、耐冲击、容易黏合、质地细腻、无毒、无味、不受温度的影响、适于

包装生产机械化。但纸的防湿性能差。

②塑料及塑料制品。主要有聚乙烯、聚丙烯聚氯乙烯、钙塑材料。塑料作为包装材料，具有很多优点，如质量轻、使用方便，阻隔性、渗透性、耐热性、耐腐性好、高强度，高韧性等。

③木材及木材制品。几乎所有的木材都可以作为包装材料，具有牢固、抗压、抗震等特点。

④金属。主要有：镀锡薄板、涂料铁、铝合金。目前在包装界使用较多的是可锻铸铁和金属箔。

⑤玻璃、陶瓷。玻璃具有耐酸、耐热、耐磨、耐风化、不变形等特点，比较适合各种液体商品的包装。陶瓷、玻璃作为包装材料都比较容易洗刷、消毒、杀菌，可以反复回收复用，有利于降低包装成本。但玻璃、陶瓷较笨重、易破碎。

⑥复合材料。复合材料是将两种以上的具有不同特性的材料复合在一起，以改变单一包装材料的性能，发挥包装材料更多的优点。

⑦绿色包装材料。绿色包装材料是包装材料发展的新趋势。绿色包装材料按照环保要求及材料用毕后的归属大致可以分为三类：可回收处理的材料；可环境降解回归自然的材料；可焚烧回收能量，不污染大气的材料。

2. 包装容器

包装容器是包装材料和包装造型相结合的产物。主要有：

（1）包装袋

包装袋是柔性包装中的重要技术，包装袋子材料是柔性材料，有较高的韧性、抗拉强度和耐磨性。一般包装袋结构是筒管状结构，一端预先封死，在包装结束后再封装另一端，包装操作一般采用充填操作。包装袋广泛适用运输包装、商业包装、内装、外装，因而使用较为广泛。包装袋一般分成下述三种类型：集装袋，适用装运颗粒状、粉状的物资的一种大容积的运输包装袋，盛装重量在1吨以上，可作运输包装；一般运输包装袋，是由植物纤维或合成树脂纤维纺织而成的织物袋，这类包装袋的盛装重量是0.5~100公斤，主要包装粉状、粒状和个体小物资，一般用于外包装及运输包装；小型包装袋，这类包装袋盛装重量较少，通常用单层材料或双层材料制成，用于内装、个装及商业包装。

（2）包装盒

包装盒是介于刚性和柔性包装两者之间的包装技术。包装材料有一定柔性，不易变形，有较高的抗压强度，刚性高于袋装材料。包装结构是规则几何形状的立方体，也可裁制成其他形状，如圆盒状、尖角状，一般容量较小，有开闭装置。

(3) 包装箱

包装箱是刚性包装技术中的重要一类。包装材料为刚性或半刚性材料，有较高强度且不易变形。包装结构和包装盒相同，只是容积、外形都大于包装盒，两者通常以 10 升为分界。包装操作主要为码放，然后将开闭装置闭合或将一端固定封死。包装箱整体强度较高，抗变形能力强，包装量也较大，适合做运输包装、外包装，包装范围较广，主要用于固体杂货包装。

(4) 包装瓶

包装瓶是瓶颈尺寸有较大差别的小型容器，是刚性包装中的一种，包装材料有较高抗变形能力、刚性、韧性要求一般也较高，个别包装瓶介于刚性与柔性材料之间，瓶的形状在受到外力时虽可发生一定程度变形，外力一除，仍可恢复原来瓶形。包装瓶结构是瓶颈口径远小于瓶身，且在瓶颈顶部开口。包装操作是填灌操作，然后将瓶口用瓶盖封闭。包装瓶的包装量一般不大，主要作商业包装、内包装使用，主要包装液体、粉状货。包装瓶按外形可分为圆瓶、方瓶、高瓶、矮瓶、异形瓶等若干种。瓶口与瓶盖的封盖方式有螺纹式、凸耳式、齿冠式、包封式等。

(5) 包装罐

包装罐中罐身各处横截面形状大致相同，罐颈短，罐颈内径比罐身内颈稍小或无罐颈的一种包装容器，是刚性包装的一种。包装材料强度较高，罐体抗变形能力强。包装操作是装填操作，然后将罐口封闭，可做运输包装、外包装，也可做商业包装、内包装用。主要的三种类型：小型包装罐、中型包装罐、集装罐。

(三) 包装保护技术

1. 防震保护技术

防震包装又称缓冲包装。在各种包装方法中占有重要地位。产品从生产到开始使用要经过一系列的运输、保管、堆码和装卸过程，这些过程都会有力作用在产品之上，并使产品发生机械性损坏。为了防止产品遭受损坏，就要设法减小外力的影响，所谓防震包装就是为减缓内装物受到冲击和振动，保护其免受损坏所采取的一定防护措施的包装。

防震包装主要有以下三种方法：全面防震包装方法，是指内装物和外包装之间全部用防震材料填满进行防震的包装方法；部分防震包装方法，对于整体性好的产品和有内装容器的产品，仅在产品或内包装的拐角或局部地方使用防震材料进行衬垫即可；悬浮式防震包装方法，对于某些贵重而易损的物资，为了有效地保证在流通过程中不被损坏，外包装容器比较坚固，然后用绳、带、弹簧等将被装物悬吊在包装容器内，在物流中，无论是什么操作环节，内装物被稳定悬吊而不与包装容器发生碰撞，从而减少损坏。

2. 防破损保护技术

缓冲包装有较强的防破损能力，因而是防护破损包装技术中有效的一类。此外还可以采取以下几种防破损保护技术：

捆扎及裹紧技术，其作用是使杂货、散货形成一个牢固整体，以增加整体性，便于处理及防止散堆来减少破损；集装技术，利用集装，减少与物资实体的接触，从而防止破损；选择高强保护材料，通过外包装材料的高强度来防止内装物受外力作用破损。

3. 防锈包装技术

防锈包装技术包括：防锈油防锈蚀包装技术、气相防锈包装技术两种。

4. 防霉腐包装技术

在运输包装内装运食品和其他有机碳水化合物时，物资表面可能生长霉菌，在流通过程中如遇潮湿、霉菌生产繁殖极快，甚至伸延至物资内部，使其腐烂、发霉、变质，因此要采取特别防护措施。

包装防霉烂变质的措施，通常是采用冷冻包装、真空包装或高温灭菌方法。冷冻包装的原理是减慢细菌活动和化学变化的过程，以延长存储期，但不能完全消除食品的变质；高温杀菌法可消灭引起食品腐烂的微生物，可在包装过程中用高温处理防霉。有些经干燥处理的食品包装，应防止水汽浸入以防霉腐，可以选择防水汽和气密性好的包装材料，应采取真空或充气包装。防止运输包装内物资发霉，还可使用防霉剂，防霉剂的种类甚多，用于食品的必须选用无毒防霉剂。机电产品的大型封闭箱，可酌情开设通风孔或通风窗等相应的防霉措施。

5. 防虫包装技术

防虫包装技术，常用的是驱虫剂，即在包装中放入有一定毒性和臭味的药物，利用药物在包装中挥发气体杀灭和驱除各种害虫。常用驱虫剂有茶、对位二氯化苯、樟脑精等。也可采用真空包装、充气包装、脱氧包装等技术，使害虫无生存环境，从而防止虫害。

6. 危险品包装技术

危险品有上千种，按其危险性质，交通运输及公安消防部门规定分为十大类，即爆炸性物质、氧化剂、压缩气体和液化气体、自燃物资、遇水燃物资、易燃液体、易燃固体、毒害品、腐蚀性物质、放射性物质等，有些物质同时具有两种以上危险性能。需要针对不同危险品的特性采用不同的保护技术。

7. 特种包装技术

特种包装技术包括：充气包装、真空包装、收缩包装、拉伸包装、脱氧包装等。

二、流通加工管理

（一）流通加工的概念及特点

流通加工是指物品在从生产地到使用地过程中，根据需要施加包装、分割、计量、分拣、刷标志、贴标签、组装等简单作业总称。

流通加工是现代物流系统中的重要内容之一。流通加工是为了提高物流速度和物品的利用率，在物品进入流通领域后，按客户的要求进行的加工活动。即在物流的高效率等对物品所进行的初级和简单的再加工。相对于生产加工而言，流通加工有自己的特点：

①流通加工的目的，主要是更好地满足用户的多样化需要，降低物流成本，提高物流服务的质量和效率。

②流通加工对象，主要是进入流通领域中的商品，包括各种原材料和成品，一般不是生产过程中的半成品。

③流通加工一般是简单的加工或作业，是为了更好地满足需求对生产加工的一种补充。流通加工更趋向于完善商品的使用价值，多数是在商品不做大的改变下提高商品价值。

④流通加工一般是由流通领域从事物流活动的物流经营组织所从事的活动。

（二）流通加工的形式与内容

1. 流通加工的形式

流通加工的形式有很多，从不同的角度去划分，就有不同的形式。主要是按照其加工的目的和作用分，有以下几种形式：

①以保存产品为主要目的的加工。这种流通加工形式的目的是使产品的使用价值得到妥善的保存，以延长产品在生产与使用时间之间的距离。根据加工对象的不同，这种加工形式可表现为生活消费品的流通加工和生产资料的流通加工。

②为满足用户多样化需要的流通加工。这种流通加工的目的在于通过加工使产品品种、规格、质量适应用户需要，解决产需分离现象。

③为了提高原材料利用率的流通加工。利用流通领域的集中加工代替分散在各个使用部门的分别加工，可以大大提高物资利用率，有明显的经济效益。

④为了提高物流效率，降低物流损失的流通加工。对于一些物资，由于自身的特殊形状，在运输、装卸作业中效率低，为了挽回损失，需要进行适当的流通加工以弥补这些产品的物流缺陷。

⑤为实现配送进行的流通加工。物流中心为了实现用户对物资供应的数量、供应构成的要求，配送将通过物资进行各种加工活动。

⑥为衔接不同输送方式的流通加工。现代生产为降低生产成本一般都是批量化生产，而消费是小批量、多品种的，由此而导致输送方式的差异，即物流中心与生产衔接的一端需要大批量、高效率的输送，而与消费相衔接的另一端需要多品种、少批量、多用户的输送。

⑦物品的除杂加工，有一些大宗的货物如煤炭、精食中含有一些杂质，会影响其运输效率和效益。所以物流中心可进行除杂加工。

2. 流通加工的内容

①食品的流通加工。流通加工最多的是食品行业，为了便于保存，提高流通效率，食品的流通加工是不可缺少的，如鱼和肉类的冷冻、蛋品加工，生鲜食品的原包装、大米的自动包装、上市牛奶的灭菌等。

②消费资料的流通加工。消费资料的流通加工是以服务客户，促进销售为目的，如衣料品的标志和印记商标、家具的组装、地毯剪接等。

③生产资料的流通加工。具有代表性的生产资料加工是钢铁的加工，如钢板的切割，使用矫直机将薄板卷材展平等。

本章小结

仓库是保管、储存物品的建筑物和场所的总称，一般是指以库房、货运及其他设施、装置为劳动手段的，对商品、货物、物资进行收进、整理、储存、保管和分发等工作的场所。仓储作业管理就是对商品入库、商品保管、商品出库等三大环节进行计划、组织和控制。主要的仓储管理技术有 ABC 分析法和经济订购批量。

配送流程一般包括以下几项作业：进货、装卸搬运、仓储、订单处理、分拣、补货、配货、送货。电子商务环境下企业应选择适合自己的配送模式和方式，并力求实现配送合理化。

包装是指为了在流通过程中保护产品、方便储运、促进销售，按一定技术方法而采用的容器、材料及辅助物等的总体名称。流通加工是指物品在从生产地到使用地过程中，根据需要施加包装、分割、计量、分拣、刷标志、贴标签、组装等简单作业总称。

复习思考题

1. 什么是仓库？仓库有哪些功能？
2. 简述商品入库操作程序。
3. 什么是物流配送？配送的特点是什么？

4. 简述物流配送操作流程。

5. 如何实施配送路线优化？

6. 什么是包装？包装如何分类？

7. 什么是流通加工？流通加工内容是什么？

8. 设配送中心 P_0 向 7 个用户 P_j 配送货物，其配送路线网络、配送中心与用户的距离以及用户之间的距离如图 3-8 所示，图中括号内的数字表示客户的需求量（单位：吨），线路上的数字表示两节点之间的距离（单位：公里），现配送中心有 2 台 4 吨卡车和 2 台 6 吨卡车两种车辆可供使用。要求：试用节约里程法制定最优的配送方案。

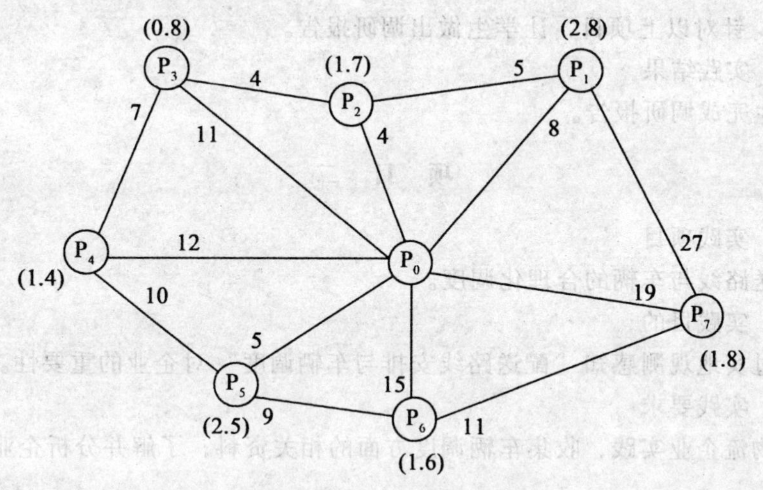

图 3-8　配送网络

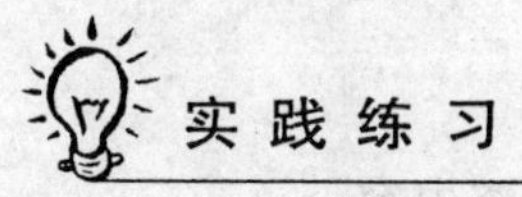

实践练习

项　目　一

一、实践项目

ABC 分类控制。

二、实践目的

通过实践加深 ABC 分类控制的理解。

三、实践要求

通过参观配送中心仓库，收集资料进行 ABC 分析，了解分析结果如何在库存管理中运用。

四、实践环节

1. 实践场所选择

本市具有一定规模的物流公司或连锁企业配送中心。

2. 实践准备工作

复习本章有关内容，提出问题，设计好参观目标和调查内容。

3. 实践步骤

(1) 组织学生参观，搜集原材料及零部件的品名、数量、单价等。

(2) 根据搜集的资料编制 ABC 分析表。

(3) 根据 ABC 分析表的结果，找出重要物资、一般物资、次要物资。

(4) 针对以上项目，让学生做出调研报告。

五、实践结果

学生完成调研报告。

项 目 二

一、实践项目

配送路线与车辆的合理化调度。

二、实践目的

通过实地观测感知“配送路线安排与车辆调度”对企业的重要性。

三、实践要求

到物流企业实践，收集车辆调度方面的相关资料，了解并分析企业实际做法。

四、实践环节

1. 实践场所选择

本市具有一定规模的物流公司。

2. 实践准备工作

复习本章有关内容，提出问题，设计好参观目标和调查内容。

3. 实践步骤

(1) 参观了解该公司规模及主要业务流程。

(2) 收集该公司车辆调度的相关资料。

(3) 分析该公司车辆调度安排上的成功及其原因。

(4) 分析该公司车辆调度安排上的不足，给出合理化建议。

五、实践结果

学生完成实践报告。

第四章　电子商务物流信息管理

导　读

在信息化高度发展的电子商务时代，物流和信息流的融合尤为重要，电子商务的开展带动了物流配送的市场需求，但真正提高物流技术与管理水平的是现代信息技术突飞猛进的发展，物流信息技术即是现代信息技术在物流领域的具体应用，它的不断发展，进一步促进了物流信息化的进程。

本章首先介绍了物流信息的基本概念、信息技术对现代物流的影响、物流信息化的目的、意义、内容，然后介绍了物流信息系统的概念、组成和功能，最后介绍了条形码技术、射频技术、EDI 技术、GPS/GIS 技术等典型的物流信息技术。学习本章时，应在认识各种物流信息技术、信息系统的基本概念、基本原理的基础上，着重掌握各种技术及系统的基本应用技能、操作技能。

导读案例四

海尔物流信息系统

为了与国际接轨，建立起高效、迅速的现代物流系统，海尔采用了SAP 公司的 ERP 系统（企业资源计划系统）和 BBP 系统（原材料网上采购系统），对企业进行流程改造。经过近两年的实施，海尔的现代物流管理系统不仅很好地提高了物流效率，而且将海尔的电子商务平台扩展到了包含客户和供应商在内的整个供应链管理，极大地推动了海尔电子商务的发展。

海尔集团认为，现代企业运作的驱动力只有一个：订单。围绕订单而进行的采购、设计、制造、销售等一系列工作，最重要的一个流程就是物流。离开物流的支持，企业的采购与制造、销售等行为就会带有一定的盲目性和不可预知性。建立高效、迅速的现代物流管理信息系统，才能建立企业最核心的竞争力。

海尔的物流管理信息系统，可以用“一流三网”来概括。“一流”是指以订单信息流为中心；“三网”分别是全球供应链资源网络、全球配送资源网络和计算机信息网络。整个系统围绕订单信息流这一中心，将海尔遍布全球的分支机构整合成的物流平台使供应商和客户、全球配送资源网络及企业内部信息网络这“三网”同时开始执行，同步运行，为订单信息流的增值提供支持。

具体地，海尔采用了SAP公司提供的ERP系统和BBP系统，组建自己的物流管理系统。

ERP系统共包括物料管理（MM）、制造与计划（PP）、销售与订单管理（SD）、财务管理与成本管理（FI/CO）五大模块。覆盖了集团原材料的集中采购、库存和立体仓库的管理、19个事业部的生产计划、事业部原料配送、成品下线的原料消耗倒冲以及物流本部零部件采购公司的财务等业务。ERP实施后，打破了原有的“信息孤岛”，使信息同步而集成，提高了信息的实时性与准确性，加快了对供应链的响应速度。如原来订单由客户下达传递到供应商需要10天以上的时间，而且准确率低，实施ERP后订单不但1天内完成“客户—商流—工厂计划—仓库—采购—供应商”的过程，而且准确率极高。

BBP系统主要是建立了与供应商之间基于因特网的业务和信息协同平台。通过该平台的业务协同功能，既可以通过因特网进行招投标，又可以通过因特网将所有与供应商相关的物流管理业务信息，如采购计划、采购订单、库存信息、供应商供货清单、配额以及采购价格和计划交货时间等发布给供应商，使供应商可以足不出户就全面了解与自己相关的物流管理信息（根据采购计划备货，根据采购订单送货等）。对于非业务信息的协同，SAP使用构架于BBP采购平台上的信息中心为海尔与供应商之间进行沟通交互和反馈提供集成环境。信息中心利用浏览器和互联网作为中介整合了海尔过去通过纸张、传真、电话和电子邮件等手段才能完成的信息交互方式，实现了非业务数据的集中存储和网上发布。

海尔实施的现代物流管理系统是一种在现代物流基础上的业务流程再造。其核心是以订单信息流带动物流和资金流的运行，使全体员工专注于用户的需求，创造市场、创造需求。构筑核心竞争力物流带给海尔的是“三个零”（质量零距离、服务零缺陷、零营运资本）。但最重要的，是可以使海尔一只手抓住用户的需求，另一只手抓住可以满足用户需求的全球供应链，把这两种能力结合在一起，从而在市场上可以获得用户忠诚度，这就是企业的核心竞争力。这种核心竞争力，正加速海尔向世界500强的国际化企业挺进。

（资料来源：http：//info. jctrans. com/wuliu/aljx/2005718108477. shtml）

［思考问题］

1. 海尔的物流信息系统与电子商务系统是如何有机结合，从而解决电子商务的物流问题的？

2. 通过本案例，你认为企业实施现代物流管理系统成功的关键是什么？

第一节　物流信息概述

一、物流信息

（一）物流信息概念及特征

物流信息的含义可从狭义、广义两方面来考察。从狭义范围来看，物流信息是指与物流活动有关的信息。在物流活动的管理与决策中，如运输管理、库存管理、订单管理、仓库作业管理等都需要详细而准确的物流信息。

从广义范围看，物流信息不仅指与物流活动有关的信息，而且包含与其他流通活动有关的信息，如商品交易信息和市场信息等。商品交易信息是指与买卖双方的交易过程有关的信息，如销售和购买信息、订货和接受订货信息、发出货款和收到货款信息等。市场信息是指与市场活动有关的信息，如消费者的需求信息、竞争业者或竞争性商品的信息、促销活动信息、交通通信等基础设施信息等。在现代经营管理活动中，物流信息与商品交易信息、市场信息相互交叉、融合，有着密切的联系。物流信息在现代企业经营战略中占有越来越重要的地位。

物流信息有以下几个方面的特征：

1. 信息量大

物流信息随着物流活动以及商品交易活动开展而大量发生。零售商广泛应用 POS 系统（销售时点系统）读取销售时点的商品品种、价格、数量等即时销售信息，并对这些销售信息加工整理，通过 EDI 技术（电子数据交换技术）向相关企业传送。同时为了使库存补充作业合理化，许多企业采用 EOS 系统（电子订货系统）。随着企业间合作倾向的增强和信息技术的发展，物流信息的信息量在今后将会越来越大。

2. 动态性强

物流信息的更新速度快、动态性强。多品种少量生产、多频度小数量配送、利用 POS 系统的即时销售使得各种作业活动频繁发生，从而要求物流信息不断更新，而且更新的速度越来越快。

3. 来源多样化

物流信息不仅包括企业内部的物流信息（如生产信息、库存信息等），而且包括企业间的物流信息和与物流活动有关的基础设施的信息。企业竞争优势的获得需要供应链各参与企业之间相互协调合作。协调合作的手段之一是信息即时交换和共享。许多企业把物流信息标准化和格式化，利用 EDI 在相关企业间进行传送，实现信息共享。另外，物流活动往往利用道路、港湾、机场等基础设施。因此，为了高效率地完成物流活动，必须掌握与基础设施有关的信息，如在国际物流过程中必须掌握报关所需信息、港口作业信息等。

（二）信息技术对现代物流发展的影响

传统的物流活动被分散在不同的经营部门，或者是一个企业内部不同的职能部门来进行，在从生产到消费的过程中，物流活动被分解为若干个阶段和环节来进行。由于没有信息技术的支持，物流信息本身也被分散在不同的环节和不同的职能部门之中，物流信息的交流与共享变得十分困难，经常滞后于许多管理活动。

因为没有充分的信息交流与共享，对物流领域中的管理活动及其效率很难进行把握。针对这种情况，从 20 世纪 50 年代到 70 年代，发达国家的企业开始注重和强化对物流活动的科学管理，围绕这些环节逐步形成了相应的物流管理信息系统，使物流效率得到了提高。进入 20 世纪 90 年代以后，随着计算机软硬件技术、网络通信技术、信息采集技术等信息技术的群体性突破，信息技术开始广泛应用到企业物流管理活动中，使得物流活动发生了根本性的变化。

由于信息采集技术、网络通信技术的广泛应用，物流信息不再局限于某一个物流环节上，在整个物流活动中，所有的企业、管理者都能得到所需要的信息，根据这些信息进行有关的管理、协调和组织工作。信息的共享开始超越企业内部不同职能部门的边界、乃至企业的边界，信息资源的共享使得物流活动可以与原有的生产过程和商品销售过程分离开来，成为一种独立的经济活动，而且物流活动也从过去分散的活动变成了整个供应链上一种系统化的、全程化的活动。

在供应链形成以后，特别是在第三方物流企业形成以后，这种竞争不再停留在单一的环节上，而是把整个物流过程或者供应链全过程的管理效率和管理水平的提高作为竞争的主要焦点。目前，物流企业的核心竞争力已经不是用多么好的运输设备和自动化的仓库，而是对顾客的响应能力。而这种响应能力恰恰是建立在现代信息技术广泛而完善的应用上面。所以物流竞争已经从原来关注物流设施水平转向到信息管理能力的提高和信息技术水平的提高上。这就是信息技术影响着物流领域竞争手段的变化。

20世纪90年代末期，出现了很多新的物流企业类型，例如第四方物流企业。第四方物流企业是专门对物流信息资源进行管理的物流企业。信息技术在物流活动中的应用直接导致了新的物流组织的出现，使得物流组织的层次不断地提高。现代信息技术影响物流组织逐渐升级的过程可以概括为：（1）20世纪80年代以前，以企业内部信息管理系统为基础的企业内部一体化物流组织；（2）20世纪80~90年代，特别是第三方物流企业出现以后，可以概括为以电子数据交换技术（EDI）为基础的专业化的物流组织；（3）20世纪90年代以后，以网络通信技术为基础的物流流程的一体化组织，以供应链管理为核心的物流企业。

二、物流信息化的目的及意义

（一）物流信息化的目的

以传统的观点来看，物流活动实际上是生产者生产出产品以后，要求物流供应商或者其他服务部门按照他的要求经过若干中间环节最后送达到消费者手中。这是一种推式的运行方式，也就是在产品生产出来以后再进入到流通过程到达消费者手中。

从现在来看，世界范围的经济是一种需求导向的经济，商品生产和销售活动不再是围绕生产者来进行，而是围绕着消费者进行。也就是说，每一个用户、每一个消费者所产生的需求通过市场信息传达给生产者和流通者，生产者和流通者要围绕市场的需求信息来组织自己的经营活动。在这种情况下，物流活动从被动的载体转化为主动的载体，开始根据市场信息来合理地安排库存，进行资源的合理调配，以保证市场的供应。

在这种市场运行方式下，物流活动从一个被动的市场信息的接受者开始转变为经济活动中整个流通过程的组织者。现代物流就是将运输、仓储、装卸、加工、配送、信息等方面有机结合，形成完整的供应链，为用户提供多功能、一体化的综合性物流服务。

而现代物流系统是一个极其复杂的动态系统，物流企业由于经营范围的不同，能够提供的物流服务有很大的差异；生产、流通等企业由于企业性质的不同，对物流服务的要求千差万别。如果物流系统缺乏有效的物流信息获取方法，那么客观上将限制物流企业的经营范围，使得物流资源的最佳配置不能完成；物流系统除本身各环节的制约外，还受许多其他环境因素的影响，如交通状况、市场状况等，物流企业与客户要对这些信息作全面了解和动态跟踪。因此，为更好地为客户提供综合性的物流服务，必须力求以最短的流程、最快的速度、最小的费用，传输高质量的信息，引导物流系统的正常运行，提高行业整体效益以及社会经济效益。

总之，物流系统信息化的目的就是利用网络化、信息化的优势，通过对整个物流系统资源的优化整合，为社会物流系统提供共享交互的载体，为企业提供高质量、高水平的增值服务，提高资源的利用率，实现物流系统的优化运作。

（二）物流信息化的意义

1. 物流信息资源的整合与共享

物流系统信息化首先要对物流活动中的各类信息资源进行整合，并在全社会范围内对这些信息资源进行共享。这将使供应链上所有的参与者，能够超越企业内部不同职能部门的边界，甚至超越企业的边界，根据充分的信息来进行合理的分工和市场定位，进行规范化的运作。供应链上所有的企业、管理者、工作人员都能得到所需要的信息，根据这些信息进行有关的管理、协调和组织工作。

2. 物流资源的整合

20 世纪 80 年代，西方发达国家在物流管理水平和管理效率上的提高，主要是通过对物流设施的投资取得的。例如，很多国际上的物流活动都是在自动化仓库、多式联运这样一些物流设施的进步上来提高自身的效率。在信息技术不发达的情况下，物流的很多技术手段是停留在设施能力和设施水平的提高上。随着信息技术的发达，特别是供应链形成以后，更重要的不是单一的设施水平的提高，而是通过信息技术可以把资源整合到一起，来提高整体的运作效率，也就是说，信息处理的能力和信息管理的能力决定了整个供应链对市场的响应能力，决定了对顾客提供高效率高水平的服务能力。

3. 物流系统运行的优化

随着市场经济和社会化的发展，一方面专业化分工越来越细，另一方面各企业之间的合作越来越密切。生产企业与流通企业所需的原材料、中间产品、最终产品大部分由专业化的物流中心、批发中心与配送中心提供，以实现少库存和零库存。现代物流社会化趋势是社会经济活动发展、物流规模经济效益、物流资源综合利用的必然结果。物流系统信息化可以减少物流信息的传递层次，提高物流信息利用率，实现物流系统运行的优化。

4. 物流服务水平的提升

物流信息系统信息化在一定程度上将解决行业间信息互通、企业间信息沟通以及企业与客户间交流的问题，实现对客户的个性化服务，从根本上提升物流服务水平。

三、物流信息化的内容

现代物流的信息化表现为物流商品的信息化、物流信息收集的数据库化和代码化、物流信息处理的电子化和计算机化、物流信息传递的标准化和实时化、物流信息存储的数字化等。

为实现物流的信息化，首先用标准化的条形码技术完成商品数据录入和数据采集，再借助自动识别技术、数据库技术、电子数据交换等现代技术手段建立仓储、保管等各类与物流业务管理有关的基本数据库；应用射频技术（RF）进行物料跟踪、运载工具和货架识别等，通过便携式数据终端（PDT）随时通过 RF 技术把客户产品清单、发票、发运标签、该地所存产品代码和数量等数据传送到计算机管理系统；应用 GPS 技术，可以全天候、连续地为无限多用户提供任何覆盖区域内目标的高精度的三维速度、位置和时间信息；通过地理信息系统（GIS）能完成车辆路线模型、最短路径模型、网络物流模型、分配集合模型和设施定位模型等功能。

现代物流的自动化要求以物流信息化为基础，通过条形码/语音/射频自动识别系统、自动分拣系统、自动存取系统、自动导向车系统（AGVS）、货物自动跟踪系统（如 GPS）等实现以计算机技术为核心的物流自动化，这就要求物流中心的信息系统要实现对于商品有关信息的标准化操作，建立有关 ID 代码、条形码或磁性标签等的参数体系，据此来实现对于商品配送的自动化控制。

现代物流的智能化已经成为电子商务下物流发展的一个方向。智能化是物流自动化、信息化的一种高层次应用，物流作业过程中大量的运筹和决策，如库存水平的确定、运输（搬运）路线的选择，自动导向车的运行轨迹和作业控制，自动分拣机的运行、物流配送中心经营管理的决策支持等问题，都可以借助信息系统及其相关技术加以解决。因此物流智能化要求物流中心必须建立对于物流业务流程的物流分析系统，来进行对于物流的运筹分析。

当然，在现代物流网中，就物流运作本身而言，所有的物流活动都是以服务为中心，供应服务、运输服务、储存服务……甚至信息服务，即现代物流是以实现顾客满意为第一目标。现代物流通过提供顾客所期望的服务，在积极追求自身交易扩大的同时，强调实现与竞争企业服务的差别化，努力提高顾客满意度。

第二节　电子商务物流信息系统

一、物流信息系统的基本概念

物流信息系统（Logistics Information System，LIS）作为企业信息系统中的一类，可以理解为通过对与物流相关信息的加工处理来达到对物流、资金流的有效控制和管理，并为企业提供信息分析和决策支持的人机系统。它具有实时化、网络化、系统化、规模化、专业化、集成化、智能化等特点。物流信息系统以物流信息传递的标准化和实时化、存储的数字化、物流信息处理的计算机化等为基本内容。

物流系统中的相互衔接是通过信息予以沟通的，基本资源的调度也是通过信息共享来实现的，因此，组织物流活动必须以信息为基本。为了使物流活动正常而有规律地进行，必须保证物流信息畅通。物流信息系统就是要将物流信息通过现代信息技术使其在企业内、企业间乃至全球达到共享的通道。

物流信息系统已经从“点”到“面”，以网络方式将物流企业的各部门、各物流企业、物流企业与生产企业和商业企业等连在一起，实现了社会性的各部门、各企业之间低成本的数据高速共享。

二、物流信息系统的构成

（一）物流信息系统的组成要素

从系统的观点，构成物流企业信息系统的主要组成要素有硬件、软件、数据库和数据仓库、相关人员以及企业管理制度与规范等。

1. 硬件

硬件包括计算机、必要的通信设施等，例如计算机主机、外存、打印机、服务器、通信电缆、通信设施，它是物流信息系统的物理设备、硬件资源，是实现物流信息系统的基础，它构成系统运行的硬件平台。

2. 软件

在物流信息系统中，软件一般包括系统软件、实用软件和应用软件。

系统软件主要有操作系统（OS：Operation System）、网络操作系统等（NOS：Network Operation System），它控制、协调硬件资源，是物流信息系统必不可少的软件。

实用软件的种类很多，对于物流信息系统，主要有数据库管理系统（DBMS：Data Base Management System）、计算机语言、各种开发工具、国际互联网上的浏览器、群件等，主要用于开发应用软件、管理数据资源、实现通信等。

应用软件是面向问题的软件，与物流企业业务运作相关，实现辅助企业管理的功能。不同的企业可以根据应用的要求，来开发或购买软件。

3. 数据库与数据仓库

数据库与数据仓库用来存放与应用相关的数据，是实现辅助企业管理和支持决策的数据基础。

4. 相关人员

系统的开发和应用涉及多方面的人员，有专业人员，有领导，还有终端用户。例如企业高层的领导（CEO）、信息主管、中层管理人员、业务主管、业务人员、系统分析员、系统设计员、程序设计员、系统维护人员等是从事企业物流信息资源管理的专业人员。

5. 物流企业管理思想和理念、管理制度与规范流程、岗位制度等

物流企业管理理念、管理制度等是物流信息系统成功开发和运行的管理基础和保障，是构造物流信息系统模型的主要参考依据，制约着系统硬件平台的结构、系统计算模式、应用软件的功能。

（二）物流信息系统的总体结构

表 4-1 描述了物流信息系统的总体结构。

表 4-1　　　　物流信息系统的总体结构

<table>
<tr><td>应用软件</td><td rowspan="6">相关人员</td></tr>
<tr><td>实用软件</td></tr>
<tr><td>系统软件</td></tr>
<tr><td>数据库</td></tr>
<tr><td>管理思想与理念、管理制度及规范</td></tr>
<tr><td>硬件</td></tr>
</table>

不同的物流企业，当采取不同的管理理念，其物流信息系统的应用软件会不同。例如以机械制造业为例，管理理念由库存控制、制造资源管理发展到企业资源管理，其业务层的企业信息系统应用软件随之发生了从 MRP、MRPII 到 ERP 的变化；从注重内部效率的提高到注重客户服务，其业务层的企业信息系统应用软件从以财务为中心发展到以客户为中心。

三、物流信息系统的功能模块

（一）物流管理信息系统

早在 20 世纪 30 年代，管理信息系统（MIS）的概念已出现，20 世纪 50 年代计算机开始运用于会计工作，直到 1985 年，管理信息系统的创始人明尼苏达大学卡尔森管理学院的著名教授 Gordon B. Davis 才给出管理信息系统的一个较完整的定义：“它是一个利用计算机硬件和软件，手工作业，分析、计划、控制和决策模型，以及数据库的用户——机器系统。它能提供信息支持企业或组织的运行、管理和决策功能”。我国的学者根据我国的特点也给管理信息系统下了一个定义：“管理信息系统是一个由人、计算机等组成的能进行信

息的收集、传送、储存、加工、维护和使用的系统。管理信息系统能实测企业的各种运行情况；利用过去的数据预测未来；从企业全局出发辅助企业进行决策；利用信息控制企业的行为；帮助企业实现其规划目标。”

物流管理信息系统（LMIS）或称为物流信息系统（LIS），是管理信息系统（MIS）在物流领域的应用。物流管理信息系统是众多的应用管理信息系统之一。广义上来说，物流管理信息系统应包括物流过程的各个领域的信息系统，包括在运输、仓储、海关、码头、堆场等，是一个由计算机、应用软件及其他高科技的设备，通过全球通信网络连接起来的纵横交错的立体的动态互动的系统。而狭义上说，物流管理信息系统只是管理信息系统在某一涉及物流的企业中的应用，即某一企业（物流企业或非物流企业）用于管理物流的系统。

一般来说，物流管理信息系统包括物品管理、配送管理、运输与调度管理、客户服务、财务管理、人力资源管理子系统、质量管理等，如图 4-1 所示。

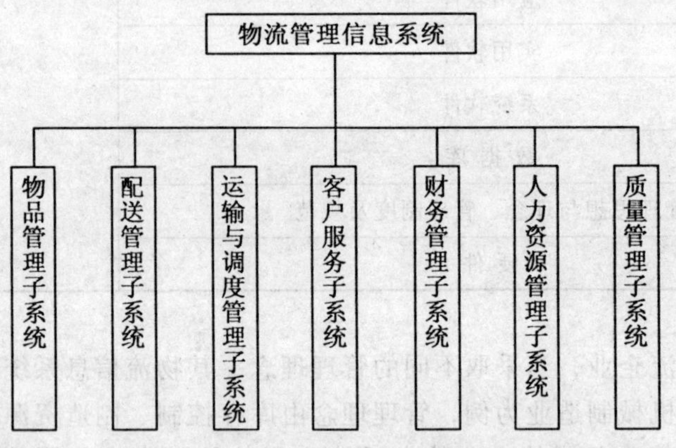

图 4-1　物流管理信息系统总体功能

（二）物品管理子系统

物品管理子系统是物流管理信息系统的重要组成部分，它可以使企业物品仓库的管理全面信息化。物品管理子系统主要包括采购计划管理、采购合同管理、物品出入库管理、物品进销存查询等功能模块（如图 4-2），主要负责从物品的采购计划、审批、物品的国内外采购合同、合同执行情况的跟踪反馈，到物品到货入库、物品发货、结算与统计等业务的调度管理。

（三）运输与调度管理子系统

运输与调度管理子系统负责运输任务的产生、各种单据的生成和传输、运输过程的跟踪管理、运费的结算以及相关信息的查询等业务。主要包括运输任务产生、运输过程管理、服务结算、运输跟踪和运输信息查询等功能模块，如图 4-3 所示。

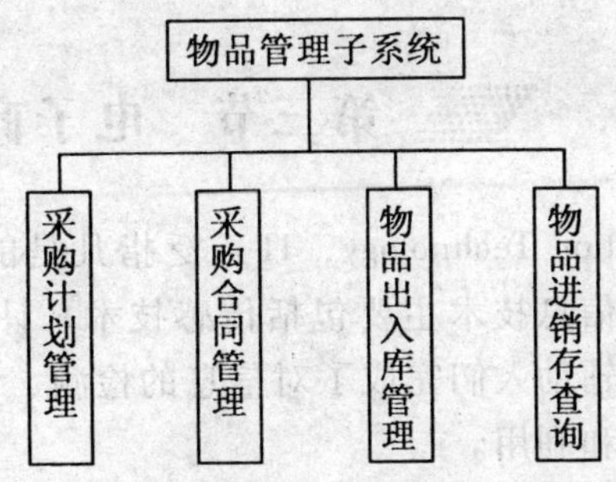

图 4-2 物品管理子系统主要功能

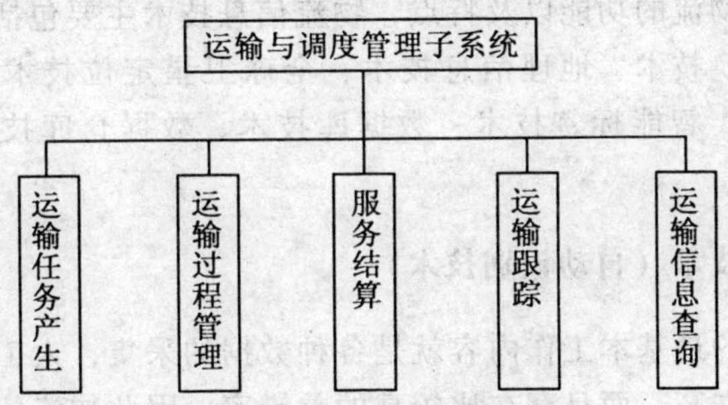

图 4-3 运输与调度管理子系统主要功能

（四）配送管理子系统

配送是物流中一种特殊的、综合的活动形式。主要通过备货、分拣配货、配送加工、配装、配送运输和送达服务等业务活动，从而将客户所需物品按时送达指定地点。配送管理子系统负责对配送各环节进行调度管理，主要包括备货管理、配送加工管理、分拣配货管理、配装管理、配送运输管理和送达服务等功能模块，如图 4-4 所示。

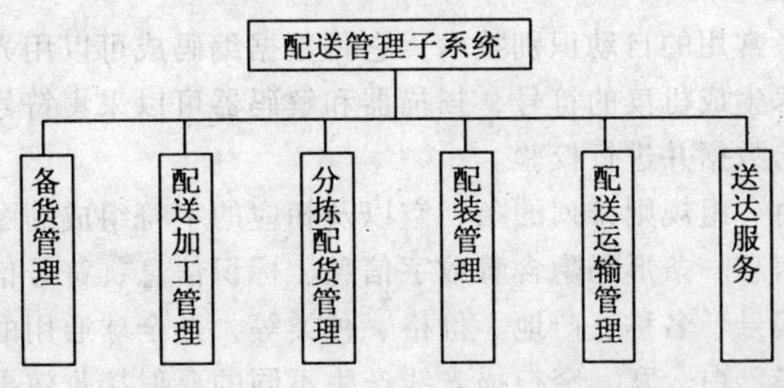

图 4-4 配送管理子系统主要功能模块

第三节　电子商务物流信息技术

信息技术（Information Technology，IT）泛指凡是能拓展人的信息处理能力的技术。从目前来看信息技术主要包括传感技术、计算机技术、通信技术、控制技术等，它替代或辅助人们完成了对信息的检测、识别、变换、存储、传递、计算、提取、控制和利用。

物流信息技术是指现代信息技术在物流各个作业环节中的应用，是物流现代化极为重要的领域之一，尤其是计算机网络技术的应用使物流信息技术达到新的水平。根据物流的功能以及特点，物流信息技术主要包括条形码及射频技术、电子数据交换技术、地理信息技术、全球卫星定位技术、计算机网络技术、多媒体技术、智能标签技术、数据库技术、数据仓库技术、数据挖掘技术、Web 技术等。

一、条形码技术（自动识别技术）

物流管理中的最基本工作内容就是各种数据的采集，人工收集、处理数据不但速度慢、成本高，而且存在比较高的差错率，因此物流信息系统现代化管理的一个重要内容，即进行自动识别系统的建设与完善。

（一）自动识别技术与条形码技术

1. 自动识别技术

自动识别系统指的是不用键盘直接将数据输入计算机系统、可编辑控制器或者其他微处理器中。包括条形码、射频标识与射频数据通信、磁条、语言和视觉系统、光学字符识别、生物识别等。广泛应用于销售信息系统（POS 系统）、库存系统、分货拣货系统等现代物流活动管理中。条形码技术是最早、最成功、最常用的自动识别技术。

2. 条形码技术

条形码是最常用的自动识别技术，它将数据编码成可以用光学方式阅读的符号，印刷技术生成机读的符号，扫描器和解码器可以采集符号的图像被转换成计算机处理的数据并进行校验。

条形码是由一组规则排列的条、空以及相应的字符组成的图形标识符，用以表示一定的信息。条形码隐含着数字信息、标识信息、符号信息等，主要用于表示商品的编号、名称、产地、价格、种类等，是全球通用的商品代码的表述方式。利用黑、白、宽、窄扫描光线产生不同的反射接收效果，在光电转换设备上转换成不同的电脉冲，形成可以传输的电子信息。由于光的速度极快，所以能准确无误地对运动中的条形码予以识别。

条形码技术是在计算机的应用实践中产生和发展起来的一种自动识别技术，提供了快速、精确、低成本的数据采集方法，是实现各行业自动化管理的必要条件，也是实现现代物流系统管理中重要的技术保障。

（二）商品条形码与物流条形码应用的区别

1. 商品条形码

商业是最早应用条形码技术的领域之一，在商业自动化管理过程中，商品条形码的普及显得尤为关键。美国的食品零售业为了提高销售率，从20世纪70年代初，在全行业开始试用条形码。EAN（欧洲物品编码协会）刚成立时，把条形码的应用主要集中在具有快速流通特性的产品上，但目标是将条形码的应用推广到各个领域，所以不限制在其他的领域中使用条形码。

对制造商来说，从企业发展的长远计划来看，主动把商品和条形码技术结合起来，提高商品条形码的普及率是一种明智的选择。

（1）商品条形码中的自动销售管理系统（POS系统）

在商品上附加条形码的目的是要实现商店管理的自动化，货物条形码化是建立供应链和实现仓储自动化的基本条件，也是POS系统快速准确收集销售数据的必要手段。POS系统的建立对实现商品管理的数据化和对外作业的自动化具有重要的意义。

（2）商品条形码中的商品信息的自动交换

采集商品信息的目的是为了使用商品信息，为决策服务，而条形码作为商品信息的载体，不仅成为生产商、批发商和零售商联系的纽带，而且为电子信息交换提供了通用的“语言”。推广商品条形码的目的在于实现商业信息的自动交换，通过EDI系统及时地、准确地获得所需要的商业信息，从而提高生产和经营效率。

国际物品编码协会根据联合国的UN/EDIFACT标准，制定了电子通信标准，它的主要作用是为了用户提供切实可行的国内和国际的电子通信标准，包括用户信息、订单、汇款、发票等方面的标准报文格式。条形码商品交换信息系统的出现，使顾客、商店、工厂可以通过计算机连网，获取各自的有用信息，实现电子数据交换。

2. 物流条形码

物流条形码用以表示物流过程中货运单元的相关信息，可被识读设备自动识别，自动完成数据采集。运用物流条形码可使信息的传递更加方便、快捷、准确，充实发挥物流系统的功能。

商品条形码在当今已有广泛应用，而物流条形码刚刚起步。物流条形码与通用商品条形码相比，有以下一些不同之处：

（1）标志对象不同

通用商品条形码的唯一标志是最终消费单元，而物流条形码的唯一标志是货运单元。消费单元是指最终用户通过零售渠道得到的商品包装单元，货运单元是若干消费单元组成的集合，这种货运单元主要应用在仓储、装卸、运输、收发货等物流业务之中。

（2）应用领域不同

通用商品条形码的应用主要在对零售业的现代化管理上，而物流条形码则主要用于物流现代化的管理，贯穿于物流的整个过程之中，包括运输、包装、仓储、分拣、配送等众多环节。

（3）采用码制不同

通用商品的条形码采用的是EAN/UPC码制，而物流条形码主要采用UCC/EAN-128条形码。EAN/UPC码制条形码长度比较固定，信息容量少，而UCC/EAN-128条形码的长度不固定，信息容量较大，易于制作和推广。

（4）标准维护复杂程度不同

通用商品的条形码已经实现了国际化和标准化，不用经常更新，标准维护的难度低，而物流条形码属于可变性条形码，内容随着贸易伙伴的具体情况需要不断地补充、丰富。因此，对物流条形码标准维护程度相对较高。

（三）条形码技术在我国物流领域的应用

20世纪70年代，我国开始条形码技术的研究，学习和跟踪世界先进技术是当时的主要工作。随着计算机应用技术的推广，20世纪80年代末，条形码技术在我国的仓储、邮电、生产自动化控制等领域得到了初步应用。由于我国条形码工作起步较晚，人们对此还缺乏认识，在一些方面的应用还处于无序状态。有些领域还采用非标准条形码，给扫描设备的配置造成困难，影响与外部的交流。

1991年4月，中国物品编码中心代表我国加入国际物品编码协会，为在我国开展条形码工作创造了有利的条件，中国商品编码系统的成员数量迅速增加。1991年，我国只有600多家企业申请了厂商代码，到2002年已达到5万多家。

国家质量技术监督局从1998年12月1日起实施《商品条形码管理办法》，这是我国第一部关于商品条形码的具有法律效力的规章，明确规定了各项条形码实施的要求和细则，使中国条形码工作进入相对成熟、规范的阶段，条形码的统一性、普及性进一步提高，目前商品条形码已纳入了强制性国家产品质量标准，提高条形码质量并将条形码技术普遍应用于物流管理的全过程已成为物流企业及其上下游企业业务发展的当务之急。

条形码技术可使企业随时了解有关产品在供应链上的位置，并及时做出反应。当今在欧美等发达国家兴起的供应链管理策略，大都离不开条形码技术的应用。条形码是实现 POS 系统、EDI、电子商务、供应链管理的技术基础，是物流管理现代化、提高企业管理水平和竞争能力的重要技术手段。我国地域广阔，企业众多，作为迄今为止最为经济、准确、方便的数据输入手段之一的条形码技术，应有广阔的发展前景。

二、射频技术

（一）无线射频的概念

射频技术 RF（Radio Frequency）的基本原理是电磁理论，利用无线电波对记录媒体进行读写。射频系统的优点是不局限于视线，识别距离比光学系统远，射频识别卡可具有读写能力，可携带大量数据，难以伪造和有智能等特点。

射频识别（RFID）系统的传送距离由许多因素决定，如传送频率、天线设计等，射频识别的距离可达几十厘米至十几米，且根据读写的方式，可以输入数千字节的信息。同时，还具有极高的保密性。射频识别技术适用的领域：物料跟踪、运载工具和货架识别等要求非接触数据采集和交换的场合，要求频繁改变数据内容的场合尤为适用。例如，香港的车辆自动识别系统驾易通，采用的主要技术就是射频技术。目前香港已经有约 8 万辆汽车装上了电子标签，装有电子标签的车辆通过装有射频扫描器的专用隧道、停车场或高速公路路口时无需停车缴费，大大提高了行车速度，提高了效率。射频技术在其他物品的识别及自动化管理方面也得到了较广泛的应用。

（二）射频识别系统的组成

射频识别系统在具体的应用过程中，根据不同的应用目的和应用环境，系统的组成会有所不同，但从射频识别系统的工作原理来看，系统一般都由信号发射机、信号接收机、发射接收天线几部分组成。

1. 信号发射机

在射频识别系统中，信号发射机为了不同的应用目的，会以不同的形式存在，典型的形式是标签（TAG）。标签相当于条形码技术中的条形码符号，用来存储需要识别传输的信息。另外，与条形码不同的是，标签必须能够自动或在外力的作用下，把存储的信息主动发射出去。标签一般是带有线圈、天线、存储器与控制系统的低电集成电路。

2. 信号接收机

在射频识别系统中，信号接收机一般叫做阅读器。根据支持的标签类型不同与完成的功能不同，阅读器的复杂程度是显著不同的。阅读器基本的功能就是提供与标签进行数据传输的途径。另外，阅读器还提供相当复杂的信号状态控制、奇偶错误校验与更正功能等。

3. 编程器

只有可读可写标签系统才需要编程器；编程器是向标签写入数据的装置。编程器写入数据一般来说是离线（off-line）完成的，也就是预先在标签中写入数据，等到开始应用时直接把标签附在被标识项目上。也有一些 RFID 应用系统，写数据是在线（on-line）完成的，尤其是在生产环境中作为交互式便携数据文件来处理时。

4. 天线

天线是标签与阅读器之间传输数据的发射、接收装置。在实际应用中除了系统功率，天线的形状和相对位置也会影响数据的发射和接收，需要专业人员对系统的天线进行设计。

（三）射频识别系统的应用与分类

根据射频系统完成的功能不同，可以粗略地把射频系统分成如下四种类型：

1. EAS 系统

EAS 是电子门禁系统（Electronic Article Surveillance）的简称，是一种设置在需要控制物品出入门口的 RFID 技术。这种技术的典型应用场合是商店、图书馆、数据中心等地方，当未被授权的人从这些地方非法取走物品时，EAS 系统会发出警告。

在应用 EAS 系统时，首先在物品上粘附 EAS 标签，当物品被正常购买或者合法移出时，在结算处通过一定的装置使 EAS 标签失活，物品就可以取走。物品经过装有 EAS 系统的门口时，EAS 装置能自动检测标签的活动性，发现活动性标签 EAS 系统会发出警告。EAS 技术的应用可以特效防止物品的被盗，不管是大件的商品，还是很小的物品。

2. 便携式数据采集系统

便携式数据采集系统是使用带有 RFID 阅读器的手持式数据采集器采集 RFID 标签上的数据。这种系统具有比较大的灵活性，适用于不宜安装固定式 RFID 系统的应用环境。手持式阅读器（数据输入终端）可以在读取数据的同时，通过无线电数据传输方式实时地向主计算机系统传输数据，也可以暂时将数据存储在阅读器中，成批地向主计算机系统传输数据。

3. 物流控制系统

在物流控制系统中，RFID 阅读器分散布置在给定的区域，并且阅读器直接与数据管信息系统相连，信号发射机是移动的，一般安装在移动的物体、人体上面。当物体、人体经过阅读器时，阅读器会自动扫描标签上的信息并把数据信息输入数据管理信息系统存储、分析处理，达到控制物流的目的。

4. 定位系统

定位系统用于自动化加工系统中的定位以及对车辆、轮船等进行运行定位支持。阅读器放置在移动的车辆、轮船上或者自动化流水线中移动的物料、半成品、成品上，信号发射机嵌入到操作环境的地表下面。信号发射机上存储有位置识别信息，阅读器一般通过无线的方式或者有线的方式连接到主信息管理系统。

我国射频技术的应用已经开始了，一些高速公路的收费站口，使用射频技术可以实现不停车收费，我国铁路系统开始使用射频技术记录货车车厢编号，一些物流企业也已将射频技术用于物流管理中。

三、EDI 技术

（一）EDI 技术的概念

电子数据交换（Electronic Data Interchange，EDI）是 20 世纪 70 年代发展起来的，融合现代计算机和远程通信技术为一体的信息交流技术。30 多年来，EDI 作为一种电子化的贸易工具和方式，被广泛应用于商业贸易伙伴之间，特别是从事国际贸易的贸易伙伴之间，它将标准、协议规范化和格式化的贸易信息通过电子数据网络，在相互的计算机系统之间进行自动交换和处理，成为全球具有战略意义的贸易手段和信息交换的有效方式。EDI 的应用部门主要是与国际贸易有关的行业和部门，如外贸企业、对外运输企业、银行、海关、商品检索部门、对外经贸管理部门等。EDI 在工商业界的应用中不断得到发展和完善，在当前电子商务中占据重要地位。随着 EDI 应用于 WWW，EDI 将得到更广泛的应用。

EDI 的含义包括：

①EDI 的使用者是交易的双方，是企业之间的而非同一组织内不同部门间的文件传递。

②交易双方传递的是符合报文标准的、有特定格式的文件。目前采用的报文标准是联合国的 UN/EDIFACT。

③双方有各自的计算机或计算机管理信息系统。

④双方的计算机或计算机系统能发送、接收并处理符合约定标准的交易电文的数据信息。

⑤双方计算机之间有网络通信系统，信息传输是通过该网络通信系统实现的。信息处理是由计算机自动进行的，无需人工干预和人为介入。

这里所说的数据或信息是指交易双方相互传递的具备法律效率的文件资料，可以是各种商业单证，如订单、回执、发货通知、运单、装箱单、收据发票、保险单、进出口申报单、报税单、缴款单等，也可以是各种凭证，如进出口许可证、信用证、配额证、商检证等。

(二) EDI在物流系统中的应用

EDI是应用电子技术，按一定规则进行加密和解密，并以特殊标准和形式传输信息，而不是通过传统的邮件、快递或者传真来描述机构之间传输信息的能力。一般而言，企业间往来的单证都属于EDI报文所能适用的范围，包括零售商、批发商、制造商、运输商、配送中心各环节中的一系列活动。

物流信息由相关物流活动的实时数据构成，包括物料供应流程、生产状态、库存控制、运输装卸以及新的订货等。在这样的系统活动过程中，不仅需要物流企业与卖主或供应商、金融机构、运输承运人和顾客交流有关订货装运和开单的大量信息沟通，还有物流企业内部正常运行所需要的有关物流计划的实施、控制等数据交换。通过EDI，可以快速获得信息、提供更好的服务、减少纸面作业、更好的沟通和通信、提高效率、降低成本；还能改进顾客服务水平、缩短事务周期、减少订货周期中不确定性、增强企业的竞争力等。因此，EDI是物流系统信息集成的一种重要工具。

四、EOS与POS技术

(一) 电子订货系统 (EOS)

EOS即电子自动订货系统（Electronic Ordering System），是指企业间利用通信网络（VAN或互联网）和终端设备以在线联结（On-Line）方式进行订货作业和订货信息系统交换的系统。

EOS包括了许多先进的管理手段，在企业物流管理中具有十分重要的作用。对于传统的订货方式，如上门订货、邮寄订货、电话订货、传真订货等，EOS可以缩短从接到订单到发出订货的时间，缩短订货商品的交货期，减少商品订单的出错率，节省人力投入。

EOS有利于减少企业的库存水平，提高企业库存效率，使物流过程各个活动环节之间的信息沟通更加便利和迅速，从而大大丰富物流系统所需的信息量。

EOS系统是由众多零售企业和批发商组成的大系统整体运行。其基本流程大致如下：

①在零售企业的终端利用条形码阅读器获取准备采购的商品条形码，并在终端机上输入订货信息，通过增值网络（VAN）传到批发商的计算机中。

②批发商开出提货传票，并根据传票，同时开出拣货单，实施拣货，然后依据送货单进行商品发货。

③送货传票上的资料便成为零售商的应付账款资料及批发商的应收账款资料。

④零售商对收到的货物进行检验后，便可以陈列与销售了。

（二）销售时点系统（POS）

POS即销售时点信息系统（Point of Sale），是指通过自动读取设备（如收银机），在销售商品时直接读取商品销售信息（如商品名、单价、销售量、销售时间、销售企业、购买顾客等），并通过通信网络和计算机系统传送至有关部门进行分析加工提高经营效率的系统。

POS系统能够对商品进行单品管理、员工管理和客户管理，并能适时自动取得销售时点信息和信息集中管理，紧密地连接着供应链，是物流信息系统管理的站点。

1. POS系统的基本内容

POS系统包括前台POS系统和后台MIS系统两大基本组成部分。

前台POS系统是指通过自动读取设备，如条形码阅读器，在销售商品时直接读取商品销售信息，实现前台销售业务自动化，对商品交易进行实时服务和管理，并通过通信网络和计算机系统传至后台MIS系统的信息子系统。

后台MIS系统（Management Information System），又称为管理信息系统。它负责整个商场进、销、调、存系统的管理以及财务管理、考勤管理等，根据前台POS系统传输的信息，计算、分析与汇总商品销售的各项信息，分析经营成果，为企业的经营决策、实施方案提供依据。

2. POS系统的应用

POS系统把现金收款机作为终端机与计算机联结，并通过光电识读设备为计算机录入商品信息。当商品通过结算台扫描时，商品条形码所显示的信息被录入到计算机，计算机从数据库文件中查询到该商品的名称、价格、包装、代码等，经过数据处理后，打印出数据。零售商店主机的条形码数据和商品价格每天或定期更新并下载至店面微机。

借助于条形码，POS系统实现了商品从订购、送货、内部配送、销售、盘货等零售业循环的一体化管理，使商业管理模式实现三个转变：一是从传统的依靠经验管理转变为依靠精确的数字统计分析管理；二是从事后管理（隔一段时间进行结算或盘点）转变为"实时"管理，在营业过程中可随时对销售、库存情况通过计算机进行查询；三是从商品大类管理转变为单品管理，对每一商品品种、规格、包装样式等进行细账管理。销售商可随时掌握商品的销售状况，以调整进货数量和频率，组织适销货源，从而减少脱销和滞销带来的损失，并可加速资金周转，有利于货架安排的合理化，提高销售额。

五、GPS/GIS技术

（一）全球定位系统（GPS）

GPS是Global Positioning System的简称，中文为"全球定位系统"。它是

结合了卫星及无线技术的导航系统，具备全天候、全球覆盖、高精度的特征，能够实时、全天候为全球范围内的陆地、海上、空中的各类目标提供持续实时的三维定位、三维速度及精确时间信息。

GPS 是美国从 20 世纪 70 年代开始研制，历时 20 年，耗资 200 亿美元，于 1994 年全面建成，具有在海、陆、空进行全方位实时三维导航与定位能力的新一代卫星导航与定位系统。目前，GPS 的应用领域正在不断地拓展，不仅以其全天候、高精度、自动化、高效益等显著特点，成功地应用于现代物流信息系统，而且正逐步深入到人们的日常生活。

1. GPS 系统组成

全球定位系统是美国第二代卫星导航系统，由空间部分、地面监控部分和客户接收机三大部分组成。

地面监控部分包括一个主控站、三个注入站和五个监控站。监控站设有 GPS 客户接收机、原子钟、收集当地气象数据的传感器和进行数据初步处理的计算机。监控站的主要任务是取得卫星观测数据并将这些数据传送至主控站。主控站设在范登堡空军基地。它对地面监控部实行全面控制。主控站主要任务是收集各监控站对 GPS 卫星的全部观测数据，利用这些数据计算每颗 GPS 卫星的轨道和卫星钟改正值。注入站负责向卫星传输数据。

2. 利用 GPS 技术实现货物跟踪管理

货物跟踪是指物流运输企业利用现代信息技术及时获取有关货物运输状态的信息，如货物品种、数量、货物在途情况、交货期间、发货地和到达地、货物的货柜、送货责任车辆和人员等，提高物流运输服务的方法。具体说就是物流运输企业的工作人员在进行物流作业时，利用扫描仪自动读取货物包装或者货物发票上的物流条形码等货物信息，通过计算机通信网络把货物的信息传送到总部的中心计算机进行汇总整理，这样所有被运送货物的物流全过程的各种信息都集中在中心计算机里，可以随时查询货物的位置及状态。

货物跟踪的工作过程：货物装车发出后，当运输车辆上装载的 GPS 接收机在接收到 GPS 卫星定位数据后，自动计算出自身所处的地理位置的坐标，由 GPS 传输设备将计算出来的位置坐标数据经移动通信系统（GSM）发送到 GSM 公用数字移动通信网，移动通信网再将数据传送到基地指挥中心，基地指挥中心将收到的坐标数据及其他数据还原后，与 GIS 系统的电子地图相匹配，并在电子地图上直观地显示车辆实时坐标的准确位置，在电子地图上清楚而直观地掌握车辆的动态信息（位置、状态、行驶速度等）。同时还可在车辆遇险或出现意外事故时进行种种必要的遥控操作。

3. GPS 的物流功能

①实时监控功能。在任意时刻通过发出指令查询运输工具所在地理位置

（经度、纬度、速度等信息）并在电子地图上直观地显示出来。

②双向通信功能。GPS 的客户可使用 GSM 的话音功能与司机进行通话或使用本系统安装在运输工具上的移动设备的汉字液晶显示终端进行汉字消息收发对话。

③动态调度功能。调度人员能在任意时刻通过调度中心发出文字调度指令，并得到确认信息。可进行运输工具待命计划管理，操作人员通过在途信息的反馈，运输工具未返回车队前即做好待命计划，可提前下达运输任务，减少等待时间，加快运输工具周转速度。

④数据存储、分析功能。实现路线规划及路线优化，事先规划车辆的运行路线、运行区域，何时应该到达什么地方等，并将该信息记录在数据库中，以备以后查询、分析使用。

（二）地理信息系统（GIS）

GIS 即地理信息系统（Geographic Information System），是在 20 世纪 60 年代开始迅速发展起来的地理学研究新成果。GIS 系统是多学科集成并应用于多领域的基础平台，具有数据采集、输入、编辑、存储、管理、空间分析、查询、输出和显示功能，为系统用户进行预测、监测、规划管理和决策提供科学依据。

GIS 系统以地理空间为基础，利用地理模型的分析方法及时提供多种空间、动态的地理信息，从而为有关经济决策服务。GIS 在物流领域中的应用，便于企业合理调配和使用各种资源，提高运营效率和经济效益。

1. GIS 的作用

在具体的应用领域中，GIS 可以帮助分析解决下列问题：

①定位（Location）：研究的对象位于何处？周围的环境如何？研究对象相互之间的地理位置关系如何？

②条件（Condition）：有哪些地方符合某项事物（或业务）发生（或进行）所设定的特定经济地理条件？

③趋势（Trends）：研究对象或环境从某个时间起发生了什么样的变化？今后演变的趋势是怎样的？

④模式（Patterns）：研究对象的分布存在哪些空间模式？

⑤模拟（Modeling）：当发生假设条件时，研究对象会发生哪些变化？引起怎样的结果？

GIS 最明显的作用就是能够把数据以地图的方式表现出来，把空间要素和属性组合起来就可以制作出各种的信息地图。专题地图的制作从原理上讲并没有超出传统的关系数据库的功能范围，但把空间要素和属性信息联系起来后的应用功能大大增加了，应用范围也扩大了。因而 GIS 能够支持空间查询和空间分析，空间分析往往是制定规定和决策的重要基础。

2. GIS 在物流中的应用

GIS 不仅是一种查询信息的方法，也是一种挖掘信息模式的技术。因此，越来越多的商业领域已把 GIS 作为一种信息查询和信息分析工具，GIS 技术本身也融入了这些商业领域的通用模型，因而 GIS 技术在各个商业领域无论是在深度上还是广度上都处于不断发展之中。

GIS 在物流领域中的应用主要是指利用 GIS 强大的地理数据功能来完善物流分析技术，合理调整物流路线和流量，合理设置仓储设施，科学调配运力，提高物流业的效率。目前，已开发出了专门的物流分析软件用于物流分析。完整的 GIS 物流软件集成了车辆路线模型、最短路径模型、网络物流模型、分配集合模型和设施定位模型等。

（1）车辆路线模型

车辆路线模型用于研究解决在一个起始点、多个终点的货物运输中，如何降低物流作业费用，并保证服务质量的问题。包括决定使用多少车辆，每辆车的行驶路线等。

（2）网络物流模型

网络物流模型用于解决寻求最有效的分配货物路径问题，也就是物流网点布局问题，如将货物从 n 个仓库运到 m 个商店，每个商店都有固定的需求量，因此需要确定由哪个仓库发货给哪个商店，使得运输代价最小。

（3）分配集合模型

分配集合模型可以根据各个要素的相似点把同一层上所有或部分要素分为几个组，用于解决确定服务范围和销售市场等问题，如某一公司要设立 x 个分销点，要求这些分销点覆盖某一地区，而且要使每个分销点的顾客数目大致相等。

（4）设施定位模型

设施定位模型用于确定一个或多个设施的位置。在物流系统中，仓库和运输线共同组成了物流网络，仓库处于网络的接点上，接点决定着线路，如何根据供求的实际需要并结合经济效益等原则，在既定区域内设立多少仓库，每个仓库的位置，每个仓库的规模，以及仓库之间的物流关系等，运用此模型均能很容易地得到解决。

本章小结

物流信息是物流活动中各个环节生成的信息。物流信息不仅对物流活动具有支持保证的功能，而且具有连接整个供应链和使整个供应活动效率化的功能。物流信息在现代企业的经营战略中有越来越重要的地位，充分利用计算机技术、网络通信技术、数据库技术、条形码技术、射频技术、电子数据交换技术、全球定位系统、地理信息系统等现代物流信息技术，建立物流信息系统，提供迅速、及时、准确、全面的物流信息是现代企业获得竞争优势的必要条件。

物流信息系统是使用系统的观点、思想和方法建立起来的，以电子计算机为基本信息处理手段，以现代通信设备为基本传输工具，并且能够为管理决策提供信息服务的人机系统。物流信息系统主要完成物流各个环节的业务调度、管理、决策等，从而帮助提高物流系统的整体效率。它主要包括物品管理、配送管理、运输与调度管理、客户服务、财务管理、人力资源管理等功能模块。

复习思考题

1. 简述物流信息的含义及特征。
2. 为什么物流系统必须信息化？
3. 物流信息系统的组成要素有哪些？
4. 简述射频识别系统的组成。
5. 简述 POS 系统中条形码的基本应用。
6. 简述 EDI 的定义和特点。
7. 简述 GPS 在物流领域中的应用。
8. 什么是 GIS 及其组成？
9. 在网上搜索 3 家电子商务网站，了解其如何解决物流配送问题。

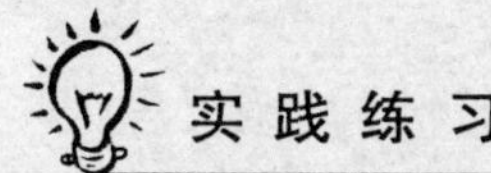

实 践 练 习

一、实践项目

物流管理信息系统的功能及流程。

二、实践目的

通过实际操作掌握某个物流管理信息系统的业务处理流程。

三、实践要求

1. 熟悉某个物流管理信息系统的结构、功能及业务流程。
2. 进行实际操作。

四、实践环节

1. 实践场所选择

配备物流管理信息系统的企业或实验机房。

2. 实践准备工作

复习本章有关内容，提出自己的问题，设计好参观和操作目标。

3. 实践步骤

(1) 仔细听指导老师讲解系统的操作使用方法、系统的结构功能和业务流程，以尽快熟悉系统。

(2) 根据指导老师的分工进入各自的功能模块。

(3) 按照业务流程进行模拟操作。

(4) 记载操作的过程、相关数据及结果，打印相关单据。

五、实践结果

学生完成实践报告。

第五章　电子商务物流系统化管理

导　读

随着电子商务活动在我国的不断发展，电子商务物流系统化管理日益重要。电子商务物流系统无论是在服务范围、通信手段还是在仓储、运输、配送、支付等方面和传统物流系统相比都发生了较大的变化。电子商务物流系统化管理、电子商务下的物流业务过程的自动化和企业资源计划系统（ERP）的应用，使得电子商务活动更加高效、方便和快捷。

面对知识经济时代日益激烈的市场竞争，不同类型的企业应该怎样构建合适的业务流程及信息系统，才能实现低成本、高效益地满足客户需求？本章就此主要阐述了电子商务物流系统化管理、电子商务下的物流业务流程和企业资源计划系统（ERP）。学习本章时，应做到充分认识电子商务物流系统与传统物流系统的不同，深入理解电子商务物流系统化管理的目标，明确掌握电子商务下各企业的物流业务流程，深刻领会ERP的管理思想。

导读案例五

“小肥羊”火锅连锁店的系统化管理

“小肥羊”是一家来自内蒙古的火锅连锁企业——内蒙古小肥羊餐饮连锁有限公司，从2003年到2006年，已连续4次出现在商务部公布的全国餐饮企业百强名单第二名的位置上。7年前，“小肥羊”成立于草原深处的包头市。

随着小肥羊火锅连锁店在全球遍地开花，小肥羊集团公司不断向产业链上游延伸扩张。从物流中心到羊肉生产基地和调味料厂，再到肉羊养殖基地，形成了一个完整的产业集群。组织机构的迅速膨胀和多业态的经营模式对“小肥羊”的管理提出了很高的要求。

一、系统升级

为了满足管理的需要，“小肥羊”从2002年就四处寻找软件，试图建立先进适用的管理信息系统。2004年底，“小肥羊”在建立自己财务模板的基础上开始了信息化管理。当时，公司首先在每个直营店安装“天子星”财务信息系统，该系统是中国本土最早的餐饮信息系统，这样管理部门从原料到成品、从库房到餐厅，都能够对成本实行严格控制，而且从开单、上菜、收银到财务，可以做到全流程监控。2005年中，“小肥羊”也和“蒙牛”一样使用了“金碟”的ERP系统，公司为这两个系统共花费50多万元。

为了保证配送的效率，“小肥羊”建立了专业的物流体系，基本物料统一采购，由总仓远程配送到各地区的分仓，生鲜由分仓在地方统一采购，直接进入分仓。同时，成立了专业的分公司进行运作，目前公司拥有三支可达全国各地的合作长途运输车队，拥有冷藏车43辆、普通大型货车16辆，拥有近5 000平方米的冷库、2 000平方米的外租冷库以及总量在2 000吨以上的常温库房，拥有分布在北京、上海、深圳、山东、西安、河南漯河的六个分仓和配送中心，拥有三个加工配送中心和31辆箱式配送车。

从2004年年中开始，“小肥羊”的物流信息系统进入统一的升级阶段，到目前基本上实现了信息化操作。通过一套连锁店供应链管理系统将整个公司的信息流、资金流、物流统一起来，已实现物流总部与各分拨中心实时进销存管理。

随着规模的不断扩大，对系统的要求越来越高。不断追加的功能模块，带动着系统不断升级的同时，也使系统本身越来越庞大。

二、实现全球统一实时管理

随着物流公司业务的发展，“小肥羊”计划从2007年开始投资建设更为完备的信息化管理系统，建设集成、统一的信息平台，进一步实现采购、仓存、销售、运输配送等的信息化管理和控制；逐渐改变由单随人转到人随单转的运行模式，实现一单到底的管控；同时通过与财务系统的无缝衔接，实现业务财务一体化。

但是考察后发现，市场上流行的餐饮管理软件没有一个能满足小肥羊集团“餐饮+物流+生产+养殖”的多业态经营模式，而各种ERP软件厂商的产品又都是针对单个企业的进销存、生产和财务管理需要，不能提供餐饮连锁管理和集团化产业链管理解决方案。另一方面，“小肥羊”分散在全球各地的成百上千个组织机构也成为众多软件供应商头痛的难题。

“小肥羊”进军北美市场后，也为如何管理大洋彼岸的众多连锁店颇伤脑筋。此时，有人推荐了双汇软件。双汇软件完全基于互联网运行的特点一下子引起了“小肥羊”的兴趣，公司当即决定海外连锁店全部采用双汇软件。这使得“小肥羊”高层无论在哪里都可以随时对全球任何门店的经营情况了如指掌。

之后，经过进一步了解，“小肥羊”才发现原来餐饮连锁管理系统只是双汇软件整个产品的“冰山一角”，双汇软件更大的价值在于它是一个支持多业态、多公司、多币种、多语言的产业链、产业集群管理软件，是集连锁零售、区域分销、物流配送、生产加工、集团财务、供应链协同于一体的庞大系统。而且双汇软件采用先进的企业级 B/S 大集中技术架构，全企业集团只需要一个机房、一套服务器、一个数据库、一套应用软件和一个维护小组即可实现对所有应用点进行实时、集中、统一管理，因此系统在硬件建设成本、运行维护成本、实施维护效率和长期可用性、可扩展性等方面将为企业带来极强的竞争力，能够有力地支持“小肥羊”实现低成本快速复制、快速扩张。

在双汇集团获得成功的这套软件马上得到了公司的信任。2007 年双汇软件将全面承担小肥羊集团管理信息系统的建设，内容将包括小肥羊全球餐饮连锁店运营管理体系、物流配送管理体系、羊肉及调味料生产管理体系、集团财务管理体系等。各体系高度集成，构成完整的供应链系统，将为小肥羊集团提供全球统一的实时集中化管理平台，从而支持“小肥羊”对极度分散的经营机构进行即时、有力的控制，使全球各地的运营保持灵敏的反应。

(资料来源：http：//www.chinawuliu.com.cn/oth/content/200711/200725379.html)

[思考问题]

1. “小肥羊”实现全球统一实时管理的基础条件是什么？有哪些保障措施？

2. “小肥羊”的信息化道路有何值得借鉴之处？

3. ERP 仅仅是一种软件产品吗？它对企业经营管理有何影响？

第一节　电子商务物流系统化管理概述

一、物流系统概述

(一) 物流系统的含义

“系统”这一术语已广为人们所使用，但直到现在尚无统一的定义。一般认为：系统是由多个元素有机地结合在一起，并执行特定的功能以达到特定目标的集合体。

如前所述，物流是由运输、储存、包装、装卸搬运、流通加工、信息处理等一系列作业环节组成的，这些环节也称为物流的功能要素。这些功能要素相互配合、协调工作，完成物流的特定目标。由这些功能要素就构成了整体物流系统。因此，物流系统是指，在一定的空间和时间里，物流活动所需的机械、设备、工具、设施、线路等物质资料要素相互联系、相互制约的有机整体。物流系统有自己的运动规律，也有自己的发展阶段。从第二次世界大战以后，物流系统的概念不断发展和完善起来。广义的物流系统概念是指全部生产要素在物流领域的配置、相互联系及其功能，包括物质要素、人员要素、资金要素。

（二）物流系统的特点

物流系统具有一般系统所共有的特点，即整体性、相关性、目的性、环境适应性，同时还具有规模庞大、结构复杂、目标众多等大系统所具有的特征。

1. 物流系统是一个大跨度系统

在现代经济社会中，企业间物流经常会跨越不同地域，国际物流的地域跨度更大。物流系统通常采用储存的方式解决产需之间的时间矛盾，其时间跨度往往也很大。物流系统的跨度越大其管理难度越大，对信息的依赖程度也越高。

2. 物流系统是一个可分系统

无论规模多大的物流系统，都可以分解成若干个相互联系的子系统。这些子系统的多少和层次的阶数，是随着人们对物流系统的认识和研究的深入而不断深入、不断扩充的。系统与子系统之间、子系统与子系统之间，存在着时间和空间上及资源利用方面的联系，也存在总目标、总费用及总运行结果等方面的相互联系。

3. 物流系统是一个动态系统

物流系统一般联系多个生产企业和用户，需求、供应、渠道、价格不断变化，物流系统受社会生产和社会需求的广泛制约，所以物流系统必须是具有环境适应能力的动态系统。为适应经常变化的社会环境，物流系统必须是灵活、可变的。当社会环境发生较大的变化时，物流系统甚至需要进行重新设计。

4. 物流系统的复杂性

物流系统的运行对象——“物”，可以是全部社会的物资资源，资源的多样化带来了物流系统的复杂化。物资资源品种成千上万，从事物流活动的人员队伍庞大，物流系统内的物资占用大量的流动资金，物流网点遍及城乡各地。这些人力、物力、财力资源的组织和合理利用，是一个非常复杂的问题。

物流活动的全过程伴随着大量的物流信息，物流系统要通过这些信息把各个子系统有机地联系起来。收集、处理物流信息，并使之指导物流活动，也是一项复杂的工作。

5. 物流系统是一个多目标系统

物流系统的总目标是实现其经济效益，但物流系统要素间存在非常强烈的“悖反”现象，要同时实现物流时间最短、服务质量最佳、物流成本最低这几个目标几乎是不可能的。而物流系统又恰恰要在这些矛盾中运行，并尽可能满足人们的要求。

（三）物流系统的分类

物流系统可以从不同角度进行分类，按照物流功能或物品在社会经济活动中的流转环节来分是较为常见的两种划分方法。

1. 按照物流功能的不同划分

按照物流功能的不同，物流系统可分为不同的子系统，主要包括运输子系统、仓储子系统、装卸搬运子系统、包装加工子系统以及物流信息系统等。

2. 根据物流活动范围和业务性质划分

根据物流活动范围和业务性质，物流系统分为五种类型。

（1）生产物流

生产物流也称厂区物流，是企业物流的核心部分。起于原材料、配件、设备的投入，经过制造过程转换成成品，止于成品入库。包括各专业工厂或车间的半成品或成品流转的微观物流。

（2）供应物流

供应物流是企业为组织生产所需的各种物资供应而进行的物流活动。包括从物资持有者采购、组织储运送达本企业的外部供应物流和组织本企业仓库将物资送达生产线的内部物流。

（3）销售物流

销售物流是指生产工厂或商业批发、物流企业、零售商店，从商品采购、运输、储存、装卸搬运、加工或包装、拣选、配送、销售，到顾客收到商品过程的物流。

（4）回收物流

回收物流是伴随货物运输或搬运中的包装容器、装卸工具及其他可再用的旧杂物等，通过回收、分类、再加工、使用过程的物流。

（5）废弃物流

废弃物流是伴随某些厂矿产品共生的副产品（如物渣、煤歼石等），以及消费中产生的废弃物（如垃圾）等进行收集、处理过程的物流。

（四）物流系统的结构

物流运动是借助劳动手段的作用实现的，这些手段包括线路、各种运输工具、仓储设施及物流作业所需的各种设备。如包装设备、装卸搬运设备、加工设备、通信设备等。这些运动和静止的物质手段，是物流的客观物质基础，彼此相互有机地结合在一起，形成了物流运动的网络结构。这些物质手段的功能和水平决定了物流系统的水平，其结构和配置决定着物流合理化及物流效率。

1. 工具设备

工具设备是实现物流功能不可缺少的手段。物流的工具设备主要包括运输工具、仓储设施、加工设备、装卸搬运设备、通信设备和包装设备。

2. 物流节点

物流节点是指物流网络中连接物流线路的结节处，又称物流接点。物流过程按其运动状态来看，有相对运动的状态和相对停顿的状态。货物在节点处于相对停顿的状态，在线路处于相对运动的状态。其中，包装、装卸、储存、配货、流通加工等活动都是在节点上完成的。节点和线路结合在一起，构成了物流的网络结构。

物流节点包括仓库、车站、空港、港口、码头、货运站、包装公司、加工中心、物流中心、配送中心等。这些节点都是以一定的设施形态存在，在物流系统中发挥着不同的作用。按节点的功能来分类，可分为转运型节点、储存型节点、集散型节点、配送型节点、综合性节点等。

3. 物流线路

物流线路是运输工具的载体和通过的路径。物流活动中，物质资料的空间转移是通过运输工具在线路上的移动来实现的，没有物流线路，物流就会成为“空中楼阁”。因此，物流线路是物流的运输功能实现的客观条件。

物流线路按其存在的物质形态，可分为公路、铁路、水路、空路和管道五种。另外，按照线路的范围，上述各种线路又可分为干线线路、支线线路、末端线路和企业内部线路。

二、电子商务物流系统

(一) 电子商务物流系统的概念

电子商务物流系统是指在实现电子商务特定过程的时间和空间范围内，由所需位移的商品（或物资）、包装设备、装卸搬运机械、运输工具、仓储设施、人员和通信联系设施等若干相互制约的动态要素所构成的具有特定功能的有机整体。电子商务物流系统的目的是实现电子商务过程中商品（或物资）的空间效益和时间效益，在保证商品满足供给需求的前提下，实现各种物流环节的合理衔接，并取得最佳经济效益。电子商务物流系统既是电子商务系统中的一个子系统或组成部分，也是社会经济大系统的一个子系统。

电子商务物流系统与一般系统一样，具有输入、转换和输出三大功能。通过输入和输出使物流系统与电子商务系统及社会环境进行交换，并相互依存。

输入包括人、财、物和信息；输出可以包括效益、服务、环境的影响及信息等；而实现输入到输出转换的则是电子商务物流的各项管理活动、技术措施、设备设施和信息处理等。

（二）电子商务物流系统的构成

电子商务代表未来的贸易方式、消费方式和服务方式，是信息化和网络化的产物。作为一种数字化的生存方式，电子商务并没有真正改变其商务本质，其优势在于简化流程、降低成本和提高效率。

电子商务需要解决网上安全支付、网络安全、金融认证体系、安全体系、产品品种和经营模式等一系列问题。总的来说，完整的电子商务应该包括商流、物流、信息流和资金流四个方面。但是在目前情况下，随着支付体系的不断建立健全，商流、信息流、资金流都可以在网上进行，更多的目光就应该集中于如何建立电子商务的物流系统这一问题上来。电子商务的基础——建立高效可靠的物流系统，已经成为竞争的关键。电子商务在线服务背后的物流系统的建立成为电子商务解决方案的核心部分。

结合电子商务自身特点及行业发展趋势，电子商务下的物流系统是信息化、现代化、社会化和多层次的物流系统。该系统主要是指针对电子商务企业的需要，采用网络化的计算机技术和现代化的硬件设备、软件系统及先进的管理手段，严格地、守信用地进行一系列分类、编配、整理、分工和配货等理货工作，定时、定点、定量地交给没有范围限制的各类用户，满足其对商品的需求。它与传统的物流系统并无本质的区别，不同之处就在于电子商务物流系统突出强调一系列电子化、机械化、自动化工具的应用，以及准确及时的物流信息对物流过程的监督，它更加强调物流的速度、物流系统信息的通畅和整个物流系统的合理化。

图 5-1 所示的是一个简单的电子商务物流系统，其中大方框中的内容即为电子商务物流系统的主要结构模块。

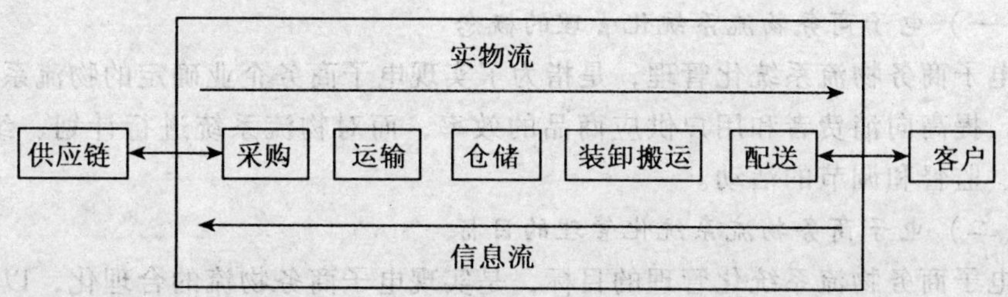

图 5-1　电子商务物流系统示意图

（三）传统物流系统与电子商务物流系统的比较

在电子商务环境下，顾客的购买行为与传统的购买行为有所不同，因此也就决定了电子商务物流服务形式、手段的特殊性。在网上购物的顾客希望在网上商店寻觅到所需的特定物品，并且希望能够得到实时的信息反馈，诸如是否有存货、何时能够收到货物等实时的信息，同时顾客也十分关注如果在网上选购的物品不甚理想或者是物品在运输途中受损以及是否能够及时、便利地办理退货等。新兴的电子商务物流服务就是由具备实力的服务商来提供最大限度地满足顾客需求的外包服务。

传统物流系统与电子商务物流系统的比较如表 5-1 所示。

表 5-1　传统物流系统与电子商务物流系统的区别

项目	传统物流	电子商务物流
业务推动力	物质财富	IT 技术
服务范围	运输、包装等单项服务	综合性物流服务
通信手段	电话、传真	Internet
仓储	集中分布	分散分布
包装	批量包装	个别包装、小包装
运输频率	低	高
支付速度	慢	快
IT 技术应用	少	多
订单	少	多

三、电子商务物流系统化管理

（一）电子商务物流系统化管理的概念

电子商务物流系统化管理，是指为了实现电子商务企业确定的物流系统的目标，提高向消费者和用户供应商品的效率，而对物流系统进行计划、组织、指挥、监督和调节的活动。

（二）电子商务物流系统化管理的目标

电子商务物流系统化管理的目标，是实现电子商务物流的合理化，以最低的费用支出完成商品实体从供应地向消费地的运动。因此，在进行电子商务物流系统总体设计时，应对以下这些问题很好地研究，做出决策。

1. 规模适当化

对物流系统进行投资建设时，首先要确定其规模的大小。对其所处的地理位置，周围环境、服务对象，特别是物流量的多少，包括货物品名、数量、流向等，都要进行详细调查和预测，综合分析研究，以确定物流系统化规模。否则，物流系统规模设计大了，而物流量小了，必然要使一部分物流设施、技术装备闲置起来，不仅白白浪费了投资，而且影响物流的经济效益。反之，物流系统规模设计小了，物流量多了，与其业务活动不相适应，满足不了顾客的需要，同样也是不可取的。

2. 运送及时性

这是物流系统的重要功能之一。即根据货主的要求，及时运输和配送，按顾客提出的时间和地点，把商品迅速运送到收货地或用户，以赢得信誉。这也是衡量物流企业服务质量的一个重要标志。因此，在进行物流系统管理时，必须很好地考虑运输、配送的功能，如运输工具的配备，运输路线的选择，运输环节的安排等。

3. 库存合理化

保持一定的合理库存，是物流企业的一项重要任务。在物流系统管理中，必须充分予以重视。以生产物流来说，工厂要储存一定数量的原材料，否则，原材料供应不上，生产就中断了。反之，如果原材料储存过多，则会造成积压，占用库房，浪费资金，影响企业的经济效益。而从销售物流来看，批发企业或物流中心必须保持一定的合理库存量，不然，商品储存过多，会造成积压，占压资金；而储存过少，又要脱销，并失去销售机会，影响企业的经济效益。因此，物流系统必须充分发挥其调节功能的作用。

4. 费用合理化

在市场经济日益发展，物流技术不断革新，物流业激烈竞争的情况下，在进行物流系统设计时，无论对系统整体及各个子系统来说，一切物流业务活动，都要求节省费用。由于物流活动中，在运输、储存、包装、流通加工、装卸搬运、物流信息的搜集、传递和反馈等环节之间都存在着一种相互矛盾、相互制约的关系。因此，促使物流活动合理化，如物流方式、运输路线选择适当，存货数量和分布上都比较合理等，追求物流费用总成本降低是物流管理的预期目标。

5. 高水平服务

一般认为，物流业属于第三产业的范畴，是后勤、供应和服务性的行业。所以，对整体物流系统设计和全部物流业务活动的要求来说，必须强调其服务性。无论运输、包装、配送等，每日每项物流活动，都要尽量达到顾客的满意。并要不断研究新问题，开发新技术，增加新的服务项目，为社会提供高质量的服务。如我国近几年兴起的连锁商店形式，正是在各地有了方便、快捷的配送中心的基础上，才得以迅速发展起来。这是物流业在我国开拓的一个新领域，由此可见，高质量的服务机构和服务水平，是物流业不断发展的强大生命力。

6. 经济效益好

一个独立的物流企业，构造一个比较完整的物流系统，其最终经营目标，仍然是取得最佳的经济效益，即以最少的投入，取得同样的产出，或以同样的投入取得最大的产出。因此，在进行物流系统总体设计时，必须把物流经济效益放在首位。物流系统化管理目标的特点在于，它不是把运输、储存、包装、加工、配送等物流的各个方面分别作为单独的对象来研究，也不是省工、省料、工序机械化等个别技巧性的研究，而是把各个要素按照一定规则构成的物流系统作为一个整体来进行研究。既要使物流各子系统之间保持一种均衡和协调的状态，也要使物流系统同整个国民经济中生产系统、财务系统、商流系统、信息流系统等保持均衡和协调，以构成最佳的整体能力，发挥出最佳的物流经济效益。

（三）电子商务物流系统化管理的程序

运用系统化管理方法来设计和改进物流体系，是物流管理最重要的内容。每一个阶段又包括若干内容。

1. 系统研究阶段

包括研究分析现状，找出问题和确定目标。要从全局出发，运用系统方法，正确确定系统研究的对象和范围，然后通过资料的收集和加工整理，对实际部门的调查和各种相关因素的分析，来透彻地了解物流现状和存在的关键问题，在此基础上确定预期的改进目标，并为进一步制定新的方案拟定必需的若干原则。

2. 系统设计阶段

包括改革方案的构思、判断和选择以及改革方案的细化。在这一阶段，要对各种可能的方案进行深入细致的比较和分析，确定各自在技术上的优劣和经济上的可行性，进而做出正确抉择。

3. 系统应用阶段

这是改革方案的全面实施阶段。在实行中要采取相应的配套措施和保证措施，以确保方案的顺利实施和系统化的实现。

物流系统化的实现，对于物流管理来说，只是完成了最重要的一步。物流管理贯穿于整个物流活动中，必须不断地进行计划——实施——评价的反复循环，以期在物流环境和各种物流条件发生变化时，能够主动对物流系统进行必要的调整和更新，从而保持物流系统运行的最佳状态。

第二节 电子商务下的物流业务流程

一、传统商务下的物流业务流程

（一）传统商务下供应链上的物流流程

1. 供应链的概念

供应链是围绕核心企业，通过对信息流、物流、商流、资金流的控制，从采购原材料开始，制成中间产品以及最终产品，最后由销售网络把从供应商直到用户连成一个整体的功能网链结构模式，如图 5-2 所示。

图 5-2 供应链结构模式图

供应链是一个范围更广的企业结构，包含所有加盟的节点企业，从原材料的供应开始，经过链中不同企业的加工制造、包装、销售等过程，最后将产品送到用户手中。

在传统商务下，供应链系统是由供应商、制造商、批发商、零售商和顾客组成的。物流流程是供应商根据市场调研结果进行分析预测，制定生产计划、组织生产，生产的原材料达到一定的库存以后，根据制造商的需求送往制造商的仓库，制造商接到货物后开始进行生产，生产的产品根据批发商的要求送往批发商的仓库，批发商发货给零售商，最终由零售商将商品卖给顾客。其商流与信息流的流向与物流正好相反，信息的传递方式是通过邮寄、电话或当面洽谈的方式进行的，订单一般是通过邮寄或人工送达的方式进行的。

2. 传统商务下供应链上的物流流程的缺点

（1）配备大面积仓库

从传统商务的物流流程上来看，无论是原材料生产企业，产品生产企业还是批发商都要配置大面积的仓库，当产品缺乏市场时，会造成大量的产品积压。

（2）信息滞后，物流延迟

由于供应链的环节太多，当用户的需求信息到达供应商手中时，已不是原始的信息，订单的送达及处理也需要一定的时间；同样，生产的产品也不能立即交到顾客手中，而是经过批发商、零售商这两个环节，造成物流延迟。

(二) 传统商务下制造业的物流业务流程

一般的制造企业都是由财务部、销售部、采购部、生产管理部和生产部组成的。其中的物流作业主要指制造业的生产工艺流程及各种包装、装卸和运输作业。

1. 传统商务下制造业的物流业务流程（如图 5-3 所示）

①各个批发商根据自己的销售情况，确定所需货物的品种和数量，给企业的销售部门通过当面洽谈，或是电话、信函的方式下达订单。

②销售部门收到订单以后，开始对下达订单的批发商进行信用审计。如果信用良好，则销售部门便处理这些需求信息，如订货的品种、数量、交货期等，并根据双方的协商签订供需合同。如果信用不好，则无法形成供需。

③销售部签订好合同后，将订单上的信息传递给生产管理部，生产管理部接到任务后，如果仓库里有存货，则可以直接发给用户；如果没有存货，则要根据计划组织新的生产。

④在组织新的生产之前，生产管理部根据销售部传来的指令，制定生产计划，并提出物料需求申请，填写物料需求申请单，交给采购部门。

⑤采购部门收到物料需求申请单后，开始审查采购申请表，确定所需原材料的品种和数量。

⑥采购部根据生产所需的原材料的品种和数量，制定采购计划，即确定原材料供应商。

⑦采购部向原材料供应商发出采购订单，订单发出的手段主要是电话、传真、信函或直接派人出差。同样，原材料供应商收到订单后，也要进行信用审计，即确认订单的过程。

⑧原材料供应商通过业务通信手段向采购部发出供货通知，采购部收到通知后，准备接货和办理结账手续。

⑨原材料供应商开始供货，同时准备好供货单和发票。生产部收到原材料后，进行验货和办理货物入库手续。

⑩原材料到库后，生产管理部根据事先安排好的生产任务，由生产部开始组织生产。经过一系列的生产工艺，生产出所需的产品。

⑪生产部将完工的信息通过生产管理部、销售部逐级反馈给用户，用户收到信息以后准备接货和办理结账手续。

⑫生产部开始供货，同时准备好供货单和发票。用户收到货物后，进行验货和办理货物入库手续。

2. 传统商务下制造业物流业务流程的缺点

第一，流程中消耗的时间长。从业务流程的模型可以看出，一笔业务的完成要经过多个部门，在每个部门内还需要多道工序，都要消耗一定的时间，因此

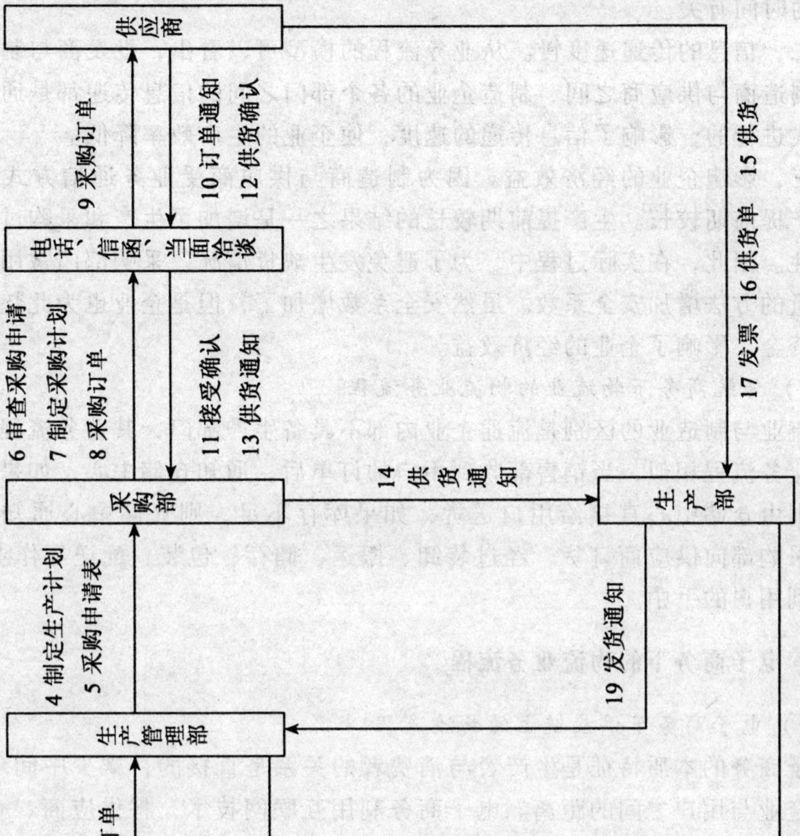

用户
1 订单
21 发货通知
23 发票
电话、信函、当面洽谈
信用审计
2 信用良好
销售部
3 订单
生产管理部
4 制定生产计划
5 采购申请表
采购部
6 审查采购申请
7 制定采购计划
8 采购订单
11 接受确认
13 供货通知
电话、信函、当面洽谈
9 采购订单
10 订单通知
12 供货确认
供应商
20 发货通知
22 发票
14 供货通知
19 发货通知
生产部
17 发票 16 供货单 15 供货
25 发货 24 发货单 18 生产

图5-3 传统商务下制造企业物流作业流程图

完成一项用户订货的周期不仅与生产周期有关，而且与整个流程中各个部门上所消耗的时间有关。

第二，信息的传递速度慢。从业务流程的模型可以看出，批发商与制造商之间、制造商与供应商之间、制造企业的各个部门之间的信息传递都是通过传统的方式进行的，影响了信息传递的速度，使企业的生产效率降低。

第三，影响企业的经济效益。因为制造商与供应商受业务通信方式的限制，生产提前期较长。生产提前期较长的结果之一是增加了生产和采购过程的不确定性。因此，在实际过程中，为了避免发生缺货情况，采购部门常用扩大采购批量的方法增加安全系数。虽然安全系数增加了，但是企业也为此垫付了大量的资金，影响了企业的经济效益。

（三）传统商务下物流业的物流业务流程

物流业与制造业的区别是流通企业内部不具备生产部门，其业务流程与制造业的业务流程相似，当销售部收到用户的订单后，通知仓储中心，如果库存充足，则由仓储中心直接给用户送货；如果库存不足，则仓储中心通知采购部，由采购部向供应商订货，经过装卸、搬运、储存、包装、配送等作业后，货物送到用户的手中。

二、电子商务下的物流业务流程

（一）电子商务下供应链上的物流流程

电子商务的本质特征是生产者与消费者的关系是直接的，减少中间环节，拉近了企业与用户之间的距离。电子商务利用互联网技术，将供应商、企业、用户以及其他商业伙伴连接到现有的信息技术上，达到信息共享，彻底改变现有的业务作业方式及手段，实现充分利用资源，降低成本、提高服务水平的目的。

电子商务下整个供应链是由供应商、制造商、物流中心和顾客所组成的。如图 5-4 所示。供应商、制造商、物流中心和顾客通过 Internet 共享需求信息；供应商根据顾客的需求，生产所需要的原材料；原材料经过制造商的加工、包装等一系列作业后，将产品集中到物流中心；物流中心根据顾客的订单情况，将货物送到顾客手中。

与传统商务相比，供应链环节减少了，现实的零售店没有了，物流中心的作用变得越来越显著，物流中心既是制造商的仓库，又是顾客的实物供应仓库。如果将上述流程简化一下，则变成电子商务环境下生产企业与用户之间的物流运行过程，如图 5-5 所示。

可以看出，用户通过网上的虚拟商店购物，并在网上支付，信息流和资金流的运作过程很快就能完成，剩下的工作就只有实物的物流处理了，物流中心

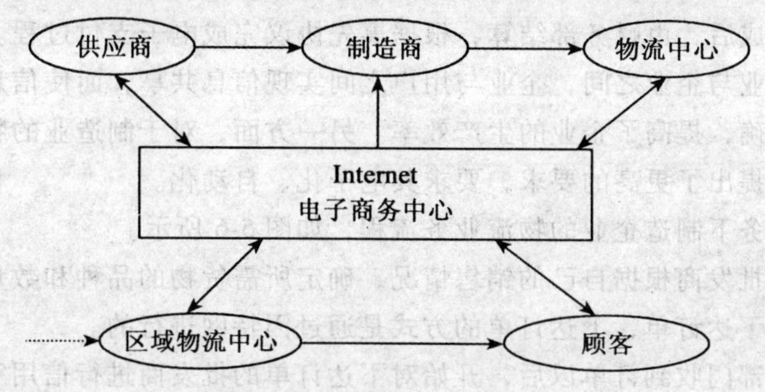

图 5-4　电子商务下供应链图

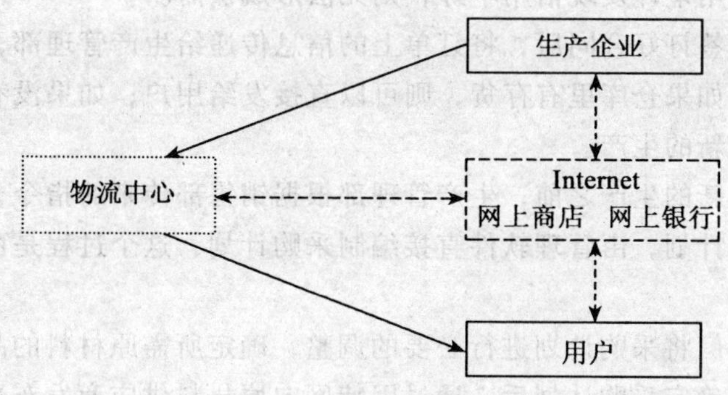

图 5-5　电子商务下物流流程图

成了所有企业和供应商对用户的唯一供应者。因此，物流中心的地位越来越突出。

（二）电子商务下制造企业的物流业务流程

在电子商务环境下，上下游企业之间，企业内部的各个部门之间，企业与用户之间通过因特网共享需求信息。对于供应商而言，不是被动等待需求方订货后再安排生产，而是根据互联网上制造企业的需求信息，提前安排生产。在制造企业内部，销售部、生产管理部、采购部、生产部对于订货信息的获得没有先后顺序；当用户通过因特网发出订单后，生产管理部制定生产计划，采购部根据订单上所需货物的种类、数量，利用采购软件自动制定采购计划，并将采购信息通过因特网向供应商发布，供应商与采购部经过一系列的网上交易，达成协议后，由供应商将原材料送到企业的原材料仓库，由生产管理部安排生产，生产部门经过一系列的生产工序后，将完工的信息反馈给销售部，销售部将供货的信息传递给用户，同时完成供货过程。

供货完成后，由财务部结算，根据事先协议完成电子支付过程。在电子商务下，因企业与企业之间，企业与用户之间实现信息共享，而使信息的传递更加顺畅，准确，提高了企业的生产效率。另一方面，对于制造业的物流作业和工艺流程也提出了更高的要求，要求其电子化、自动化。

电子商务下制造企业的物流业务流程，如图 5-6 所示。

①各个批发商根据自己的销售情况，确定所需货物的品种和数量，给企业的销售部门下达订单，下达订单的方式是通过因特网进行的。

②销售部门收到订单以后，开始对下达订单的批发商进行信用审计，信用审计的方式一般是通过调查它的财务状况进行。如果信用良好，销售部门则处理这些需求信息，如订货的品种、数量、交货期等，根据双方的协商签订供需合同。如果信用审计发现信用不好，则无法形成供需。

③销售部签订好合同后，将订单上的信息传递给生产管理部，生产管理部接到任务后，如果仓库里有存货，则可以直接发给用户；如果没有存货，则要根据计划组织新的生产。

④在组织新的生产之前，生产管理部根据销售部传来的指令，制定生产计划。根据生产计划，由管理软件直接编制采购计划，这个过程是由计算机自动完成的。

⑤采购部门将采购计划进行必要的调整，确定所需原材料的品种和数量。

⑥采购部确定采购计划后，通过因特网向原材料供应商发布采购信息，确定原材料供应商。

⑦采购部通过因特网向原材料供应商发出采购订单，原材料供应商收到订单后，也要进行信用审计，即确认订单的过程。

⑧原材料供应商通过因特网向采购部发出供货通知，采购部收到通知后，准备接货和办理结账手续。

⑨原材料供应商开始供货，同时准备好供货单和发票。生产部收到原材料后，进行验货和办理货物入库手续。

⑩原材料到库后，生产管理部根据事先安排好的生产任务，由生产部开始组织生产。经过一系列的生产工艺，生产出所需的产品。

⑪生产部将完工的信息通过因特网把信息同时反馈给生产管理部、销售部和用户，用户收到信息以后准备接货和办理结账手续。

⑫生产部开始供货，同时准备好供货单和发票。用户收到货物后，进行验货和办理货物入库手续。

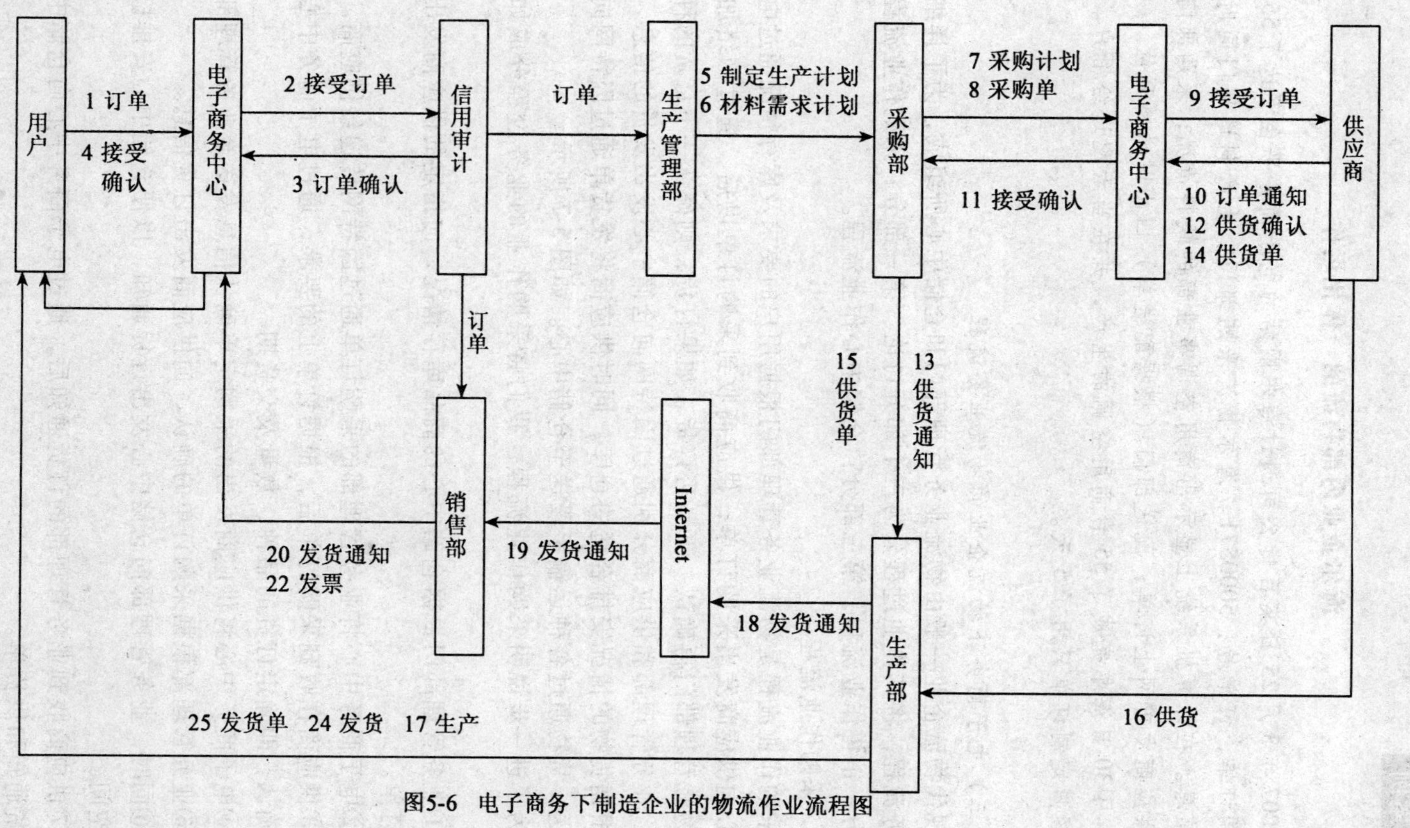

图5-6 电子商务下制造企业的物流作业流程图

引用案例

海尔企业内部物流的一体化运作

2007年3月25日某百货公司通过海尔网站的电子商务平台下达了55台商用空调订单，订单号：5000571。海尔物流采购部门、生产制造部门同时接到订单信息。在计算机系统上显示出商用空调事业部的缺料情况；采购部门向压缩机供应商发布网上订单；配送部门（根据配送单）四小时送料到位。

3月30日海尔完成了55台商用空调的生产，并在当天配送给用户。海尔完成客户定制订单只用了5天。

（三）电子商务下物流企业的物流业务流程

现代物流企业一般由物流业务管理部门和仓储中心所组成，为了详细说明其业务流程，将其作业过程分为三个部分讨论。第一部分：采购作业流程；第二部分：销售作业流程；第三部分：仓储中心作业流程。

1. 采购作业流程

采购作业流程是物流业务管理部门根据用户的要求及库存情况通过电子商务中心向供应商发出采购订单；供应商收到采购订单以后，通过网络加以确认；物流管理部门再确认一下是否订货，如果订货，则确认一下订货的种类及数量；业务管理部和供应商分别通过因特网向仓储中心发出发货的信息，仓储中心根据货物的情况安排合适的仓库，同时供应商将发货单通过因特网向供应商发送，货物通过各种运输手段送至仓储中心。如图5-7所示。

为了进一步说明采购作业流程，我们将采购作业的业务过程分成如下步骤：

①业务管理部门根据仓储中心的商品库存情况，向指定的供应商发出商品采购订单。

②电子商务中心将业务管理部的采购订单通过因特网传递给供应商。

③供应商在收到采购订单后，根据订单上的要求，通过电子商务中心进行订单确认，即确定订货的品种、数量及交货期。

④电子商务中心将供应商发出的采购定单确认信息发送至业务管理部。

⑤业务管理部根据采购订单的确认，向供应商发出订货信息。

⑥同时，业务管理部向仓储中心发出订货通知，以便仓储中心安排检验和仓储空间。

⑦供应商收到业务管理部的订货通知后，通过电子商务中心向仓储中心发出供货通知和供货单。

⑧仓储中心收到供货通知和供货单。

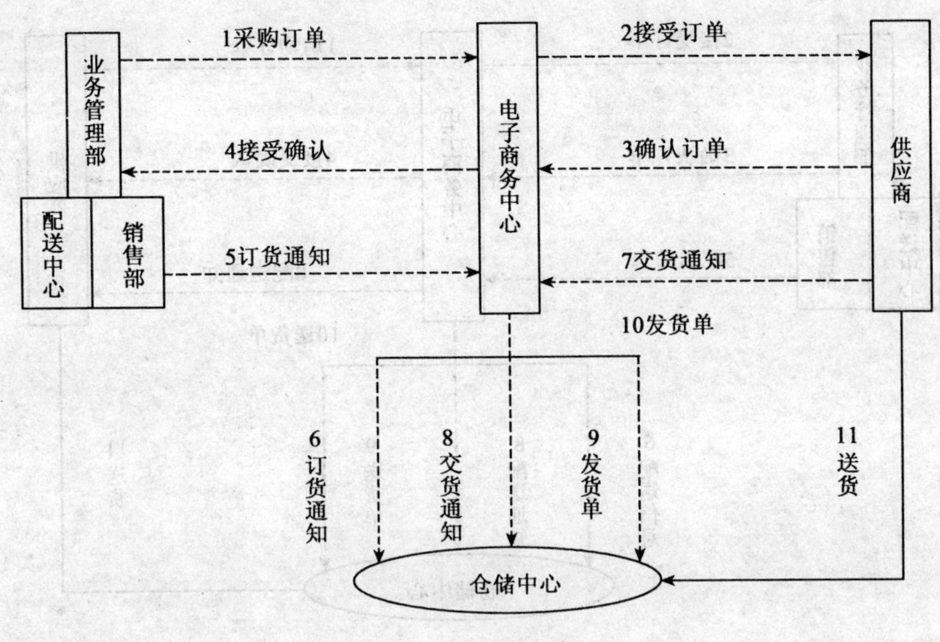

图 5-7 采购作业流程图

⑨供应商开始供货。

⑩货物送达后，仓储中心根据供应商发来的供货单进行商品检验，二者相符后，安排入库或根据配送要求进行备货。

2. 销售作业流程

销售作业流程是顾客通过因特网向业务管理部发出购物订单，业务管理部收到订单后，对订单加以确认；顾客确认订货后，业务管理部向仓储中心发出配送通知；仓储中心根据发货种类及数量向顾客发出配送通知，确定配送时间和配送数量，同时发出送货单，并送货。如图 5-8 所示。

为了进一步说明销售作业流程，我们将销售作业的业务过程分成如下步骤：

①顾客通过电子商务中心向业务管理部发出订单。

②电子商务中心将顾客的订单通过因特网传递给业务管理部。

③业务管理部在收到订单后，根据订单上的要求，通过电子商务中心进行订单确认，即确定订货的品种、数量及交货期。

④电子商务中心将业务管理部发出的订单确认信息发送给顾客。

⑤业务管理部在订单确认后，向仓储中心发出配送信息。

⑥仓储中心通过电子商务中心收到配送信息，安排配送。

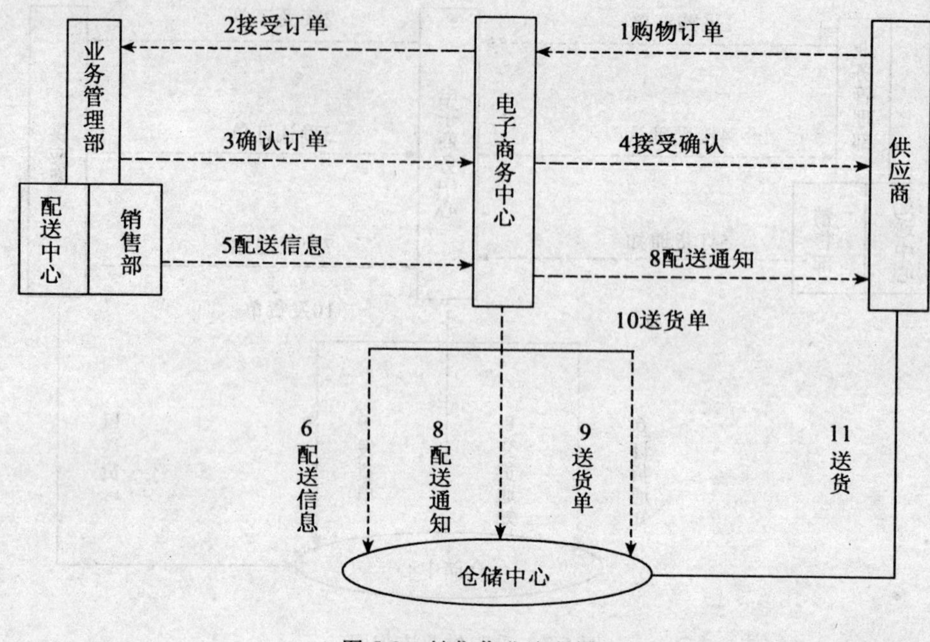

图 5-8　销售作业流程图

⑦仓储中心收到业务管理部的配送通知后，通过电子商务中心向顾客发出送货通知和送货单。

⑧顾客收到送货通知和送货单。

⑨仓储中心开始根据订货情况进行配送。

⑩货物送达后，顾客根据仓储中心发来的送货单进行商品检验、进行数量和质量的核实。

3. 仓储中心作业流程

仓储中心受业务管理部的统一管理，它的主要作业区是收货区、拣货区和发货区。业务管理部向供应商发出采购单，供应商接到订单后，根据订单上商品的种类和数量组织货品，并按订单上提供的地点送货，可以向一个仓库送货，也可以向多个仓库送货，也可以直接送到指定的客户手中。

当仓储中心收到供应商的送货单和货物后，在进货区对新进入的货物通过条形码扫描仪进行货物验收，确认发货单与货物一致后，对货物进行进一步处理，一部分货物直接放在发货区，属于直通型货物；另一部分货物属于存放型货物，要进行入库处理，即进入拣货区，拣货通过自动分拣输送系统，自动导向系统自动完成，即进入自动化仓库。当货物需要发货时，根据发货单上的显示，通过自动分拣输送设备将货物送到相应的装车线，对货物进行包装处理后，装车、送货。如图 5-9 所示。

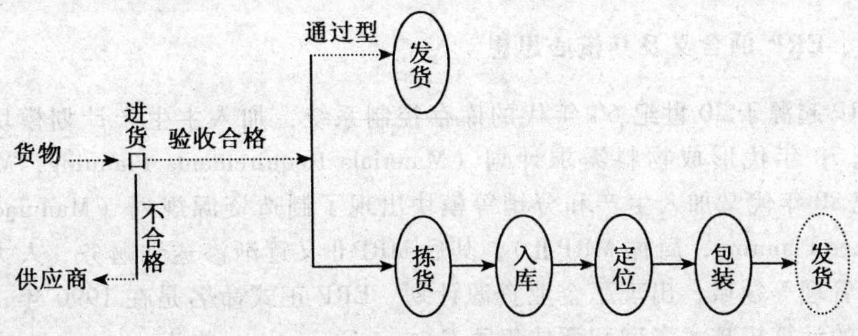

图 5-9　仓储中心作业流程图

为了进一步说明仓储中心作业流程，我们将仓储中心作业的业务过程分成如下步骤：

①供应商将商品送到仓储中心后，卸在指定的进货区，在进货区对进入的商品进行商品验收手续，然后对验收合格的商品办理入库手续。对于验收不合格的商品办理退货或调换手续。

②对于验收合格的商品，要填写验收合格单和入库单（包括商品的名称、数量、存放期限、存放位置等信息）。

③对于即将入库的商品，一部分是通过型商品，一部分是存放型商品。通过型商品是指不在仓库中停留、直接发货的商品。

④对于存放型的商品，利用电子化的物流设施送入指定存放区的库位。

⑤当仓库收到配送中心的配货清单后，按照清单的要求开始备货。

⑥备货结束后，开始送货。同时，将配送信息反馈给配送中心，以便配送中心进行库存量统计。

⑦商品送到用户手中后，用户有检验商品的过程，如果商品与送货单不符或者商品出现破损等情况时，则用户要求退货。对于退货的商品要送回仓储中心进行处理。

第三节　ERP（企业资源计划）系统

知识经济时代，企业所面临的管理难题是如何将信息系统和业务活动整合起来，以便有效地管理信息。企业资源计划（Enterprise Resource Planning，ERP）系统有助于企业解决这一难题，它把企业关键业务流程（包括订单处理、财务、生产、工资等）的应用软件模块整合成一个统一的应用系统。其好处在于能够改进服务，整合全球的物流系统，提高按期履行订单的能力，缩短货物交付时间，并实现从库存中心的生产转向需求驱动的生产。

一、ERP 的含义及其核心思想

ERP 起源于 20 世纪 60 年代的库存控制系统，加入主生产计划模块后于 20 世纪 70 年代形成物料需求计划（Materials Requirements Planning，MRP），20 世纪 80 年代又加入生产和分销等模块出现了制造资源规划（Manufacturing Resources Planning，简称 MRPⅡ），其后 MRPⅡ又逐渐渗透到财务、人力资源和项目管理等领域，出现了企业资源计划。ERP 正式命名是在 1990 年，由美国著名的计算机技术咨询和评估集团 Gartner Group Inc. 提出。

（一）ERP 的含义

ERP（企业资源计划）是指建立在信息技术基础上，以系统化的管理思想，为企业决策层和员工提供决策运行手段的管理平台。ERP 系统集中信息技术与先进的管理思想于一身，成为现代企业的运行模式，反映时代对企业合理调配资源、最大化地创造社会财富的要求，成为企业在信息时代生存、发展的基石。

可以从管理思想、软件产品、管理系统三个层次来定义 ERP：

第一，ERP 是一整套企业管理系统体系标准，其实质是在 MRPⅡ基础上进一步发展而成的面向供应链的管理思想。

第二，ERP 是综合应用了客户机/服务器体系、关系数据库结构、面向对象技术、图形用户界面、第四代语言（4GL）、网络通信等信息产业成果，以 ERP 管理思想为灵魂的软件产品。

第三，ERP 是整合了企业管理理念、业务流程、基础数据、人力物力、计算机硬件和软件于一体的企业资源管理系统。

厂房、生产线、加工设备、检测设备、运输工具等都是企业的硬件资源，人力、管理、信誉、融资能力、组织结构、员工的劳动热情等就是企业的软件资源。ERP 系统的管理对象便是上述各种资源及生产要素。通过 ERP 的使用，使企业的生产过程能及时、高质量地完成客户订单，最大程度地发挥这些资源的作用，并根据客户订单及生产状况做出调整资源的决策。

理解 ERP 时，应注意把握以下几点：

①ERP 不只是一个软件系统，而是一个集组织模型、企业规范和信息技术、实施方法为一体的综合管理应用体系。

②ERP 使得企业的管理核心从“在正确的时间制造和销售正确的产品”转移到了“在最佳的时间和地点，获得企业的最大利润”，这种管理方法和手段的应用范围也从制造企业扩展到了其他不同的行业。

③ERP 从满足动态监控，发展到了商务智能的引入，使得以往简单的事务处理系统，变成了真正具有智能化的管理控制系统。

④从软件结构而言，现在的 ERP 必须能够适应互联网，可以支持跨平台、多组织的应用，并和电子商务的应用具有广泛的数据、业务逻辑接口。

（二）ERP 的核心思想

对于企业来说，ERP 首先应该是管理思想，其次是管理手段与信息系统。管理思想是灵魂，但 ERP 先进的管理思想之所以能够实现，又同信息技术的发展和应用分不开。借助信息技术的飞速发展与应用，ERP 系统才可以将很多先进的管理思想变成现实中可实施应用的计算机软件系统。ERP 的核心管理思想是：

1. 帮助企业实现体制创新

新的管理机制必须能迅速提高工作效率，节约劳动成本。ERP 帮助企业实现体制创新的意义在于，它能够帮助企业建立一种新的管理体制，其特点在于能实现企业内部的相互监督和相互促进，并保证每个员工都自觉发挥最大的潜能去工作，使每个员工的报酬与他的劳动成果紧密相连，管理层也不会出现独裁现象。

ERP 作为一种先进的管理思想和手段，它所改变的不仅仅是某个人的个人行为或表象上的一个组织动作，而是从思想上去剔除管理者的旧观念，注入新观念。目前我国确实存在着这样一种现象，部分企业花巨资购买并实施了 ERP 系统，但由于管理体制的阻碍，不仅发挥不出该系统的作用，连企业基本的信息化也很难实现。

2. “以人为本”的竞争机制

近年来，许多企业都不约而同地提到了“以人为本”的管理思想。ERP 的管理思想认为，“以人为本”的前提是，必须在企业内部建立一种竞争机制，仅靠员工的自觉性和职业道德是不够的。因此，应首先在企业内部建立一种竞争机制，在此基础上，给每一个员工制定一个工作评价标准，并以此作为对员工的奖励标准，使每个员工都必须达到这个标准，并不断超越这个标准，而且越远越好。随着标准不断提高，生产效率也必然跟着提高。这样“以人为本”的管理方法就不会成为空泛的教条。

3. 把组织看做是一个社会系统

ERP 吸收了西方现代管理理论中社会系统学派的创始人巴纳德的管理思想，他把组织看做是一个社会系统，这个系统要求人们之间合作。在 ERP 的管理思想中，组织是一个协作的系统，应用 ERP 的现代企业管理思想，结合通信技术和网络技术，在组织内部建立起有效的信息交流沟通系统。这一系统能保证上级及时掌握情况，获得作为决策基础的准确信息，又能保证指令的顺利下达和执行。

这样一种信息交流系统的建立和维护，是一个组织存在与发展的首要条件，其后才谈得上组织的有效性和高效率。另外，在运用这一系统时，还应当注意信息交流、系统的完整性。

4. 以“供应链管理”为核心

ERP基于MRPⅡ，又超越了MRPⅡ。ERP系统在MRPⅡ的基础上扩展了管理范围，它把客户需求和企业内部的制造活动以及供应商的制造资源整合起来，这样就形成了以供应链为核心的ERP管理系统。供应链跨越了部门与企业，形成了以产品或服务为核心的业务流程。以制造业为例，供应链上的主要活动者包括原材料供应商、产品制造商、分销商与零售商和最终用户。

以供应链管理为核心的ERP系统，适应了企业在市场竞争激烈环境中生存与发展的需要，从整个市场竞争与社会需求出发，实现了社会资源的重组与业务的重组，大大改善了社会经济活动中物流与信息流运转的效率和有效性，消除了中间冗余的环节，减少了浪费，避免了延误。

5. 以“客户关系管理”为前台重要支撑

在以客户为中心的市场经济时代，企业关注的焦点逐渐由过去关注产品转移到关注客户上来。由于需要将更多的注意力集中到客户身上，关系营销、服务营销等理念层出不穷。与此同时，信息科技的长足发展从技术上为企业加强客户关系管理提供了强有力的支持。ERP系统在以供应链为核心的管理基础上，增加了客户关系管理后，将着重解决企业业务活动的自动化和流程改进，尤其是在销售、市场营销、客户服务和支持等与客户直接打交道的前台领域。

客户关系管理（CRM）能帮助企业最大限度地利用各种资源，并将之集中应用于现有客户和潜在客户身上。其目标是通过缩短销售周期和降低销售成本，通过寻求扩展业务所需的新市场和新渠道，并通过改进客户价值、客户满意度、盈利能力以及客户的忠诚度等方面来改善企业的管理。

6. 实现电子商务，全面整合企业内外资源

随着网络技术的飞速发展和电子化企业管理思想的出现，ERP也进行着不断的调整，以适应电子商务时代的来临。网络时代的ERP将使企业适应全球化竞争所引起的管理模式的变革，它采用最新的信息技术，呈现出数字化、网络化、集成化、智能化、柔性化、行业化和本地化的特点。

电子商务时代的ERP将围绕如何帮助企业实现管理模式的调整以及如何为企业提供电子商务解决方案来迎接知识经济时代的到来。它支持敏捷化企业的组织形式（动态联盟）、企业管理方式（以团队为核心的扁平化组织结构方式）和工作方式（并行工程和协同工作），通过计算机网络将企业、用户、供应商及其他商贸活动涉及的职能机构集成起来，完成信息流、物流和价值流的

有效转移与优化，包括企业内部运营的网络化、供应链管理、渠道管理和客户关系管理的网络化。电子商务时代的 ERP 系统还将充分利用 Internet 技术及信息集成技术，将供应链管理、客户关系管理、企业办公自动化等功能全面集成优化，以支持企业全面管理。

二、ERP 与 MRP

（一）MRP

物料需求计划（MRP）是 20 世纪 60 年代出现并于 20 世纪 70 年代在生产制造业发展起来的一种管理技术和方法。MRP 是根据在主生产计划表上何时需要物料来决定订货和生产的。在计算机应用之前，人工得用 6～13 周计算物料需求量，因此也只能按季度订货，这样的话，MRP 方法也不见得比先前管理方法优越。然而，在应用计算机之后，情况就大不相同了。计算机物料需求量的计算时间被缩短至 1～2 天，订货日期短，订货过程快，可以由每季订货改为每月订货。因此，MRP 成为人们公认的物料管理的好方法。

MRP 的基本原理是：根据需求和预测来确定未来物料供应和生产计划与控制的方法，它提供了物料需求的准确时间和数量。

使用 MRP 系统，对于具有一定生产能力的工厂来说，可以借助系统掌握在已知生产能力情况下能生产些什么；对于具有已定主生产计划的工厂来说，可以借助系统明确应生产些什么。MRP 系统不仅给出订单数量，而且特别强调所需要的时间。因此，系统的输出可以作为采购、生产等工厂中各项管理的输入，是各项管理的基础。

（二）MRP 与 ERP 的关系

1. MRP 是 ERP 的核心功能

任何制造业的经营生产活动都是围绕其产品开展的。制造业的信息系统也不例外，MRP 就是从产品的结构或物料清单（对食品、医药、化工行业则为“配方”）出发，实现了物料信息的集成。

通俗地说，MRP 是一种保证既不出现短缺，又不积压库存的计划方法，解决了制造业所关心的缺件与超储的矛盾。所有 ERP 软件都把 MRP 作为其生产计划与控制模块，MRP 是 ERP 系统不可缺少的核心功能。

2. MRPⅡ是 ERP 的重要组成

MRP 解决了企业物料供需信息集成，但是还没有说明企业的经营效益。MRPⅡ同 MRP 的主要区别就是它运用管理会计的概念，用货币形式说明了执行企业“物料计划”带来的效益，实现物料信息同资金信息集成。

衡量企业经营效益首先要计算产品成本，产品成本的实际发生过程，还要以 MRP 系统的产品结构为基础，从最底层采购件的材料费开始，逐层向上将每一件物料的材料费、人工费和制造费（间接成本）累积，得出每一层零部件直至最终产品的成本，再进一步结合市场营销，分析各类产品的获利性。MRPⅡ把传统的账务处理同发生账务的事务结合起来，不仅说明账务的资金现状，而且追溯资金的来龙去脉。例如将体现债务债权关系的应付账、应收账同采购业务和销售业务集成起来、同供应商或客户的业绩或信誉集成起来、同销售和生产计划集成起来等，使与生产相关的账务信息直接由生产活动生成。在反映业务处理的相关的会计科目之间，按设定的借贷关系，自动转账登录，这样就保证了“资金流（财务账）”和“物流（实物账）”的同步与一致，改变了资金信息滞后于物料信息的状况，便于实时做出决策。

ERP是一个高度集成的信息系统，它必然体现物流信息同资金流信息的集成。传统的MRPⅡ系统主要包括的制造、供销和财务三大部分依然是ERP系统不可跨越的重要组成。所以，MRPⅡ的信息集成内容既然已经包括在ERP系统之中，就没有必要再突出MRPⅡ。形象地说，MRPⅡ已经“融化”在ERP之中，而不是“不再存在”。

总之，从管理信息集成的角度来看，从MRP到MRPⅡ再到ERP，是制造业管理信息集成的不断扩展和深化，每一次进展都是一次重大质的飞跃。然而，又是一脉相承的。

3. ERP同MRPⅡ的区别

随着实践的发展，ERP至今已有了更深的内涵，它与MRPⅡ的主要区别有：

（1）二者在资源管理方面的差别

MRPⅡ系统主要侧重对企业内部人、财、物等资源的管理；ERP系统则提出了供应链的概念，即把客户需求和企业内部的制造活动以及供应商的制造资源整合在一起，并对供应链上的所有环节进行有效管理。

（2）二者在生产管理方面的差别

MRPⅡ系统把企业归类为几种典型的生产方式来进行管理，如重复制造、批量生产、按订单生产、接订单装配、按库存生产等，针对每一种类型都有一套管理标准。而在20世纪80年代末，企业为了紧跟市场的变化，多品种、小批量生产以及看板生产成为企业主要采用的生产方式，而ERP系统则能很好地支持和管理这种混合型的制造环境，满足了企业多元化的经营需求。

（3）二者在管理功能方面的差别

ERP系统除MRPⅡ系统的制造、分销、财务管理功能外，还增加了支持整个供应链上物料流通体系中供、产、需各个环节之间的运输管理和仓库管理；支持生产保障体系的质量管理、实验室管理、设备维修和备品备件管理；支持对工作流（业务处理流程）的管理。

(4) 二者在事务处理方面的差别

MRPⅡ系统是通过计划的及时滚动来控制整个生产过程，它的实时性较差，一般只能实现事中控制。而 ERP 系统支持在线分析处理 OLAP（On-line Analytical Processing）、售后服务及质量反馈，强调企业的事前控制能力，它可以将设计、制造、销售、运输等通过集成进行各种相关的作业，为企业提供了对质量、适应变化、客户满意、绩效等关键问题的实时分析能力。

此外，MRPⅡ系统中，财务系统只是一个信息的归结者，它的功能是将供、产、销中的数量信息转变为价值信息，是物流的价值反映；而 ERP 系统则将财务功能和价值控制功能集成到整个供应链上，如在生产计划系统中，除了保留原有的主生产计划、物料需求计划和能力计划外，还扩展了销售执行计划和利润计划。

(5) 二者在跨国或跨地区经营事务处理方面的差别

电子商务的发展使企业内部各个组织单元之间、企业与外部的业务单元之间的协调变得越来越多和越来越重要，ERP 系统运用完善的组织架构，从而可以支持跨国经营的多国家、多地区、多工厂、多语种、多币制应用需求。

(6) 二者在计算机信息处理技术方面的差别

随着 IT 技术的飞速发展，网络通信技术的应用，使 ERP 系统得以实现对整个供应链信息进行集成管理。ERP 系统除了已经普遍采用的诸如图形用户界面技术（GUI）、SQL 结构化查询语言、关系数据库管理系统（RD-BMS）、面向对象技术（OOT）、第四代语言/计算机辅助软件工程、客户机/服务器和分布式数据处理系统等技术之外，还要实现更为开放的不同平台互操作，采用适用于网络技术的编程软件，加强用户自定义的灵活性和可配置性功能，以适应不同行业用户的需要。网络通信技术的应用，使 ERP 系统得以实现供应链管理的信息集成。

三、ERP 的主要功能模块

ERP 是将企业所有资源进行整合集成管理，简单地说是将企业的物流、资金流、信息流实施全面一体化管理。虽然 ERP 系统最初是为制造业服务的，但目前已广泛应用于各种类型的企业，一些非生产型、公益事业的企业也可导入 ERP 系统进行资源计划和管理。目前，ERP 专业开发商大多仍以生产制造型企业为对象，开发 ERP 软件的特点虽各有不同，但主要功能模块大同小异。国外公司中有代表性的有 SAP、Oracle、SSA、People Soft 等，国内公司有用友、金蝶、开思、利玛等。

一般来说，ERP 包含了财务管理、生产控制管理、物流管理三大部分，这三大系统本身就是集成体，他们互相之间有相应的接口，能够很好的整合以便对企业进行管理。另外，随着企业对人力资源管理重视的加强，已经有越来越多的 ERP 软件商将人力资源管理纳入 ERP 系统，作为 ERP 系统的一个重要组成部分。ERP 各部分所涉及的功能模块具体有：

1. 财务管理模块

ERP 中的财务模块提供一套通用记账系统，保证资产负债表与损益表的及时更新。除此以外，还进行资产管理，提供有关经营成果的报告，使企业管理决策得以建立在客观、及时的信息基础之上，协助完成企业的整体控制。

一般的 ERP 软件，其财务模块包括会计核算和财务管理两大部分。会计核算模块主要是记录、核算、反映和分析资金在企业经济活动中的变动过程及其结果，由总账、应收账、应付账、现金、固定资产、多币制等部分构成。财务管理模块主要是对会计核算的数据加以分析，进行相应的预测、管理和控制活动，由财务计划、财务分析、财务决策等构成。

2. 生产控制管理模块

这一部分是 ERP 系统的核心，是一种以计划为导向的生产管理方法，将企业确定的总生产计划，经过系统层层细分以后，下达到各部门执行，即生产部门以此生产，采购部门按此采购等。生产控制管理可以使企业的整个生产过程有机地结合在一起，使原本分散的生产流程能够前后连贯地自动连接，从而缩短交货时间，降低库存，提高效率。一般包括主生产计划、物料需求计划、能力需求计划、车间作业控制和制造标准等部分。

3. 物流管理模块

物流模块可以实现对供应、生产、销售整个过程和各个环节的物料进行管理。一般包括分销管理、库存控制、采购管理等部分。

4. 人力资源管理模块

该模块可以提供一个综合的人力资源管理系统，它与传统的人事管理不同，包含了人事计划、员工招聘、工资核算、人力资源规划辅助决策等。

四、ERP 的实施

在引入 ERP 系统的过程中，实施是一个极其关键也是最容易被忽视的环节。因为，实施的成败最终决定着 ERP 效益的充分发挥。一个典型的 ERP 实施进程主要包括以下几个阶段：

1. 项目的前期工作（软件安装之前的阶段）

这个阶段非常重要，关系到项目的成败，但往往为实际操作所忽视。主要包括：

①领导层培训及 ERP 原理的培训。主要的培训对象是企业高层领导及今后 ERP 项目组人员，使他们掌握 ERP 的基本原理和管理思想。这是 ERP 系统

应用成功的思想基础。

②企业诊断。实施 ERP 要对企业现行管理的业务流程和存在的问题进行评议和诊断，找出问题，寻求解决方案，用书面形式明确预期目标。

③需求分析，确定目标。企业在准备应用 ERP 系统之前，还需要理智地进行立项分析，并将分析的结果写成需求分析和投资效益分析正式书面报告，从而做出是否上 ERP 项目的正确决策。

④软件选型。从"用户化"和"本地化"的角度来为 ERP 选型，即在选型过程中，弄清楚企业的需求，以及软件的管理思想和功能是否满足企业的需求。

2. 实施准备阶段（包括数据和各种参数的准备及设置）

这一阶段要建立的项目组织和所需的一些静态数据可以在选定软件之前就着手准备和设置。在这个准备阶段中要做这样几项工作：

①项目组织。ERP 的实施是一个大型的系统工程，需要组织上的保证，这直接影响到项目的实施周期和成败。项目组织包括领导小组、项目实施小组和业务组。

②数据准备。要对一系列基础数据进行准备和录入，包括一些产品、工艺、库存等信息，还包括一些参数的设置，如系统安装调试所需信息、财务信息、需求信息等。

③系统安装调试。将系统装到企业中并进行一系列的调试活动。

④软件原型测试。对安装系统进行全面测试，要求各个部门的人员都应该同时参与，以便找出不足的方面，进行用户化或二次开发。

3. 模拟运行及用户化

①模拟运行及用户化。在基本掌握软件功能的基础上，选择代表产品，将各种必要的数据录入系统，带着企业日常工作中经常遇到的问题，组织项目小组进行实战性模拟，提出解决方案。

②制定工作准则与工作规程。针对实施中出现的问题，按项目小组提出的解决方案，将与之对应的工作准则与工作规程初步制定出来，并在以后的实践中不断完善。

③验收。进入现场运行之前必须经过企业最高领导的审批和验收通过，以确保 ERP 的实施质量。

④新系统运行与维护。根据企业的条件，可以各模块平行一次性实施，也可以先实施一两个模块。一个新系统被应用到企业后，有必要对系统实施的结果进行自我评价，判断是否达到了最初的目标，并不断维护和提高。

ERP 系统的实施对于企业来讲就是一次管理上的改革，在项目实施中不能单纯将原有的管理模式用计算机来运行，而必须融入先进的 ERP 管理模式。

计算机只是一种实现的工具。实施 ERP 是企业的一个系统工程，它覆盖了从计划、采购、库存、生产管理、销售与分销、财务、售后服务、成本核算等部分，涉及了企业的方方面面，只有企业全体员工的共同参与才能保证实施成功。

本章小结

电子商务物流系统是指在实现电子商务特定过程的时间和空间范围内，由所需位移的商品（或物资）、包装设备、装卸搬运机械、运输工具、仓储设施、人员和通信联系设施等若干相互制约的动态要素所构成的具有特定功能的有机整体。其目标，是实现电子商务物流的合理化，以最低的费用支出完成商品实体从供应地向消费地的运动。

电子商务下，不同类型企业的物流业务流程表现出各自的特点。总的来说，新型的电子商务物流系统可以使商品流通较传统的物流和配送方式更容易实现信息化、自动化、现代化、社会化、智能化、合理化和简单化。

为了有效地将信息系统和业务活动整合起来，企业有必要实施 ERP（企业资源计划），它是建立在信息技术基础上，以系统化的管理思想，为企业决策层和员工提供决策运行手段的管理平台，有助于企业整合全球的物流系统，改进服务并提高效率。

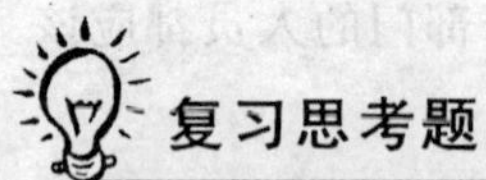

复习思考题

1. 物流系统的概念、特点是什么？
2. 物流系统有哪些结构？具有哪些分类？
3. 什么是电子商务物流系统？它由哪些模块组成？
4. 电子商务物流系统与传统物流系统的区别有哪些？
5. 电子商务物流系统化管理的概念和目标各是什么？
6. 比较传统商务下和电子商务下制造业的业务流程，它们的区别有哪些？
7. 画出电子商务下物流企业的采购作业流程，并阐述其业务过程。
8. 什么是 ERP？其核心思想有哪些？
9. ERP 与 MRP 有什么关系？它们之间有哪些区别？
10. 如何有效实施 ERP？

实践练习

一、实践项目

ERP系统实训练习。

二、实践目的

通过实训操作熟悉ERP系统的功能模块；通过感性认识加深对ERP及电子商务物流系统化管理的理解。

三、实践要求

应用某一ERP系统，掌握ERP中物流管理的基本操作流程。

四、实训步骤

1. 练习基本采购业务流程。

2. 练习基本销售业务流程。

五、实践结果

自动生成记账凭证，据此学生完成实践报告。

第六章　电子商务物流服务与成本管理

导　读

用户总希望少付费用而满足自己所有的服务要求，而物流服务提供商则希望在高质量服务时能够得到高的效益回报。一般来讲，高质量的商品是与较高的价格相关联的，提高质量要求，价格随之上升；优质物流服务与物流成本相关联，提高物流服务水平，物流成本随之上升。这一矛盾如何解决?

因此，如何管理物流成本与物流服务，在两者之间寻求平衡，以尽可能低的物流成本来提供尽可能好的物流服务，就成为本章要阐述的主要问题。

导读案例六

邮政快递携手阿里巴巴为中国电子商务注入活力

2006年11月22日，中国国家邮政局与阿里巴巴集团共同签订电子商务战略合作框架协议，双方将在电子商务信息流、资金流、物流等层面达成全面、长期的战略合作伙伴关系，共同拓展电子商务市场。

一连串数据足以让这次合作引得业界关注。截至2005年底，作为中国乃至全球最大的物流配送机构，中国邮政拥有全国20多万个物流配送点，同时下属36 000多个储蓄点以及2.7亿储户，邮政储蓄存款余额达到13 000亿元，而阿里巴巴集团旗下有国内最大的B2B网站，在C2C市场淘宝网占有60%以上的份额，支付宝则占有国内第三方支付市场最多的份额。

根据中国互联网研究中心CNNIC于2007年7月的调查报告显示，目前有25%的网民会进行网上购物活动，有4%的网民正在从事网上销售。而在此前，2007年元月份的报告中并没有反映出网上购物和销售的数据情况，可见邮政携手电子商务为网络营销注入了新的活力。

在经历信息流、商流和资金流的电子化之后，物流电子化逐渐成为现实，电子商务也将由城市逐渐渗透到农村，这些都标志着电子商务2.0时代的到来。

一、被物流所束缚的电子商务将乘此东风飞速发展

按照此次合作协议，国家邮政局下属的中国速递服务公司（EMS）与阿里巴巴旗下第三方网络支付平台——浙江支付宝网络科技有限公司将全面进行产品整合，EMS成为支付宝第四家也是最大的一家电子商务支付宝推荐物流服务提供商，支付宝将增加EMS标准服务（简称E标准）和e邮宝作为支付宝推荐物流。

特别地，e邮宝（EMS电子商务经济快递）价格较普通EMS有较大幅度下降，例如：EMS国内起重资费为20元，而e邮宝的省际起重资费为15元，省内以及江浙沪互寄和京津互寄起重资费更是低至10元，e邮宝的推出将为从事电子商务的个人卖家节约更多成本。

阿里巴巴强大的电子商务产品线和中国邮政无人可及的物流实体网络优势的结合会是一对天作之合。对于传统电子商务网站，只有在物流环节形成强大的“物流联盟”，以支撑起整个电子商务产业的物流体系，也许才是突破瓶颈的真正出路。

所谓物流联盟，是指电子商务网站以及邮政、快递等物流企业组成的物流产业链，电子商务网站在其中扮演产业链的催生及带动者，对目前物流资源进行合理而高效的整合与利用。在2005年6月支付宝就和一些知名物流公司合作，为网络用户提供推荐物流服务。支付宝的系统跟物流公司的网络系统进行对接，用户的货运运输信息通过支付宝传递给物流公司，物流公司根据得到的信息安排人员上门取件，并将派揽信息传回支付宝，同时用户享有支付宝与推荐物流公司协定的“推荐物流赔付制度”。

不管对于物流公司，还是电子商务公司来讲，这都将是一场双赢。支付宝日交易的飞速增加，也帮助物流商本身挺进了更广阔的市场，促进了物流公司的现代化发展。

二、完善赔付制度保障买卖双方利益

从1998年3月第一笔网上银行进行的电子支付交易成功开始，这项业务发展十分迅猛，2004年电子支付交易额约74亿元人民币，2005年增加到160多亿元。网上支付手段开始为更多的人所接受。果然，2006年电子支付交易额达到了330亿元，而2007年此数据更是突破了600亿元。

我国网民人数早已过亿，但是安全和物流方面的问题仍然让网民对网上支付持“观望态度”。2005年支付宝率先喊出“你敢用，我就敢赔”的口号，支付宝的“全额赔付”是如果在成交协议后，卖家没有向买家寄送货品或者买家收到的物品与描述不符，那么淘宝作为第三方监管将为买家提供与货品价值等额的“全额赔付”，同时保障了买家和卖家的利

益。

整合物流之后，支付宝在“全额赔付”制度的基础上，2006年又推出“推荐物流赔付制度”，在支付宝交易过程中，卖家在交易中直接使用支付宝系统下订单的方式选择推荐物流服务，将享有支付宝与推荐物流公司协定的相应理赔内容：对于物品在运输过程中的遗失、破损，及非本人签收给客户造成的损失，都能得到相应的赔偿。买卖双方的利益得到了保障，此次与中国邮政合作的“e邮宝”同样提供赔付服务。

三、7亿多农民有望安全汇款网购

截至2005年底，中国大约有57%的人口居住在农村地区。2004年中国就启动了“村村通”工程，意在使所有的农村都能够进行通信。这一工程计划通过三个步骤来实现这一目标：基础网络架构、信息平台和电子商务。未来农村地区宽带市场的增长潜力将十分巨大，尤其是无线/移动宽带技术的成本降低以后更是如此。宽带的普及无疑将会给电子商务带来巨大的商机。

此次中国邮政与阿里巴巴合作，除了在物流方面外，在双方资金流层面的合作中，将包含两部分的产品内容：一个是基于邮政绿卡业务的网上支付业务；另一个是基于汇兑业务的电子商务汇款业务。

通过本次合作，对于邮政绿卡用户，只要登录其开通网上支付业务的账户，即可轻松通过支付宝进行网上购物；对非邮政绿卡用户，则可以直接用现金在邮政柜台生成电子商务汇款单，同时在柜台预留密码，用户只要到支付宝网站填写汇款单汇兑号以及预留的密码，就可实时给支付宝账户充值，参与网上购物消费。

中国邮政储蓄在农村有着很高的覆盖率，对于促进农村网民网络购物有着明显的影响。目前，邮政储蓄早已遍布全国、覆盖城乡，营业网点超过了36 000多个（县及县以下农村网点占2/3以上），系国内网点数量最多的金融机构，也是全国最大的个人汇款网络。网络购物不再需要银行卡，直接用现金汇款即可对支付宝账户进行充值和网上购物，对居住在农村的网民带来极大的便利，只要到有邮政储蓄网点的地方即可给网上账户充值。

与传统汇款网络购物不同的是，通过汇款到支付宝充值网络购物，可以充分享受支付宝提供的“全额赔付”服务，不用担心网络购物受骗的情况发生。有数据显示，截至2005年末，全国邮政储蓄存款高达13 000亿元，在整个储蓄市场占有率为9.56%，邮政储户已达2.7亿户，储蓄规模仅次于中、农、工、建四家国有商业银行。目前中国邮政平均2亿多的汇款客户，年汇款额达2 400亿元。而网络购物已经逐步成为网民中生活的一部分。《2006 年第三季度淘宝网上购物报告》显示，2006 年第 3 季度，人均季度网上购物金额为 572 元；而 2005 年同期人均网上购物金额为 273 元，同比增长了 109%。这表明双方在电子商务市场的合作前景十分广阔。

（资料来源：www.ems.com.cn，根据 http：//hi.baidu.com/24xiaoshi/blog/item/573b91d691e9c02f06088b2c.html 资料改编。）

[思考问题]

1. 淘宝网在提高物流服务水平方面采取了哪些有效措施？它为什么会选择与中国邮政合作？

2. 中国邮政作为一家"老牌号"的物流服务提供商进军电子商务市场，你认为它有何优势？还存在哪些问题？应如何改进？

3. 你认为，中国邮政携手阿里巴巴和淘宝会给中国的电子商务带来怎样的发展契机？

第一节 物流服务与成本管理概述

在买方市场条件下，客户具有终极话语权。因此，企业要保证其市场地位，就必须尽可能满足客户服务要求。显然，满足客户服务要求的过程还受到企业投入资源的能力制约。所以，企业必须在物流服务成本和客户服务要求之间进行经济权衡。

一、物流服务与物流成本的基本概念

（一）物流服务

物流活动的目的是满足顾客对于商品时间效用和空间效用上的需求，因此物流的过程实质上是提供满足顾客该种需求的服务。从狭义上讲，物流服务是对客户商品利用可能性的一种保证。其内涵包括三个要素：

（1）拥有客户所期望的商品（备货保证）

（2）在客户所期望的时间内传递商品（输送保证）

（3）符合客户所期望的质量（质量保证）

物流服务的内容是满足货主的需求。在量上满足货主的需求主要表现在适量性、多批次、广泛性；在质上满足货主的需求主要表现在安全、准确、迅速、经济等。具体来说，为满足货主的需求，物流服务的基本内容包括运输、配送、保管、装卸搬运、包装、流通加工和相关信息处理。

物流服务具有以下特性：

（1）从属性

物流服务必须从属于货主企业物流系统，表现在流通货物的种类、流通时间、流通方式、提货配送方式都是由货主选择决定，物流业只是按照货主的需求，提供相应的物流服务。

（2）即时性

物流服务属于非物质形态的劳动。它生产的不是有形的产品，而是一种伴随销售同时开展的即时服务。

（3）移动性和分散性

物流服务是以分布广泛，大多数是不固定的客户为对象，具有移动性及面广分散的特性，它的移动性和分散性会使产业局部的供需平衡，也会给经营管理带来一定的难度。

（4）需求波动性

物流服务是以数量多而又不固定的顾客为对象，他们的需求在方式和数量上是多变的，有很大的波动性，容易造成供需失衡。

（5）可替代性

由于一般企业都可能具有自营运输、保管等自营物流的能力，使得物流服务从供货力方面来看富于替代性。

（二）物流成本

1962 年，美国著名的管理学家德鲁克在《经济的黑暗大陆》一文中指出“流通是经济领域里的黑暗大陆”，提出物流是降低成本的最后领域，强调高度重视物流管理，引发了企业界和学术界对物流成本的广泛关注。1970 年日本早稻田大学教授、权威物流成本研究学者西泽修先生提出物流是“第三利润源泉”，指出通过物流合理化降低物流成本，成为继降低制造成本和扩大销售获取利润之后，企业获取利润的第三个源泉。

物流成本是指伴随着企业的物流活动而发生的各种费用，是物流活动中所消耗的物化劳动和活劳动的货币表现，由三部分构成：一是伴随着物资的物理性活动发生的费用以及从事这些活动所必需的设备和设施的费用；二是物流信息的传送和处理活动发生的费用以及从事这些活动所必需的设备和设施的费用；三是对上述活动进行综合管理的费用。

物流成本有广义和狭义之分。

狭义的物流成本是指物流对象在包装、装卸搬运、运输、储存、流通加工等各物流活动过程中所支出的人力、财力、物力之总和。

在我们常见的财务账簿上主要是从包装费、装卸搬运费、运输费、储存费、加工费等方面体现出来。

广义的物流成本是指在生产、流通、消费全过程中物流对象实体与价值变化而发生的全部费用。

它具体包括了从生产企业内部原材料的采购、供应开始，经过生产制造过程中的半成品、产成品的仓储、装卸搬运、包装、运输，到产品在消费领域发生的验收、分类、仓储、保管、配送以及废品回收等发生的所有成本。其中包括了物流过程中的显性成本，还包括了不为企业所注意的隐性成本。

（三）物流服务水平与物流成本的关系

高水平的物流服务需要靠高的物流成本来保证，企业很难做到既提高了物流服务水平，又降低了物流成本，除非有较大的技术进步。一般说来，物流服务与物流成本之间存在着效益背反，并且呈非线性关系，如图 6-1 所示。

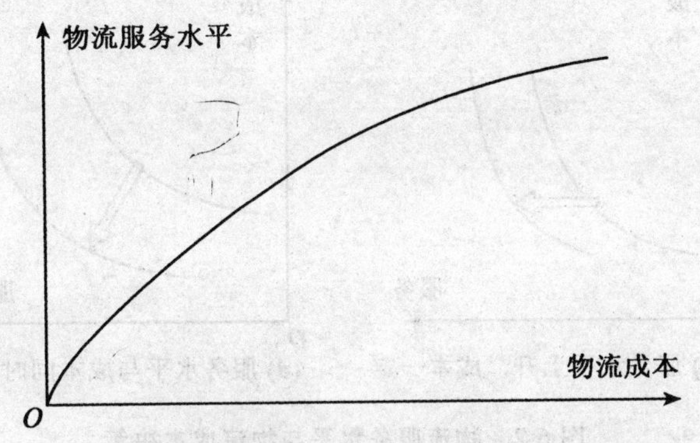

图 6-1　物流服务水平与物流成本之间的关系

从图 6-1 中可以看出，物流服务水平达到一定程度后，加大投入成本并不能得到同比例的物流服务水平的增长。与处于竞争状态的其他企业相比，在处于相当高的服务水平的情况下，要想超过竞争对手，提出并维持更高的服务标准就需要有更多的投入，可以说，两者之间的关系适用于收益递减法则。

由于物流成本与物流服务水平之间存在着“二律背反”的关系，企业很难在付出较低成本的情况下获得高水平的物流服务，所以在具体的决策过程中必须有所取舍。一般而言，在对物流成本与服务水平进行决策时，通常有以下四种方法：

①在物流服务水平一定的情况下，通过改进物流系统尽量降低物流成本。亦即在实现既定物流服务水平的条件下，通过不断降低成本来追求物流系统的改善，这是一种尽量降低成本来维持一定服务水平的办法，亦即追求效益的做法。如图 6-2 中 a 图所示。

②为了迎合特定客户的需求或迎接竞争对手的挑战，不惜增加物流成本来

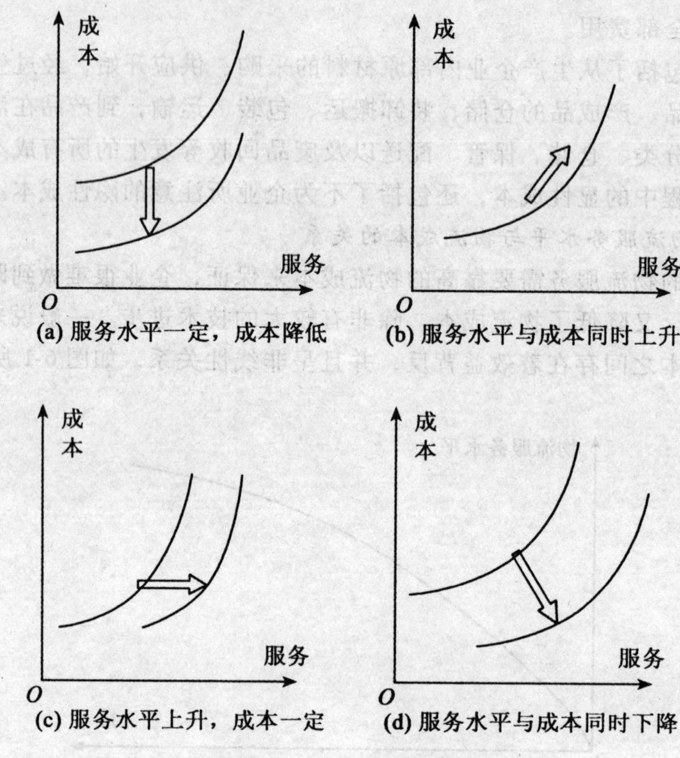

图 6-2　物流服务水平与物流成本决策

提高物流服务水平，这也是大部分企业提高物流服务所采用的做法。如图 6-2 中 b 图所示。

③保持成本不变，有效利用物流成本的性能，挖掘潜力，提高服务水平，这是灵活、有效利用物流成本，追求成本绩效的一种做法。如图 6-2 中 c 图所示。

④用较低的物流成本，实现较高的物流服务。这是增加销售、增加效益，具有战略意义的做法。如图 6-2 中 d 图所示。

以上做法，企业究竟如何选择，应通盘考虑商品战略和地区销售战略，流通战略和竞争对手，物流成本、物流系统所处的环境，以及物流系统负责人所采用的方针等各方面的情况后再做决定。

二、物流服务与物流成本管理的基本思想

虽然物流成本与物流服务之间的关系错综复杂，到底如何权衡，如何抉择需要视外部环境以及企业战略来决定，但是仍然有一些通用的做法可以对物流

成本和物流服务进行管理，在不降低物流服务水平的前提下减少物流成本或者在不增加物流成本的情况下提高服务水平，甚至在降低成本的同时提高服务水平。

（一）系统管理

物流成本与企业经营管理各方面是相互联结、相互制约的，在进行物流管理的时候既不能孤立地看待物流成本，也不能孤立地看待物流服务。事实上，大部分物流成本的提高并非因为操作不当引起的，而是由于企业采购、生产、销售各部门在不了解物流成本的前提下进行了决策，而这些决策或多或少需要提高物流成本才能实现，最后导致了物流成本的提高，而服务水平并没有上升。

因此在做物流成本与服务管理的时候，要全面解析物流成本与企业各项经营活动的关系，正确把握企业物流成本的结构。根据企业自身的特点，来确定采购物流，生产物流，销售物流及逆向物流的成本和各自的服务水平，更加有效利用物流成本，提高物流服务水平。

（二）流程管理

在进行物流服务与物流成本决策的时候要进行流程管理。在系统管理的前提下，拆分每一个物流作业，将物流作业化整为零变成物流步骤来进行分析。

在此基础上，综合考虑客户的期望程度之后，再进行决策。具体而言，可分为以下三种情况：

①客户抱有期望的物流服务。这里的客户概念是广义的，包括企业内部的员工以及企业外部的批发商、零售商及最终消费者等。不同的客户对物流服务的需求是不一样的，同样的服务针对不同的客户可能产生相反的效果。所以在做物流服务的时候，要考虑到客户的需求和期望。

②客户虽然不期望，但是企业做了之后客户可以察觉，可以知道。这类物流服务多是附加服务，客户对此没有期望，但是企业做了之后能被客户知道，增加了客户价值，从长远来看必将提升物流服务水平。

③客户不期望，而且企业做了之后客户也无法察觉的物流服务即无效物流作业。如仓库里采用全自动化设施还是半自动化进行运作，客户不在乎，他们所在乎的是货物的质量能否保证；为保证该客户的准时供应开了几次会，进行了几次车辆检查等，客户不需要知道，客户想知道的是最后是否能按时供应。

这三种情况中，首先要做到的是客户抱有期望的物流服务，因为这一部分涉及客户的满意程度也就是物流服务水平，不仅要做，而且要做好。然后是客户不期望但是可知道的物流服务，在不牺牲大量成本的情况下，可以提高客户价值。至于客户没有期望的物流服务流程，应尽可能减少以降低成本。这样操作下来就能够更加有效地利用物流成本，并使得在物流成本下降的同时服务水平不会降低，甚至升高。

总体来说，降低物流成本与提高服务质量相辅相成，要灵活运用。著名零售业巨头沃尔玛，在降低物流成本与提高服务质量上为国内物流做出了一个很好的榜样。对内，尽可能去降低物流成本，使得利润最大化，但它们对应该支出的成本从来不吝啬，做到该出手时就出手；对外，不断提高服务质量更是势在必行，无可挑剔的服务质量为企业带来了源源不断的未来客户与潜在客户，为企业注入新的生命力。

第二节　电子商务物流服务管理

一、电子商务物流服务的内容

电子商务与非电子商务就实现商品销售的本质来讲并无区别，物流是实现销售过程的最终环节，但由于采用不同形式，使一部分特殊服务变得格外重要。因此，设计电子商务的物流服务内容时应反映这一特点。概括起来，电子商务的物流服务内容可以分为以下两个方面：

（一）销售物流服务

1. 运输功能

无论是由网站经营者还是由第三方提供物流服务，都必需将消费者的订货送到消费者指定的地点。电子商务服务提供商可以简单地购买或租用车辆送货，但这样做物流成本肯定很高，比较理想的方案是将该业务外包给第三方经营物流者。第三方一般自己拥有或掌握有一定规模的运输工具，具有竞争优势的第三方物流经营者的物流设施不仅仅在一个点上，而是一个覆盖全国或一个大的区域的网络。因此，第三方物流服务提供商首先可能要为客户设计最合适的物流系统，选择满足客户需要的运输方式，然后具体组织网络内部的运输作业，在规定的时间内将客户的商品运抵目的地，除了在交货点交货需要客户配合外，整个运输过程，包括最后的市内配送都应由第三方物流经营者完成，以尽可能方便客户。

2. 储存功能

电子商务既需要建立因特网网站，同时又需要建立或具备物流中心，而物流中心的主要设施之一就是仓库及附属设备。需要注意的是，电子商务服务提供商的目的不是要在物流中心的仓库中储存商品，而是要通过仓储保证市场分销活动的开展，同时尽可能降低库存占压的资金，减少储存成本。因此，提供社会化物流服务的公共型物流中心需要配备高效率的分拣、传送、储存、拣选设备。

在电子商务方案中，可以利用电子商务的信息网络，尽可能地通过完善的信息沟通，将实物库存暂时用信息代替，即将信息作为虚拟库存（Virtual Inventory）。办法可以是建立需求端数据自动收集系统（ADC：Automated Data Collection），在供应链的不同环节采用 EDI 交换数据，建立 Intranet，为用户提供 WEB 服务器便于数据实时更新和浏览查询，一些生产厂商和下游的经销商、物流服务商共用数据库，共享库存信息等。目的都是尽量减少实物库存水平但并不降低供货服务水平。那些能将供应链上各环节的信息系统有效集成，并能取得以尽可能低的库存水平满足营销需要的电子商务方案提供商，将是竞争的真正领先者。

3. 装卸搬运功能

这是为了加快商品的流通速度必须具备的功能，无论是传统的商务活动还是电子商务活动，都必须配备具备一定的装卸搬运能力，第三方物流服务提供商应该提供更加专业化的装载、卸载、提升、运送、码垛等装卸搬运机械，以提高装卸搬运作业效率，降低订货周期，减少作业对商品造成的破损。

4. 包装功能

物流的包装作业目的不是要改变商品的销售包装，而在于通过对销售包装进行组合、拼配、加固，形成适于物流和配送的组合包装单元。

5. 流通加工功能

主要目的是方便生产或销售，专业化的物流中心常常与固定的制造商或分销商进行长期合作，为制造商或分销商完成一定的加工作业，比如贴标签、制作并粘贴条形码等。

6. 物流信息处理功能

由于现代物流系统的运作已经离不开计算机，因此将各个物流环节各种物流作业的信息进行实时采集、分析、传递，并向货主提供各种作业明细信息及咨询信息，这是相当重要的。

（二）增值性物流服务

除了上述传统的物流服务外，电子商务还需要增值性的物流服务，具体包括以下几层含义和内容：

1. 增加便利性的服务

一切能够简化手续、简化操作的服务都是增值性服务。在提供电子商务的物流服务时，推行一条龙门到门服务、提供完备的操作或作业提示、免培训、免维护、省力化设计或安装、代办业务、一张面孔接待客户、24 小时营业、自动订货、传递信息和转账（利用 EOS、EDI、EFT）、物流全过程追踪等都是对电子商务销售有用的增值性服务。

2. 加快反应速度的服务

快速反应（Quick Response）已经成为物流发展的动力之一。传统观点和做法将加快反应速度变成单纯对快速运输的一种要求，但在需求方对速度的要求越来越高的情况下，它也变成了一种约束，因此必须想其他的办法来提高速度。所以第二种办法，也是具有重大推广价值的增值性物流服务方案，应该是优化电子商务系统的配送中心、物流中心网络，重新设计适合电子商务的流通渠道，以此来减少物流环节、简化物流过程，提高物流系统的快速反应性能。

3. 降低成本的服务

电子商务发展的前期，物流成本将会高居不下，有些企业可能会因为根本承受不了这种高成本退出电子商务领域，或者是选择性地将电子商务的物流服务外包出去，这是很自然的事情，因此发展电子商务，一开始就应该寻找能够降低物流成本的物流方案。

企业可以考虑的方案包括：采取物流共同化计划。同时，如果具有一定商务规模的电子商务企业，则可以通过采用比较适用但投资比较少的物流技术和设施、设备，或推行物流管理技术，如运筹学中的管理技术、单品管理技术、条形码技术和信息技术等，提高物流的效率和效益，降低物流成本。

4. 延伸服务

向上可以延伸到市场调查与预测、采购及订单处理；向下可以延伸到配送、物流咨询、物流方案的选择与规划、库存控制决策建议、货款回收与结算、教育与培训、物流系统设计与规划方案的制作等。

关于结算功能，物流的结算不仅仅只是物流费用的结算，在从事代理、配送的情况下，物流服务商还要替货主向收货人结算货款等。关于需求预测功能，物流服务商应该负责根据物流中心商品进货、出货信息来预测未来一段时间内的商品进出库量，进而预测市场对商品的需求，从而指导订货。关于物流系统设计咨询功能，第三方物流服务商要充当电子商务经营者的物流专家，因而必须为电子商务经营者设计物流系统，代替它选择和评价运输商、仓储商及其他物流服务供应商。国内有些专业物流公司正在进行这项尝试。关于物流教育与培训功能，物流系统的运作需要电子商务经营者的支持与理解，通过向电子商务经营者提供培训服务，可以培养它与物流中心经营管理者的认同感，可以提高电子商务经营者的物流管理水平，可以将物流中心经营管理者的要求传达给电子商务经营者，也便于确立物流作业标准。

以上这些延伸服务最具有增值性，但也是最难提供的服务。能否提供此类增值服务现在已成为衡量一个物流企业是否真正具有竞争力的标准。

引用案例

美国凯利伯物流公司的物流服务内容

美国凯利伯物流公司（Caliber Logistics Co. Ltd，http：//www.caliber.com）为了向客户（包括电子商务客户）提供最佳的物流服务，包括传统物流服务和增值性物流服务，专门设立了为客户服务的公共型物流中心。其提供的服务内容包括：

（1）JIT物流计划。该公司通过建立先进的信息系统，为供应商提供培训服务及管理经验，优化了运输路线和运输方式、降低了库存成本、减少了收货人员及成本，并且为货主提供了更多更好的信息支持。

（2）合同制仓储服务。该公司推出的此项服务减少了货主建设仓库的投资，同时通过在仓储过程中采用CAD技术、执行劳动标准、实行目标管理和作业监控来提高劳动生产率。

（3）全面运输管理。该公司开发了一套计算机系统专门用于为客户选择最好的承运人，使用该系统客户可以得到如下利益：使运输方式最经济，在选定的运输方式中选择最佳的承运人，可以获得凯利伯运输会员公司的服务，对零星分散的运输作业进行控制，减少回程车辆放空，管理进向运输，可以进行电子运单处理，可以对运输过程进行监控等。

（4）生产支持服务。该公司可以进行如下加工作业：简单的组装、合并与加固、包装与再包装、JIT配送贴标签等。

（5）业务过程重组。该公司使用一套专业化业务重组软件，可以对客户的业务运作过程进行诊断，并提出专业化的业务重组建议。

（6）专业化合同制运输。该公司的此项功能可以为客户提供的服务有：根据预先设定的成本提供可靠的运输服务，提供灵活的运输管理方案，提供从购车到聘请司机直至优化运输路线的一揽子服务，降低运输成本，提供一体化的、灵活的运输方案。

（7）回程集装箱管理。公司提供的服务包括：回程集装箱的跟踪、排队、清洗、储存等，可以降低集装箱的破损率，减少货主的集装箱管理成本，保证货物的安全，对环保也有好处。

二、物流服务决策

（一）物流服务的决策步骤

物流服务管理能否制定出行之有效的物流服务策略，往往影响具体的物流服务水准和能力。所以，科学、合理地进行物流服务策略的分析和策划是物流服务管理的一项十分重要的职能。具体地说，物流服务的决策主要有以下几个步骤：

1. 物流服务要素的确定

要开展物流服务，首先必须明确物流服务究竟包括哪些要素以及相应的具体指标，即哪些物流活动构成了服务的主要内容。一般来讲，备货、接受订货的截止时间、进货期、订货单位、信息等要素的明确化是物流战略策划的第一步，只有清晰地把握这些要素，才能使以后的决策顺利进行，并加以操作和控制。

2. 向顾客收集有关物流服务的信息

物流服务是顾客服务的一个重要组成部分，最终是面向顾客的，那么我们就必须了解顾客对物流活动的要求和认识。这种信息资源的收集可以通过问卷调查、座谈、访问以及委托作为第三方的专业调查公司来进行，调查的信息主要包括物流服务的重要性、满意度以及与竞争企业的物流服务相比是否具有优势等问题。

物流服务信息收集、分析的具体方法主要有三种形式：

①顾客服务流程分析。这种分析方法的基本思路是，为了正确测定企业与顾客接触时的满意度，就必须明确企业与顾客之间究竟有哪些节点，这些节点以时间序列为基轴加以标示。

②顾客需求分析。这种方法主要着眼于探明顾客需求与本企业所实施的物流服务水平之间有什么差距。据此，明确本企业需要改善或提高的物流服务。这种方法的关键是所提出的问题要尽可能具体、全面，否则无法真正全面掌握顾客的真实需求和对企业物流服务的愿望。此外，还应当注意的是，顾客需求肯定会有先后顺序，一般位于优先位置的是企业物流服务的核心要素，而且不同细分市场，服务要素的先后顺序也不尽一致。

③定点超越分析。物流服务的定点超越也是通过与竞争企业或优良企业的服务水准相比较分析，找出本企业物流服务的不足之处，并加以改善。具体方法主要有服务流程的定点超越和顾客满意度的定点超越两种形式。

3. 顾客需求的类型化

由于不同的细分市场顾客服务的要求不一致，所以物流服务水准的设立必须从市场特性的分析开始入手。此外，顾客思维方式以及行动模式的差异也会呈现出多样化的社会需求，在这种状况下，以什么样的特性为基轴来区分顾客群成为制定物流服务战略、影响核心服务要素的重要问题。另外，在进行顾客需求类型化的过程中，应当充分考虑不同顾客群体对本企业的贡献度以及顾客的潜在能力，也就是说，对本企业重要的顾客群体，应在资源配置、服务等方面予以优先考虑。

4. 制定物流服务组合

对顾客需求进行类型化之后，首先需要做的是针对不同的顾客群体制定出相应的物流服务基本方针，从而在政策上明确对重点顾客群体实现经营资源的优先配置。此后，进入物流服务水准设定的预算分析，特别是商品单位、进货时间、在库服务率、特别附加服务等重要服务要素的变更会对成本产生什么样或多大的影响。这样，既能使企业实现最大程度的物流服务，又能将费用成本控制在企业所能承受或确保竞争优势的范围之内。在预算分析的基础上，结合对竞争企业服务水准的分析，根据不同的顾客群体制定相应的物流服务组合，这里应当重视在物流服务水准变更的状况下，企业应事先预测这种变更会对顾客带来什么样的利益，从而确保核心服务要素水准不能下降。

5. 物流服务组合的管理与决策流程

物流服务组合的确定不是一个静态行为，而是一种动态过程，也就是说，最初顾客群体的物流服务组合一经确定，并不是一成不变了，而是要经常定期进行核查、变更，以保证物流服务的效率化。从物流服务管理决策的全过程来看，决策流程可以分为五个步骤，即顾客服务现状把握、顾客服务评价、服务组合制定、物流系统再构筑、顾客满意度的定期评价，这几个方面相互之间不断循环往复，从而推动物流服务不断深入发展，提高效率和效果。

（二）物流服务水平的保证措施

保证具有竞争优势的物流服务水平对一个企业来说至关重要。下面这些措施，对提升企业在物流服务水平上的竞争优势有着积极的意义。

①了解客户需求及服务项目。

②收集相关物流服务信息。通过问卷调查、专访和座谈，收集有关物流服务的信息。

③分析物流服务的满意程度。对收集资料进行分析，了解客户提出的服务要素是否重要，分析他们对各个不同服务项目的满意程度。

④分析与竞争对手的比较优势。了解本公司和竞争对手在物流需求上的满意程度，一般称为基准点分析。所谓基准点分析，就是把本公司产品、服务以及这些产品和服务在市场上的供给活动与最强的竞争对手或一流公司的活动与成绩进行比较评估。

⑤归纳客户类型。由于客户特点不同，需要也不同，进行分类时以什么样的特点作基准，十分重要。因此，首先要找出那些影响核心服务的特点，并要考虑能否做得到，而且还必须考虑对本公司效益的贡献程度，以及客户的潜在能力等企业经济原则，将客户归纳为关键客户、潜力客户以及一般客户等不同类型。

⑤按客户类型确定物流服务形式。对不同的客户应采取差异化策略，即依据顾客的不同类型，制定不同的基本方针。在制定方针时首先要对那些重要的顾客，重点地给予照顾，同时要做盈亏分析；其次，还必须分析，在物流服务水平变更时成本会发生什么样的变化。

⑥建立物流机制，即为实现上述整套物流服务项目的机制。

⑦对物流机制进行追踪调查。定期检查已实施的物流服务的效果。

（三）电子商务下的物流服务

电子商务的兴起导致技术、社会经济、政策体制等一系列环境发生变化，市场需求向多样化、个性化发展，商品流通需求也呈现出多品种、小批量、零库存的特点。因此，电子商务下的物流服务也随之而变化，从传统的大批量、少批次服务向灵活、快速、成熟的方向发展。

将商品按照客户指定的时间和方式送到指定的地点，是物流服务的基本要求。电子商务加大了这项工作的难度，对物流服务提出了更高的要求，尤其是对消费者的电子商务应用模式下，不再是将整车商品从仓库运送到零售网点，而是要把单个商品送到每个顾客手中。

因此，一些开展电子商务的企业，纷纷选择将物流服务交给专业化的物流服务提供商。如目前网上购物消费者常去的网站淘宝、易趣、拍拍、卓越和当当等，在交易完成之后的送货过程全都是使用第三方物流提供的高质量、灵活、快速的物流服务。主要有以下三种方式：

①平邮。此方式价格最低，而速度也是最慢，一般很少使用。

②邮政快递 EMS。目前主要使用的是经济快递和次晨达业务。经济快递邮件资费标准为：资费按邮件重量计算，起重和续重计费单位为 1 千克，不足 1 千克的按 1 千克计费。次晨达业务能够实现第二天上午十点以前送到，但资费一般比较高。

③其他快递业务。目前网络卖家主要使用有顺丰和申通等快递业务，其中申通快递资费为 15 元，需三到四天可到达。而顺丰收费相对较高，一般为 26 元，不过速度相当快，第二天即可送达。

引用案例

顺丰公司的速递服务

顺丰公司作为一家现代化的物流服务提供商，为了适应电子商务下的物流服务需求，采取了多方面的有效措施。

第一，建有自己庞大的物流服务网络，能够以服务标准统一、服务质量稳定、安全性能高的优势，最大程度地保障客户利益。顺丰自成立开始，每年都投入巨资完善由公司统一管理的自有服务网络，目前已建有2个分拨中心、52个中转场、2 000多台干线中转车辆以及1 100多个营业网点，覆盖了国内20个省100多个大中城市（包括香港地区）及300多个县级市或城镇。

第二，着力提高物流服务的速度。快递服务的价值在于为客户抢占商机，赢得竞争优势，创造更多的价值。因此，对于快递企业而言，拥有自有的航空运输资源显得尤为重要。2003年初，顺丰启动了全货机航班承运业务，成为国内第一家也是目前唯一一家使用全货运专机的速运企业。除了专机以外，顺丰还与多家航空公司签订协议，利用国内230多条航线的专用腹舱，负责快件在全国各个城市之间的运送。推出了三大精品业务：

即日件——当天收取并于当天送达的快件。

次晨达——当天收取在第二天10:00之前送达的快件。

次日件——当天收取在第二天内送达的快件（个别偏远地方多加半个工作日）

第三，为方便客户，提供灵活的结算方式。顺丰为客户提供寄方支付/到方支付/第三方支付等多种结算方式。

第四，方便客户对账。顺丰速运采用自主开发的BILLING系统，可以快速准确地统计各种业务数据，能在最快的时间内以纸本或邮件的形式为客户提供对账清单。

第五，提供灵活、便利的网上自助服务。顺丰能够帮助实现：自助网上下单，查询快件状态，查询顺丰的服务范围、服务热线、快件运费，查询月结客户限时派送的条款，查询顺丰的新产品、增值服务信息，查询顺丰的客户回馈、市场推广活动信息，查询顺丰为客户服务的其他重要信息。

第六，顺丰还提供了一些免费的增值服务。如：

限时派送——在承诺的时间内把快件安全、准确地送达客户手中，否则顺丰做出相应退费。

代签回单服务——除完成正常的快件收派服务外，顺丰协助客户开展远程商务贸易，负责将收件方签收后的快件回单完好地送到寄件方手中。

第三节　电子商务物流成本管理

一、物流成本的特殊性

（一）物流成本的构成

对物流成本进行分类可以向管理者提供更多对决策产生影响的细节问题，

但企业的物流活动是按照功能的不同来组织进行的，如订单处理、运输等，而且大多数企业采用账户划分成本，物流成本无法单独列示。因此，划分物流成本任务艰巨。

企业物流成本是指企业进行采购、销售、生产等与物流相关活动的成本总和。物流总成本是企业管理物流运作的重要指标，如何在不降低服务水平的前提下，降低物流总成本是企业的一项经营目标。具体而言，企业物流总成本又包含以下几项具体内容：

（1）运输成本

运输成本是指企业对原材料在制品以及成品的所有运输活动所造成的费用，包括直接运输费用和管理费用。为降低物流总成本需要严格控制在运输方面的开支，加强对运输的经济核算。

（2）存货持有成本

一般来说，存货可以占到制造商资产的20%以上。存货持有成本有些概念区分模糊，难以确定。所以，目前许多公司计算存货成本的公式是（当前的银行利率×存货价值+其他一些费用）。实际上，存货持有成本包括存货资金占用成本、存货服务成本、存货风险成本和调价损失等。

（3）仓储成本

大多数仓储成本不随存货水平变动而变动，而是随存储地点的多少而变。仓储成本包括仓库租金、仓库折旧、设备折旧、装卸费用、货物包装材料费用和管理费用等。

（4）批量成本

批量成本包括生产准备成本、物料搬运成本、计划安排和加速作业成本以及因转产导致生产能力丧失等。

（5）缺货损失

缺货成本是指由于不能满足客户订单或需求所造成的销售利润损失。

（6）订单处理及信息成本

订单处理是指从客户下订单开始到客户收到货物为止，这一过程中所有单据处理活动，与订单处理相关活动的费用属于订单处理费用。信息成本是指与物流管理运作有关的IT方面的成本，包括软件折旧、系统维护及管理费用等。

（7）采购成本

采购成本是指与采购原材料部件相关的物流费用，包括采购订单费用、采购计划制定人员的管理费用、采购人员管理费用等。

（8）其他管理费用

其他管理费用包括与物流管理及运作相关人员的管理费用。

（二）物流成本的特殊性

物流成本分析是进行一体化物流管理的关键，运用总成本分析法可以有效管理和实现真正意义上的降低成本。但需要注意的是，物流成本具有它自身的特殊性；还有一点需要注意的是，物流成本是企业管理物流运作的主要指标，但物流总成本本身并不能反映企业的物流运作好坏。通过物流总成本的统计分析，使企业可以从全局的角度了解自身的物流运作现状，明确目前关键的瓶颈问题以及突破口，提出解决的方法，才能提高企业整体的物流运作绩效。

概括地说，物流成本的特殊性主要表现在以下几个方面：

1. 企业财务报表中没有单独的物流成本项目

根据物流成本冰山学说来看，大量的物流成本被隐藏，我们无法看到物流成本的主体，实际上造成这座隐藏的冰山的原因就在于现有企业财务会计制度没有把物流成本作为一个独立的核算项目。

物流成本往往被包含在销售费用，管理费用及产品制造费用里面，只将付给第三方企业的费用作为物流成本。

实际上物流活动及其发生的许多费用常常是跨部门发生的，而传统的会计将各种物流活动费用与其他活动费用混在一起归集为诸如工资、租金、折旧等形态，这种归集方法不能确认运作的责任，也无法明确物流成本的多少。

2. 企业间物流成本数据缺乏可比性

各企业对物流成本的理解都不一样，计算物流成本所核算的项目，计算的方法都不一样，因此每个企业的物流绩效无法进行衡量，企业间物流成本数据可比性很差。原本有些成熟的管理方法，如标杆法很难在物流管理中应用。

3. 企业物流总成本难以正确计算

其一是企业物流部门无法掌握全部物流成本。目前多数企业尚未形成一体化管理的物流组织，物流部门无法掌握的成本很多，从而增加了物流成本管理的难度。例如，仓储费中过量进货、过量生产、销售残留品的在库维持以及紧急输送等产生的费用。

其二是过量服务所产生的成本难以区分。从销售关联的角度看，物流成本中过量服务所产生的成本与标准服务所产生的成本是混同在一起的，难于区分。例如，有些企业将促销费用也算在物流成本中。

其三是由于物流成本的综合性。物流成本是以物流活动全体为对象，涉及采购、生产、销售等生产经营活动的全过程。

4. 物流成本各项目之间存在“效益背反”现象

如运输成本的下降可能导致仓储成本的上升，包装费用的下降可能使商品损耗增加。在产品销售市场和销售价格皆不变的前提下，假定其他成本因素也不变，那么包装方面每少花一分钱，这一分钱就必然转到收益上来，包装越省，利润则越高。但是，一旦商品进入流通之后，如果节省的包装降低了产品的防护效果，造成了大量损失，则会造成储存、装卸、运输功能要素的工作劣化和效益大减。显然，包装活动的效益是以其他的损失为代价的，我国流通领域每年因包装不善出现的上百亿元的商品损失，就是这种效益背反的实证。

（三）电子商务下的物流成本

电子商务下的物流成本，具有上述物流成本的共性。此外，还可能比有店铺销售方式的物流成本高。因为，电子商务的物流更加具有多品种、小批量、多批次、短周期的特点，由于很难单独考虑物流的经济规模，因而物流成本较高。比如，消费者自己到一个商店去购买一台电视机，商店提供免费送货，一次送货费比如要花 50 元，这时商店一般会将顺路的其他消费者购买的商品配送装在一个送货车里一次完成送货，比如 5 台电视机同时送货，即使是免费送货，每台电视机的送货费用也只有 10 元。但当采用电子商务时，公司很难这样如愿地将消费者的订货在一个比较短的时间内集中起来并配装在一台送货车里，这样就会造成送货次数的分散、送货批量的降低，直接导致物流成本的提高，这个物流成本只有由单个的消费者负担，而这是对电子商务这种形式的威胁，所以电子商务服务商必须扩大在特定的销售区域内消费者群体的基数，如果达不到一定的物流规模，则物流成本肯定会居高不下。

二、物流成本管理的基本思路与方法

（一）电子商务物流成本管理的基本思路

物流成本问题的特殊性说明仅仅采用一般的成本管理方法是不够的，需要从更高层次、更广阔的领域来控制物流成本。在此，我们以物流系统管理的总成本法为指导，提出电子商务下物流成本管理的基本思路。

1. 重视企业内部物流成本的控制

一般企业都十分重视降低外购物流费用，而对企业内部物流成本却较少关注。多数物流成本发生在企业内部，重视企业内部物流成本的控制，是降低物流总成本的主要途径。为此，应在企业内部设立专门的物流成本项目，分清物流成本控制的关键点；应用管理会计方法，分析物流成本的习性，改善企业物流成本管理。

2. 通过供应链管理来降低物流成本

从一个企业的范围来控制成本的效果是有限的，而应该从原材料供应到最终用户整个供应链过程来考虑提高物流效率和降低成本。

供应链上下游企业可以共享物流基础设施，从而提高物流基础设施的利用率，例如，共同筹资建立运输车队，有效提高车辆的使用效率。

同时，利用供应链还可有效降低库存。传统的采购管理强调通过供应商之间的竞争而降低进价，却往往导致仓储费用、资金占用成本上升，供应风险增大。从供应链管理的视角，强调与供应商形成合作伙伴关系，从而使企业采购风险大大下降，实现准时采购与零库存，结果其仓储费用、资金占用成本的下降可能大大超过进价超低的获益。

3. 通过优化顾客服务来降低物流成本

一般来说，提高服务水平会增加物流成本，如多频率、少批量配送会增加运输成本，缩短顾客的订货周期和订货的满足率会增加仓储成本。显然，我们不可能通过降低服务水平来削减物流水平。但是，我们可以通过对顾客服务的优化，在不降低服务水准甚至提高服务水准的前提下，降低物流成本。

优化顾客服务的第一步是要明确顾客究竟需要什么样的服务项目和水平？为此，必须与顾客进行全方位、频繁地沟通，深入了解企业的生产、经营活动的特点；要经常站在顾客的立场考虑问题，模拟顾客的行为。第二步是消除过度服务。超过必要量的物流服务，必将带来物流成本上升，而顾客的满意程度并没有有效地提高。换句话说，任何不能使顾客满意度有效提高的服务都是过度服务，都必须削减。例如，配送频率过高，不仅物流成本上升，而且用户（零售商）的订货、接货、上架等手续增加，而用户满意度不能有效提高，即为过度服务，应相应减少配送次数。第三步是实现物流服务的规模化、网络化、专业化。物流服务的规模化、网络化可以使顾客能就地就近、随时随地得到服务，并得到专业化服务，从而有效地降低物流成本。

4. 通过物流外包来降低物流成本

将企业物流业务及物流管理的职能部分或全部外包给外部的第三方物流企业，并形成物流联盟，也是降低物流成本的有效途径。一个物流外包服务提供者可以使一个公司从规模经济、更多的门到门运输、减少车辆空驶等方面实现物流费用的节约，并体现出利用这些专业人员与技术的优势。另外，一些突发事件、额外费用如紧急空运和租车等问题的减少增加了工作的有序性和供应链的可预测性。

5. 借助现代信息系统来降低物流成本

缺少及时、准确、全面的信息是产生车辆空载、重复装卸、对流运输等无效物流现象的根源，也是导致库存周转慢、库存总量大的重要原因。企业必须依靠建立现代化信息系统，提高物流管理的科学性、精确性，降低物流成本。

6. 依靠物流标准化来降低物流成本

物流标准化，包括物流技术、作业规范、服务、成本核算等方面的标准化，对于降低物流成本具有重要意义。技术上的标准化可以提高物流设施、运载工具的利用率和相互的配套性；物流作业和服务的标准化可以消除多余作业和过度服务；物流成本核算的标准化能使各企业的成本数据具有可比性，从而使标杆学习法可以在物流管理中推广、发挥作用。

7. 通过效率化的配送来降低物流成本

随着电子商务的发展，小批量、多频度的配送越来越多，这要求企业采用富有效率的配送方法。一般来讲，企业要实现效率化的配送，就必须重视配车计划管理、提高装载率以及车辆运行管理。

配车计划是指与用户的订货相吻合，将生产或购入的商品按客户指定的时间进行配送的计划。其中生产商配车计划的制定必须与生产计划相联系来进行，同样，批发商也必须将配车计划与商品进货计划相联系开展。当然，要做到配车计划与生产计划或进货计划相匹配，就必须构筑最有效的配送计划信息系统。这种系统能够制定出最合理的配车计划。将用户所需的时间、数量，发往用户所在地的路线全输入系统，然后进行合理的配车，以最小的成本满足配送的需求。

另外，提高装载率也是降低成本的有效做法。对于需求比较集中的地区，可以较容易地实现高装载率运输，而对于需求相对较小的地区，则可以通过共同配送来提高装载率。

降低配送成本还需追求车辆运行的效率化，减少空载，单程运输等现象。提高车辆运行效率的一个有效方法是建立有效的货车追踪系统，即在车辆上搭载一个全球定位系统（GPS），通过这种终端与物流中心进行通信，对货物在途情况进行控制，并且有效利用空车信息，合理配车。

8. 降低退货成本

退货成本也是企业物流成本中一个重要的组成部分，它往往占有相当大的比例。退货成本之所以成为某些企业主要的物流成本，是因为随着退货会产生一系列的物流费用、退货商品损伤或滞销而产生的费用以及处理退货商品所需的人员费用等各种事务性费用。特别是出现退货的情况，一般是由商品提供者承担退货所发生的各种费用，而退货方因为不承担商品退货而产生的损失，容易很随意地退回商品，并且由于这类商品大多数量较少，配送费用有增高的趋向。不仅如此，由于这类商品规模较小，也很分散，商品入库、账单处理等业务也都非常复杂。如销售额500万元的企业，退货比率为3%，即15万元的退货，由此产生的物流费用和企业内处理费用一般占到退货额的9%~10%。因此，伴随着退货将会产生1.5万元的物流费。进一步，由于退货商品物理性、经济性的损伤，可能的销售价格只有原来的50%。因此，由于退货而产生的机会成本为7.5万元。综合上述费用，退货所引起的物流成本为9万元，占销售额的1.8%。以上仅假设退货率为3%，如果为5%时，物流费用将达到15万元，占销售额的3%。由此可以看出，降低退货成本十分重要，它是物流成本控制活动中需要特别关注的问题。

控制退货成本必须分析退货的原因，尤其是电子商务之中，很多时候用户只能通过图片或文字介绍来了解商品，因此往往在收货之后存在退货现象，这种退货需视责任方来处理，具体分三种情况：第一，商家为促进销售，发布虚假信息，或者发货时使用的是翻修，次品等不良商品，属于发货者的责任，配送费用需由发货者自行承担。第二，配送过程中的损坏，这需要收货者在签收前就必须当面拆开检查，如果确有问题，则不应签收，损失由配送服务提供者来承担。第三，收货者自行不当使用损坏，或购买后反悔的情况，退回成本应由收货者来承担。

（二）物流成本管理的方法

企业在进行物流成本管理时，首先要明确管理目的，有的放矢。一般情况下，企业物流成本管理的出发点是：通过掌握物流成本现状，发现企业物流中存在的主要问题；对各个物流相关部门进行比较和评价；依据物流成本计算结果，制定物流规划、确定物流管理战略；通过物流成本管理，发现降低物流成本的环节，强化总体物流管理。准确地进行物流成本管理，必须掌握好物流成本管理方法。

1. 比较分析

（1）横向比较

把企业的供应物流、生产物流、销售物流、退货物流和废弃物物流（有时包括流通加工和配送）等各部分物流费用，分别计算出来，然后进行横向比较，看哪部分发生的物流费用最多。如果是供应物流费用最多或者异常多，则再详细查明原因，堵住漏洞，改进管理方法，以便降低物流成本。

（2）纵向比较

把企业历年的各项物流费用与当年的物流费用加以比较，如果增加了，则再分析一下为什么增加，在哪个地方增加了，增加的原因是什么？假若增加的是无效物流费用，则立即改正。

（3）计划与实际比较

把企业当年实际开支的物流费用与原来编制的物流预算进行比较，如果超支了，则分析一下超支的原因，在什么地方超支？这样便能掌握企业物流管理中的问题和薄弱环节。

2. 综合评价

比如采用集装箱运输，一可以简化包装，节约包装费；二可以防雨、防晒，保证运输途中物品质量；三可以起仓库作用，防盗、防火。但是，如果包装由于简化而降低了包装强度，货物在仓库保管时则不能往高堆码，浪费库房空间，降低仓库保管能力。由于简化包装，可能还影响货物的装卸搬运效率等。那么，利用集装箱运输是好还是坏呢？就要用物流成本计算这一统一的尺度来综合评价。分别算出上述各环节物流活动的费用，经过全面分析后得出结论，这就是物流成本管理。即通过物流成本的综合效益研究分析，发现问题，解决问题，从而加强物流管理。

3. 排除法

物流成本管理中有一种方法叫活动标准管理（Activity Based Management，简称 ABM）。其中一种做法就是把物流相关的活动划分为两类，一类是有附加价值的活动，如出入库、包装、装卸等与货主直接相关的活动；另一类是非附加价值的活动，如开会、改变工序、维修机械设备等与货主没有直接关系的活动。其实，在商品流通过程中，如果能采用直达送货的话，则不必设立仓库或配送中心，实现零库存，等于避免了物流中的非附加价值活动。如果将上述非附加价值的活动加以排除或尽量减少，就能节约物流费用，达到物流管理的目的。

4. 责任划分

在生产企业里，物流的责任究竟在哪个部门？是物流部门还是销售部门？客观地讲，物流本身的责任在物流部门，但责任的源头却是销售部门或生产部门。以销售物流为例，一般情况下，由销售部门制定销售物流计划，包括订货后几天之内送货，接受订货的最小批量是多少等均由企业的销售部门提出方案，定出原则。假若该企业过于强调销售的重要性，则可能决定当天订货，次日送达。这样的话订货批量大时，物流部门的送货成本少。订货批量小时，送货成本就增大，甚至过分频繁、过少数量送货造成的物流费用增加，大大超过了扩大销售产生的价值，这种浪费和损失，应由销售部门负责。分清类似的责任有利于控制物流总成本，防止销售部门随意改变配送计划，堵住无意义、不产生任何附加价值的物流活动。

三、我国物流成本现状与管理对策

按照我国加入世贸组织的承诺，2006 年是物流市场完全对外资开放的第一年，今后外商可以在中国建立独资物流公司。据悉，我国的物流企业目前虽然有 73 万多家，但除少数几家规模较大外，绝大多数还是单纯的运输公司。物流市场的完全放开无疑会给我国刚刚兴起的物流企业带来巨大的机遇与挑战。

（一）我国物流成本现状

国家发展改革委员会、国家统计局、中国物流与采购联合会联合发布的 2006 年全国物流运行报告中，数据显示我国物流成本仍然较高。据统计，2006 年，全国社会物流总费用38 414亿元，按现价计算同比增长 13.5%，增速比 2005 年上升 0.6 个百分点；物流总费用与 GDP 的比率为 18.3%，比 2005

年下降0.2个百分点。

我国物流成本居高不下，主要有三方面原因：

一是物流管理体制各自为政。物流是一个跨部门、跨行业的复合型产业，其发展涉及国家宏观经济与对外贸易，涉及铁路、公路、水路和空运等多种运输方式，也涉及口岸监管、商务、土地、税务和信息等其他相关部门。但各部门之间缺少有效沟通与协调，各自为政。所以跨地区的物流服务往往受到区域性局部利益的影响而难以得到良好的发展。

二是物流基础设施相对薄弱，建设规划缺少合理统筹。内陆交通运输设施建设缓慢，特别是集装箱运输中转站发展较慢，集装箱“门到门”的多式联运未得到充分发展。目前，我国内地进出口货物有70%左右是由内地以散杂货形式集运到港区再拼箱，或拆箱后以散杂货形式疏运到内地。服务于区域或城市的物流基地、物流中心等现代化物流设施相对缺乏。

三是多种运输方式之间缺少良好衔接与配合，发展不平衡、不协调，使得各种运输方式不能合理地发挥各自的优势。

（二）我国物流成本管理对策

我国确定的“十一五”期间现代物流发展的目标是，到2010年，基本建立快捷、高效、安全、方便并具有国际竞争力的现代物流服务体系，大幅度提高物流的社会化、专业化和现代化水平。全社会物流总费用与GDP的比率在2004年21.3%的基础上下降2~3个百分点。依此计算，我国在“十一五”期间将通过节约物流成本的方式带来2 000多亿元的社会效益。为此，可采取以下解决办法：

1. 建立推进现代物流发展的统一协调机制。我国物流管理体制是按照行业分设部门进行管理的，从中央到地方都有相应的管理部门。这种管理体制，难免会出现政出多门、标准不一、难以协调等问题。不仅影响了各种物流功能和服务方式的协调发展，也由于受部门和地方利益的驱使，容易造成物流资源的浪费和增加资源整合的难度。迫切需要加强综合组织协调，以推动现代物流业和谐发展。因此，有必要建立全国推进现代物流发展的统一协调机制。建议由国家发改委牵头，商务部及交通、铁道、民航、邮政、海关、质检、国土资源、财政、税收、信息等相关部门共同参与的联合机构，研究商讨我国现代物流发展的全局性问题。

2. 统筹规划，实现基础设施资源的有效配置与整合。现代物流的发展规划，要充分注重全局性、前瞻性和实用性，重点是正确处理好与国际先进水平接轨和与我国国情结合之间的关系，处理好长远发展与近期需要之间的关系，处理好东西部地区之间物流平衡发展的关系，处理好新建物流基础设施与整合利用现有条件之间的关系，防止盲目建设、重复建设，避免资源浪费。

3. 优势互补，促进多种运输方式的高效协作与发展。应该充分发挥各种运输方式的比较优势，优化组合多种运输方式，提供最佳的全过程服务，以达到货物安全快速流通和降低全程运输成本的目的。

4. 建立先进的现代物流服务技术装备和物流管理体系。中国应加快运用信息技术和供应链管理手段，建立以决策体系、业务运营体系、业务基础体系和外部资源为构架的系统物流体系，打造集成化、智能化、标准化的现代物流信息系统。

本章小结

从狭义上讲，物流服务是对客户商品利用可能性的一种保证。物流成本是指物流对象在包装、装卸搬运、运输、储存、流通加工等各物流活动过程中所支出的人力、财力、物力之总和。物流服务与物流成本之间存在着“效益背反”，因此必须在两者之间寻求平衡，以尽可能低的物流成本来提供尽可能好的物流服务。电子商务下，物流服务提供商更应遵循物流服务管理和成本管理的基本思路，以恰当的成本向客户提供恰当的服务。

复习思考题

1. 如何理解物流服务和物流成本？
2. 物流服务水平与物流成本之间有何关系？应如何进行决策？
3. 电子商务下的物流服务内容有哪些？
4. 如何保证具有竞争优势的服务水平？
5. 电子商务下，物流成本的特殊性表现在哪些方面？
6. 物流成本管理有哪些基本思路和方法？
7. 我国物流成本现状如何？有何解决办法？

实践练习

一、实践项目

比较申通快递（http：//www.sto.cn/）、中国邮政 EMS（http：//www.ems.com.cn/）以及顺丰速运（http：//www.sf-express.com/sfwebapp/index.jsp）的物流服务和成本。

二、实践目的

了解目前网上零售业常用的三种配送服务。

三、实践要求

仔细分析三者在配送不同货物时的优劣势。

四、实践环节

1. 上淘宝（www. taobao. com）分别询问三家以上的卖家，看他们使用的是何种配送。其中要求有上海卖家、深圳卖家和江浙一带的卖家，同时，所卖的货物分别应是小型（1 公斤以下，如 MP3，MP4 等），中型（1 公斤以上，5 公斤以内，如打印机等），重型（10 公斤以上，如电脑、空调等），比较不同地方的卖家和不同重量的卖家分别采用何种配送方式。

2. 复习本章有关内容，提出自己的问题。

五、实践结果

学生完成实践报告。

第七章 电子商务物流管理模式

导 读

随着电子商务在我国的推广，传统的物流模式已经难以满足新型商务活动的需求，如何将传统的物流模式转化为电子商务下的新型物流模式已成为我们面临的一个崭新课题。电子商务企业应注重学习和借鉴国内外关于物流领域的最新成果，根据自身特点灵活采用适合自己的物流模式来构建企业的物流体系。这对于发挥电子商务整体运行优势，降低总的交易成本，有着十分重要的战略意义。

本章就此介绍了目前比较常见的几种电子商务物流模式，尤其对现在应用比较广泛的第三方物流进行了详细的介绍，学习时应重点掌握；对于第四方物流、电子物流和绿色物流等几种目前提得比较多，但企业还没有真正广泛实施的新型物流模式，要有一个大体上的了解。

导读案例七

联邦快递公司案例

总部位于美国田纳西州的联邦快递（Fedex）成立于1973年4月，是一家以航空快递运输为主营业务的公司。经过30多年的发展，它已成为世界最具规模的快递运输公司，在220多个国家及地区都设立了分公司，员工人数达到14万之多，自有飞机670余架，专用货车44 000辆，每个工作日约处理330万件包裹，年收入高达320亿美元。多年以来它一直名列财富500强之内。

联邦快递集团为遍及全球的顾客和企业提供涵盖运输、电子商务和商业运作等一系列的全面服务，最大程度满足客户和社会的需求，使其屡次被评为全球最受尊敬和最可信赖的雇主。作为一个久负盛名的企业品牌，联邦快递集团通过相互竞争和协调管理的运营模式，提供了一套综合的商务应用解决方案，通过其环球航空及陆运网络，通常只需一至两个工作日，就能迅速运送时限紧迫的货件，而且确保准时送达。

但是人们只知联邦快递是运输公司，却不知它还是一个巨大的电子商务公司，在全世界它的电脑和网络工程师达到6 000多人，其规模可见一斑。最初，联邦快递主要以第三方物流、配送企业的身份参与电子商务活动。而到了1997年初，公司认为已经具备了从信息、销售到配送所需的全部资源和经验，就开始像一家纯粹的电子商务公司一样从事电子商务业务。

1999年，联邦快递与一家专门提供B2B和C2C解决方案的Intershop通信公司（http：//www. Intershop. com）合作开展电子商务业务，Fedex进军电子商务领域的理由有两个：第一，该公司已经有覆盖全球211个国家的物流网络；第二，公司内部已经成功地应用了信息网络（Powership Network），这一网络可以使消费者在全球通过Internet浏览服务器跟踪其发运包裹的状况。该公司认为，这样的信息网络和物流网络的结合完全可以为消费者提供完整的电子商务服务。该公司业务中的电子商务物流主要通过联邦快递动力船（Fedex powership）计划和一套免费的联邦快递船（Fedexship）软件来实现。前者为客户提供了一条进入联邦快递计算机系统的途径，后者使该公司工作人员能随时掌握供货时间及产品预计抵达的时间。

就其电子商务发展而言，主要有以下几个特点：

1. 联邦快递公司的电子商务是建立在传统行业之上的。即它先有传统的运输业，由于业务和管理的需要，电子商务的发展则是水到渠成的事。电子商务和运输相辅相成，共同促进。

2. 联邦快递公司早已利用网络进行B2B和C2C业务，客户可以在网上下订单、网上跟踪查询货物信息、打印运单和发票等。

3. 联邦快递公司不但自己具有强大的网络服务，可以直接面对客户。它同时还为其他电子商务公司服务，比如亚马逊公司就是利用联邦快递的运输网络服务客户的。

像Fedex这样的第三方物流公司开展电子商务销售业务，它完全有可能利用现有的物流和信息网络资源，使两个领域的业务经营都做到专业化，实现公司资源的最大利用。但物流服务与信息服务领域不同，需要专门的经营管理技术，第三方物流公司涉足电子商务的销售和信息服务领域要慎重。

（资料来源：http：//info. jctrans. com/zhwl/wlal/2006116207111. shtml，http：//www. shopex. cn/NewsSite/deliverment/1189757024d7388. html）

[思考问题]

1. 作为一个优秀的第三方物流提供商，联邦快递进入电子商务领域有哪些优势？还有哪些方面是其要慎重、改进的？

2. 作为一个电子商务企业，联邦快递采取了哪种电子商务物流管理模式？具有哪些特点？

第一节 电子商务物流模式概述

现代企业的电子商务在竞争中取胜的关键就是以可靠高效的物流配送系统来创造成本优势。目前，我国电子商务企业的物流体系水平不一，经营模式也各不相同。在进行物流模式的选择时，应当以电子商务环境下物流的特点及企业自身的实际情况为出发点，并结合物流业发展趋势来考虑。

一、企业自营物流模式

电子商务企业借助自身的物质条件，自行开展经营的物流，称为自营物流，即电子商务企业自己组织物流配送中心为顾客服务。由于各国初期的国内物流公司大多是由传统的储运公司转变而来的，还不能真正满足电子商务的物流需求，因此大多数企业借助于它们开展电子商务的先进经验同时开展物流业务，即电子商务企业自身经营物流。这种自营物流的模式在全球电子商务物流发展初期占主要地位，如美国的联邦快递公司（Fedex）和美国联合包裹服务公司（UPS）。

目前，电子商务企业自建物流系统主要有两种情况：一是传统的大型制造企业或批发企业经营的B2B电子商务网站，由于其自身在长期的传统商务中已经建立起初具规模的营销网络和物流配送体系，在开展电子商务时只需将其加以改进、完善，就可满足电子商务条件下对物流配送的要求；二是具有雄厚资金实力和较大业务规模的电子商务公司在第三方物流不能满足其成本控制目标和客户服务要求的情况下，自行建立适应业务需要的畅通、高效的物流系统，并可向其他的物流服务需求方（比如其他的电子商务公司）提供第三方综合物流服务，以充分利用其物流资源，实现规模效益。自营物流体系的核心是建立集物流、商流、信息流于一体的现代化新型物流配送中心，而电子商务企业在自建物流配送中心时，应广泛地利用条形码技术（Barcode）、数据库技术（Database）、电子定货系统（EOS）、电子数据交换（EDI）、快速反应（QR）以及有效的客户反应（ECR）等信息技术和先进的自动化设施，以使物流中心能够满足电子商务对物流配送提出的各种新要求。

物流服务是否是其核心竞争力所在、自建的物流体系是否能够充分发挥其核心功能是电子商务企业是否考虑运用这一物流模式的关键。从我国企业的具体情况来看，不少药业企业、家电企业以及连锁商家等，随着在全国范围内多年的经营，不少企业都有庞大的商品营销渠道，自身拥有良好的物流网络与相当现代化的物流技术和管理经验。随着网络经济发展，这些企业在经营电子商务时可通过不断整合自身资源，吸收外界资源，搞好自身物流网络建设，形成适合自我的物流配送体系。目前，海尔集团，以“一名（品牌）二网（配送网和支付网）”着力培育物流管理成为其新的增长点，不少国际型企业如雀巢公司等，开始将在我国国内的物流配送业务交由海尔来完成。

企业自营物流，主要是出于对物流成本控制的考虑。电子商务公司自身组织开展物流活动，进行商品配送，可以说是自己掌握了交易的最后环节，有利于控制交易时间，便于管理，容易兑现对顾客的配送；而且企业还可以利用本身物流体系承担其他企业和商家的物流配送业务，减少资源的闲置与浪费，达成网络配送规模效应，实现低成本、高效率的配送。

但是企业自营物流模式也有其缺陷之处。从本质上讲，电子商务的信息业务与物流业务是截然不同的两种业务，这不符合专业化和横向一体化的趋势。因此电子商务网站经营成本会增加，有时候物流成本将远高于产品本身的价值，而这个成本只能由消费者负担。所以企业必须对跨行业经营产生的风险进行严格的评估，其中成本控制和程序管理是最大的麻烦。对于任何一个公司而言，拥有一支自己的配送队伍都将会是一笔庞大的开支。出于对成本的考虑，配送队伍的规模必须与公司的业务量相适应。另外，如何保持适当的库存规模、制定恰当的配送路线、选择合适的物流工具、确定合理的送达时间都是需要严格管理的。

二、企业物流联盟模式

如果电子商务企业的业务量未达到一定的规模，则不宜自建物流配送系统，否则将形成较多的运输工具回程空驶、装载率低、交通堵塞、环境污染等现象，进而导致物流成本居高不下，影响企业的经济效益。对于此类电子商务企业，其物流运作可以采取企业物流联盟的形式，借助于物流共同化，来实现企业的经营绩效。

企业物流联盟，是指由两个或两个以上的经济组织为实现特定的物流目标而采取的长期联合与合作。这种联盟企业之间不完全采取导致自身利益最大化的行为，也不完全采取导致共同利益最大化的行为，只是在物流方面通过契约的形式优势互补、要素双向或多向流动的中间组织。

企业物流联盟模式通常有两种情况：

（一）虚拟物流联盟模式

由于国内网络覆盖广，物流成本低、信息化程度高、经营理念和服务化水平高的专业物流企业不多，电子商务企业往往难以在众多物流代理企业中选出一家各方面都符合本企业物流业务需求的合作方来实现物流配送。

“虚拟物流联盟”的形式为我国电子商务企业组建物流配送体系提出了新的方向。电子商务企业可以在不同地域内选择合适的物流代理公司，通过计算机网络技术将居于各地的仓库、配送中心凭借网络系统连接起来使之成为“虚拟联盟”，通过各物流代理企业商流、物流信息之间的共享以及一系列的决策支持技术来进行统一调度和管理，使得物流服务半径和货物集散空间变大，从而实现对消费者的配送。企业与物流代理公司之间畅通无阻的信息化高速平台是构建“虚拟物流联盟”的基础。同时，这一虚拟联盟对于企业间物流技术、企业组织结构等都要求较高。电子商务企业应建立联盟伙伴之间的评估与淘汰机制，不断优化联盟内的资源组合。这一方式对解决我国企业的物流配送的跨区域合作、整合物流系统资源优化配置具有重要作用。

（二）企业+第三方物流共建模式

由于“最后一公里配送”覆盖面极广、运作繁琐，电子商务企业往往将其转由物流代理公司来完成。而出于对库存成本、信息的掌控、防止突发情况带来的缺货损失、企业战略发展等的考虑，电子商务企业往往会考虑建立和管理自己的仓库和配送中心。

以上背景促使电子商务企业采用与第三方物流共建来共同实现物流配送。在这种模式下，电子商务企业一般沿用或通过建模与实证分析，在适宜的地方自建大型的存储仓库和配送中心，不断调整和优化仓库、配送中心的布局，通过信息化平台和网络技术实现与物流代理公司的合作，将其后环节的物流配送业务交由专业物流公司来完成，共同实现对消费者的物流服务。双方之间沟通、信任机制的构建，双向信息的对接、整合等问题对电子商务企业提出了新的挑战。电子商务企业可通过灵活发挥自身和代理公司的双重优势来实现低成本、高效率的物流配送。

物流联盟适用两种情况：第一，物流在企业的发展战略中起主要作用，而企业自身的物流管理能力、管理水平又比较低。在这种情况下，组建物流联盟将会在物流设施、运输能力、专业管理技巧上收益极大。第二，物流在其战略中不占关键地位，但其物流水平很高。这时组建物流联盟可能寻找伙伴共享物流资源，通过增大物流量获得规模效益，降低成本。

物流联盟的风险在于容易产生对战略伙伴的过分依赖，由于资产专用性和信息不对称的原因使企业可能蒙受损失。另外，可能造成核心竞争力的丧失。

三、物流全部外包模式

物流全部外包模式即企业将非核心优势的物流业务全部交由第三方物流公司来承担，而电子商务企业则集中优势资源发展核心业务。目前，由于我国“大而全、小而全”的原有经济体制的影响，我国第三方物流企业大都处于起步或转型阶段，同时对外包活动及相关的关键业务丧失控制风险等的顾虑，因而只有少数电子商务企业采用这一模式。

随着我国物流产业大经济环境的改善，专业物流企业对自身进行的全新变革，全国性物流配送网络体系的构建，适应于物流全部外包的社会环境亦将逐步形成。这一模式对于双方之间战略合作机制、利益分配机制、信息共享机制等提出了新的挑战。在全球电子商务竞争不断加剧和提倡核心竞争力的时代，物流全部外包模式将成为不少电子商务企业逐步过渡、最终实现的方向。

第二节　电子商务与第三方物流

一、第三方物流的概念及特点

（一）第三方物流的概念

20 世纪 70 年代以后，由于市场竞争的白热化，物流作为联系客户和消费者的最后环节，其质量和水平直接影响到企业与客户的关系和企业的市场地位，而生产企业由于专注于技术和产品创新，不可能把太多人力、财力投入到物流系统建设。因此，迫切需要有专门的企业提供高水平的专业化物流服务，第三方物流就是在这种条件下产生的。

第三方物流（Third Party Logistics，简称 TPL/3PL），是指由物流劳务的供方、需方之外的第三方去完成物流服务的物流运作模式。所谓的第一方的物流是指销售方的物流，第二方的物流是指采购方的物流，那么第三方的物流就是针对第一方和第二方而言的，是指物流交易双方的部分或全部物流功能的外部服务提供者。它本身不拥有商品，而是通过签订合作协定或结成合作联盟，在特定的时间段内按照特定的价格向客户提供个性化的物流代理服务，具体内容包括商品运输、储存配送以及附加的增值服务等。3PL 是物流专业化的重要形式，3PL 的提供者作为物流劳务供方、需方之外的第三方，既不是货物代运公司，也非单纯的速递公司。

常见的第三方物流服务内容包括：开发物流策略和物流系统、货物集运、选择承运人、货运代理、海关代理、进行运费谈判和支付、仓储管理、物流信息管理和咨询等。可以看出，第三方物流的服务内容大都集中于传统意义上的运输、仓储范畴之内，运输、仓储企业对这些服务较有经验，对业务内容有比较深刻的理解，因此运输、仓储企业向第三方物流服务企业转变或转制比较容易，关键是要突破以往单项业务的思维定式，将单项服务内容有机地组合起来，提供物流运输的整体方案。

随着物流技术的不断发展，第三方物流作为一个提高物流速度、节省物流费用和提高物流服务质量的有效手段，将在物流领域和社会经济生活中发挥越来越大的作用。

（二）第三方物流的特点

与传统的物流运作方式相比，第三方物流整合了多项物流功能，使电子商务企业能够将有限的人力、财力集中于核心业务，优化资源的配置；借助第三方物流提供者精心策划的物流计划和适时运送手段，有效减少库存量，减少资本积压，节省费用，增强本企业的行业竞争力；通过第三方物流提供者全球性的信息网络，使顾客的供应链管理完全透明化，大大缩短交货期，帮助顾客改进服务，提升企业形象。第三方物流具有以下特点：

1. 第三方物流建立在现代电子信息技术基础之上

信息技术的发展是第三方物流产生的必要条件，电子数据交换（EDI）技术实现了数据的快速、准确传递；射频技术（RF）提高了仓库管理、装卸运输、订货采购、订单处理和配送发货的自动化水平；EFT技术实现了资金快速支付；通过B2B等电子商务模式，企业之间可以更方便地与物流企业进行交流与协作。同时，相关电脑专业管理软件的使用，能有效地管理物流渠道中的各种资源。

2. 第三方物流是合同导向的系列物流服务

从物流运行的角度看，第三方物流可以包括一切物流活动以及货主可能从专业物流提供商处得到的各种增值服务，物流代理商提供这一服务，是以与委托人签订的正式合同为依据的，合同中明确规定服务费用、期限及相互责任等事项，因此第三方物流又常被称做“契约物流”、“外协物流”。但第三方物流有别于传统的外协物流，传统的外协物流只提供一项或若干项分散的物流功能，如运输公司只提供运输服务，仓储公司只提供仓储服务，第三方物流则根据合同条款的规定而不是根据临时需要，提供多功能甚至全方位的综合物流服务。

3. 第三方物流是个性化的、专业化的物流服务

第三方物流服务的对象一般都较少，只有一家或数家，服务时间却较长，可以根据合同长达几年。第三方物流有别于公共的物流服务。这是因为物流需求方的业务流程各不相同，而物流、信息流是随价值流流动的，因而要求服务应按客户的业务流程来定制，这也表明物流服务理论从“产品推销”发展到

了“市场营销”阶段。

二、第三方物流与物流一体化

（一）物流一体化

20世纪80年代，西方发达国家，如美国、法国和德国等就提出了物流一体化的现代理论，应用和指导其物流发展取得了明显的效果，使它们的生产商、供应商和销售商均获得了显著的经济效益。美国十几年的经济繁荣期即与该国重视物流一体化的理论研究与实践、加强供应链管理、提高社会生产的物流效率和物流水平是分不开的。

物流一体化是以物流系统为核心的由生产企业，经由物流企业、销售企业直至消费者供应链的整体化和系统化。其实质是物流管理的问题，即专业化物流管理人员和技术人员，充分利用专业化物流设备、设施，发挥专业化物流运作的管理经验，以求取得整体最优的效果。物流一体化是物流业发展的高级和成熟的阶段，物流业成为社会生产链条的领导者和协调者，能够为社会提供全方位的物流服务。

物流一体化的发展可进一步分为三个层次：物流自身一体化、微观物流一体化和宏观物流一体化。

物流自身一体化是指物流系统的观念逐渐确立，运输仓储和其他物流要素趋向完善，各子系统协调运作，系统化发展。微观物流一体化是指市场主体企业将物流提高到企业战略的地位，并且出现了以物流战略作为纽带的企业联盟。宏观物流一体化是指物流业发展到这样的水平：物流业占到国家国民总产值的一定比例，处于社会经济生活的主导地位。它使跨国公司从内部职能专业化和国际分工程度的提高中获得规模经济效益。

（二）第三方物流与物流一体化

第三方物流是指由物流劳务的供方、需方之外的第三方去完成物流服务的物流运作方式。在某种意义上说，它是物流专业化的一种形式。第三方物流随着物流业发展而发展。物流业发展到一定阶段必然会出现第三方物流的发展，而且第三方物流的占有率与物流产业的水平之间有着非常规律的相关关系。西方国家的物流业实证分析证明，独立的第三方物流要占社会的50%，物流产业才能形成。所以，第三方物流的发展程度反映和体现着一个国家物流业发展整体水平。物流一体化是物流产业化的发展形式，它必须以第三方物流充分发育和成熟为基础。同时，物流一体化的趋势为第三方物流的发展提供了良好的发展环境和巨大的市场需求。

从物流业的发展来看，第三方物流是在物流一体化的第一个层次时出现萌芽的，但那时只有数量有限的功能性物流企业和物流代理企业。第三方物流在物流一体化的第二个层次得到迅速发展，专业化的功能性物流企业和综合性物流企业以及相应的物流代理公司出现并迅速发展。当这些企业的信息管理技术发展到一个较高水平，物流一体化就进入了第三个层次——数字化、网络化阶段。

物流一体化的方向和专业化的第三方物流的发展，已成为目前世界各国和大型跨国公司所关注、探讨和实践的热点。第三方物流和物流一体化的理论也为中国的国有大中型企业带来一次难得的发展机遇和契机，即探索适合中国国情的第三方物流运作模式，降低生产成本、提高效益、加强竞争力。我国电子商务正在蓬勃发展，物流一体化和第三方物流正在引起我国电子商务领域的重视和关注。开展物流一体化的研究，促进第三方物流，探索适合我国国情的电子商务物流运作模式任重而道远。

三、电子商务与第三方物流的关系

（一）第三方物流是电子商务的支点

对于实体商品而言，在网上订货、网上支付问题得以解决之后，开展电子商务的瓶颈就是能否及时地按顾客的要求送货。为了送货，有的网站动用了EMS，有的网站则动用了快递公司，有的网站甚至打起了居委会大妈的主意。于是有人用“成也配送、败也配送”来形容电子商务和物流的关系，物流成为电子商务能否最终成功的重要环节，尤其是第三方物流，电子商务只有以此为支点，才能实现发展上的成功跳跃。电子商务必然会成为企业决胜未来市场的重要工具，但是如果没有第三方物流作为电子商务的支点，则恐怕电子商务是很难取得成功的。

（二）第三方物流是电子商务跨区域物流的保障

在B2B电子商务交易模式中，物流成本在商品交易成本中占有很大的比重，尤其在跨国交易中，如果没有良好的物流系统为双方服务，则这种成本差异是很大的。如果交易双方各自组建自己的物流系统，则不仅难度很大，而且双方在出入边境时仍然存在衔接不畅的问题。针对这种情况，跨国性的第三方物流企业可以给双方提供最佳的服务，实现门对门的送货。在B2C电子商务交易模式中，跨区域物流大大增加了流通费用，求助第三方物流是帮助卖方完成商品送货的最理想解决方案。在这种模式中，第三方物流就像完善的邮政系统，如我们在寄信时，只要将信投放到邮箱，另一方就可以收到来信，而不必关心信的递送过程一样。这一点尤其体现在跨区域物流中，此时顾客是网上商店难以送货的异地用户，如果由处于异地的第三方物流公司送货，则可以轻易完成这种送货任务。

可以预见，随着电子商务的日趋成熟，跨国、跨区域的物流将更加重要，没有完善的物流系统，电子商务虽然能够降低交易费用，但却无法降低物流成本。没有物流网络、物流设施和物流技术的支持，电子商务将受到极大的抑制，电子商务所产生的效益将大打折扣。可以说 EDI 是通过信息将交易双方联系在一起，而第三方物流是通过物流将双方联系到一起的。所以说第三方物流是实现电子商务中跨区域物流的保障。

（三）电子商务促进第三方物流的完善发展

电子商务时代，由于企业销售范围的扩大，企业和销售方式以及最终消费者购买方式都发生了转变，使得送货上门等业务成为一项极为重要的服务业务，相对于低成本高效率而言，促使了物流行业的兴起，更进一步促使了第三方物流的全方位发展。第三方物流模式是一种完全专业化的物流模式，生产企业专搞生产，把原材料送货供应、所生产产品的销售、送货等物流业务全交给物流企业去承担。物流企业成为生产企业的大管家，负责上、下链的流通，只有这样做，物流企业才会合理有效地组织利用资源，既保证自己的经济效益，又保证生产企业的经济效益。

第三方物流企业的全方位发展包括两点：高端信息技术的处理和优质特殊的高附加值服务。物流企业要提供最佳的服务，就必须要有良好的信息处理和传输系统。目前在大型的配送公司里，往往建立了 ECR（有效客户信息反馈）和 JIT 系统（精炼管理系统），配送不仅实现了内部的信息网络化，而且增加了配送货物的跟踪信息，进而提高物流企业的服务水平。在电子商务的环境下，由于全球经济的一体化趋势，当前的物流业正向全球化、信息化和一体化发展。此外，在电子商务时代，物流发展到集约化的阶段，一体化配送中心不单单是提供仓储和运输服务，还必须开展配货、配送和各种提高附加值的流通加工服务项目，也可按照客户需要提供其他服务。总之，电子商务促进了第三方物流业的完善发展，第三方物流应立足于高科技、高起点，建立和发展适合网络经济形式的物流业。

第三节　电子商务下的新型物流

一、第四方物流

（一）第四方物流的概念

第四方物流（Fourth Party Logistics，简称 4PL）的概念是由美国安盛咨询公司率先提出的，将其定义为“一个调配和管理组织自身的及具有互补性的服务提供商的资源、能力与技术，来提供全面的供应链解决方案的供应链集成商”。它实际上是一种虚拟物流，是依靠业内最优秀的第三方物流供应商、技术供应商、管理咨询顾问和其他增值服务商，整合社会资源，通过整个供应链的影响力，为用户提供独特的和广泛的供应链解决方案，为顾客带来更大的价值。

同第三方物流相比，第四方物流服务的内容更多，覆盖的地区更广，对从事货运物流服务的公司要求更高，要求它们必须开拓新的服务领域，提供更多的增值服务，即迅速、高效、低成本和人性化服务等。

（二）第四方物流的功能

第四方物流的基本功能有三个方面：

①供应链管理功能，即管理从货主/托运人到用户/顾客的供应全过程；

②运输一体化功能，即负责管理运输公司、物流公司之间在业务操作上的衔接与协调问题；

③供应链再造功能，即根据货主/托运人在供应链战略上的要求，及时改变或调整战略战术，使其高效率地运作。第四方物流成功的关键是以“行业最佳的物流方案”为客户提供服务与技术。

第三方物流要么独自提供服务，要么通过与自己有密切关系的转包商来为客户提供服务，它不大可能提供技术、仓储和运输服务的最佳整合。因此，第四方物流就成了第三方物流的“协助提高者”，也是货主的“物流方案集成商”。

（三）第四方物流的基本运作模型

第四方物流存在三种基本的运作模式：

1. 超能力组合（1+1>2）协同运作模型

第四方物流和第三方物流共同开发市场，第四方物流向第三方物流提供一系列的服务，包括：技术、供应链策略、进入市场的能力和项目管理的专业能力。第四方物流往往会在第三方物流公司内部工作，其思想和策略通过第三方物流这样一个具体实施者来实现，以达到为客户服务的目的。第四方物流和第三方物流一般会采用商业合同的方式或者战略联盟的方式合作。

2. 方案集成商模型

在这种模式中，第四方物流为客户提供运作和管理整个供应链的解决方案。第四方物流对本身和第三方物流的资源、能力和技术进行综合管理，借助第三方物流为客户提供全面的、集成的供应链方案。第三方物流通过第四方物流的方案为客户提供服务，第四方物流作为一个枢纽，可以集成多个服务供应商的能力和客户的能力。

3. 行业创新者模型

第四方物流为多个行业的客户开发和提供供应链解决方案，以整合整个供应链的职能为重点，第四方物流将第三方物流加以集成，向上下游的客户提供解决方案。在这里，第四方物流的责任非常重要，因为它是上游第三方物流的集群和下游客户集群的纽带。行业解决方案会给整个行业带来最大的利益。第四方物流会通过卓越的运作策略、技术和供应链运作实施来提高整个行业的效率。

第四方物流无论采取哪一种模式，都突破了单纯发展第三方物流的局限性，能做到真正的低成本、高效率、实时运作，实现最大范围的资源整合。第四方物流可以不受约束地将每一个领域的最佳物流提供商组合起来，为客户提供最佳物流服务，进而形成最优物流方案或供应链管理方案。而第三方物流缺乏跨越整个供应链运作以及真正整合供应链流程所需的战略专业技术，其要么独自，要么通过与自己有密切关系的转包商来为客户提供服务，所以不太可能提供技术、仓储与运输服务的最佳结合。

二、绿色物流

（一）绿色物流的概念

随着环境资源恶化程度的加深，对人类生存和发展的威胁越大，因此人们对环境的利用和环境的保护越来越重视，现代物流的发展必须优先考虑环境问题。从一定的程度上来说，我国的物流发展也是以环境为代价的，短期的环境牺牲为经济发展带来了些许的好处，但毕竟不是长久之计。实施绿色物流越来越成为一种必要的选择。

绿色物流（Environmental logistics）是指在物流过程中抑制物流对环境造成危害的同时，实现对物流环境的净化，使物流资源得到最充分利用。这就需要从环境角度对物流体系进行改进，即需要形成一个环境共生型的物流管理系统。这种物流管理系统建立在维护全球环境和可持续发展基础上，在抑制物流对环境造成危害的同时，采取与环境和谐相处的态度和全新理念，设计和建立一个环型的、循环的物流系统，达到使传统物流末端的废旧物质能回流到正常的物流过程中来，形成一种能促进经济与消费健康发展的物流系统，即向绿色物流转变。因此，现代绿色物流管理强调全局和长远的利益，强调全方位对环境的关注，体现了企业绿色形象，是一种新的物流管理趋势。

（二）绿色物流的实施

绿色物流管理作为当今经济可持续发展的重要组成部分，对经济的发展和人民生活质量的改善具有重要的意义，无论政府有关部门还是企业界，都应强化物流管理，共同构筑绿色物流发展的框架。

1. 政府的绿色物流管理措施

对于政府而言，要严格实施《环境保护法》、《固体废物污染环境防治法》以及环境噪音污染防治条例等，并不断完善有关环境法律法规。还要加强对现有的物流体制强化管理，并制定一些优惠政策鼓励企业绿色生产、绿色经营，比如对公路运输提价，鼓励铁路运输；促进企业选择合理的运输方式，发展共同配送；政府统筹物流中心的建设，建设现代化的物流管理信息网络等，并构筑绿色物流发展的框架。

推进绿色物流除了加强政府管理外，还应重视民间绿色物流的倡导，对于消费者来说，要积极倡导绿色需要、绿色消费，通过绿色消费方式倡导企业实施绿色物流管理，通过绿色消费行为迫使企业自律绿色物流管理，通过绿色消费舆论要求政府规制绿色物流管理等。

2. 企业绿色物流管理措施

(1) 解放思想，提高认识，树立现代绿色物流的全新运作观念

当代物流不仅要树立服务观念，更应自始至终贯穿绿色运作的理念。因为物流的良好服务，离不开高效节能和安全优质。没有绿色物流的建立和发展，生产和消费就难以有效衔接，全社会的绿色革命和绿色经济就是一句空话。

(2) 做好物流企业的绿色转型工作

物流绿色化归根结底就是物流企业营运的绿色化。具体而言，要做好物流企业的绿色转型主要有以下几方面的工作：

首先，要尽量实施联合一贯制运输。联合一贯制运输是指吸取铁路、汽车、船舶、飞机等基本运输方式的长处，把它们有机地结合起来，实行多环节、多区段、多运输工具相互衔接进行商品运输的一种方式。这种运输方式以集装箱作为联结各种工具的通用媒介，可以减少包装支出，降低运输过程中的货损、货差。而且它克服了单个运输方式固有的缺陷，在整体上保证了运输过程的最优化和效率化；从物流渠道上看，它有效地解决了由于地理、气候、基础设施建设等各种市场环境差异造成的商品在产销空间、时间上的分离，促进了产销之间紧密结合以及企业生产经营的有效运转。

其次，要开展共同配送、减少污染。共同配送指由多个企业联合组织实施的配送活动。共同配送统一集货、统一送货可以明显地减少货流，有效消除交错运输，缓解交通拥挤状况，可以提高市内货物运输效率，减少空载率，有利于提高配送服务水平，使企业库存水平大大降低，甚至实现零库存，降低物流成本。

最后，要树立企业绿色形象，鼓励企业绿色生产、绿色经营，鼓励铁路运输，构筑环保物流发展的框架，比如建立绿色零售专柜或公司，以回归自然的装饰为标志，对零售柜台进行绿色包装，以吸引消费者。

(3) 加强对物流绿色化的研究和人才培养

我国物流发展滞后，除了与认识有限、科技水平落后有关外，也和相关专业人才的缺乏有关。绿色物流作为新生事物，对营运筹划人员和各专业人才要

求面广、层次高，亟需各大专院校和科研机构有针对性地培养，才能为绿色物流业输送更多的合格的绿色物流人才。

三、电子物流

（一）电子物流的概念

随着电子商务在全球的迅速开展和现代物流日益向纵深方向发展，电子物流的概念已悄然而至。电子物流就是利用电子化的手段，尤其是利用互联网技术来完成物流全过程的协调、控制和管理，实现从网络前端到最终客户端的所有中间过程服务，最显著的特点是各种软件技术与物流服务的融合应用。电子物流充分运用了以信息技术为代表的现代科技手段，适应了现代社会对物流安全可靠、高速度低费用的需求，是未来现代物流的主要发展方向之一。

电子物流的提出和产生，是信息技术和电子商务飞速发展的情况下现代物流发展的最新成果。由于物流业是一个涉及环节多、牵扯范围广、业务分散的服务领域，物流服务企业所提供的服务对象和范围都有其局限性，而大量的物流需求者却难以找到物流服务方，怎么样才能让物流供需双方方便、快捷的达成物流服务，物流的电子化、网络化、自动化就是必然的选择。电子物流的目的就是通过物流组织、交易、服务、管理方式的电子化，使物流商务活动能够方便、快捷地进行，实现物流的安全可靠、高速度低费用的目的。

（二）电子物流的运营模式

1. 定位在电子物流信息市场上以 Internet 为媒体建立的新型信息系统

它将企业或货主将要运输的物流信息及运输公司可调动的车辆信息上网确认后，双方签订运输合同。即货主将要运输的货物的种类、数量及目的地等上网，运输公司将其现有车辆的位置及可承接运输任务的车辆信息通过互联网提供给货主，依据这些信息，双方签订运输合同。从功能来看，主要功能有三个，即信息查询、发布、竞标，附属功能有行业信息、货物保险、物流跟踪、路状信息、GPS 等。

这类电子物流理论和实践包括我国的华夏交通在线、56NET、迪辰系统等。

国外如美国国家运输交易场（NET）www. Net. net。美国国家运输交易场是一个电子化的运输市场，它利用 Internet 技术，为货主、第三方物流公司、运输商提供一个可委托交易的网络。

2. 定位在为专业物流企业提供供应链管理的电子物流系统

它的特点是利用电子化的手段，尤其是利用互联网技术来完成物流全过程的协调、控制和管理，实现从网络前端到最终客户端的所有中间过程服务，最显著的特点是各种软件技术与物流服务的融合应用。它能够实现系统之间、企业之间以及资金流、物流、信息流之间的无缝链接，而且这种链接同时还具备预见功能，可以在上下游企业间提供一种透明的可见性功能，帮助企业最大限度地控制和管理库存。同时，由于全面应用了客户关系管理、商业智能、计算机电话集成、地理信息系统、全球定位系统、Internet、无线互联技术等先进的信息技术手段，以及配送优化调度、动态监控、智能交通、仓储优化配置等物流管理技术和物流模式，电子物流提供了一套先进的、集成化的物流管理系统，从而为企业建立敏捷的供应链系统提供了强大的技术支持。

目前国际上许多著名的专业物流企业都不同程度地应用了这类电子物流系统，如美国联邦快递（Fedex），Fedex 公司于 2000 年 7 月开展了为中小企业客户提供网站建设解决方案的业务，这些网上商店由 Fedex 进行管理，同时这种前端服务同 Fedex 的后端服务相连接，提供集成的电子物流服务。

我国的宝供物流集团，利用 XDI 物流信息平台建立了与众多客户间以及宝供各分支机构间的网络沟通，使得宝供可以直接从客户的信息系统中获得订单，而无需传真和手工录入。宝供的一个客户采用 XDI 物流信息平台后使每一个订单运行的时间缩短了 3 天，每年减少的库存占压有一亿元。

本章小结

电子商务物流的管理模式主要有企业自营物流模式、企业物流联盟模式、物流全部外包模式等。第三方物流（Third Party Logistics ，TPL/3PL）是指由物流劳务的供方、需方之外的第三方去完成物流服务的物流运作方式，即物流交易双方的部分或全部物流功能的外部服务提供者。第三方物流整合了多项物流功能，使电子商务企业能够集中精力于主要业务、缩短顾客的交货期、减少企业物流成本、节省费用、增强企业的行业竞争力、提升企业形象。具有现代电子信息技术基础、合同导向和个性化的物流服务等特点。

第四方物流是一个调配和管理组织自身的及具有互补性的服务提供商的资源、能力与技术，来提供全面的供应链解决方案的供应链集成商；绿色物流是指在物流过程中抑制物流对环境造成危害的同时，实现对物流环境的净化，使物流资源得到最充分利用。电子物流是利用电子化的手段，尤其是利用互联网技术来完成物流全过程的协调、控制和管理，实现从网络前端到最终客户端的所有中间过程服务。

复习思考题

1. 什么是自营物流？自营物流的优缺点有哪些？

2. 什么是物流企业联盟？物流企业联盟的优缺点有哪些？

3. 什么是第三方物流？它有哪些特点？

4. 第三方物流与电子商务之间有何关系？

5. 什么是第四方物流？第四方物流的特点有哪些？

6. 企业实施绿色物流主要从哪几方面着手？

7. 什么是电子物流？

实践练习

一、实践项目

电子商务企业的物流模式。

二、实践目的

通过实地调研，明确企业应如何选择电子商务物流模式。

三、实践要求

通过实地参观一个电子商务企业或上网收集资料，了解该企业采取的电子商务物流模式。

四、实践环节

1. 实践场所选择

实地参观，需要选择本市具有一定规模、电子商务水平较高企业。上网收集资料最好选择在国内或国际有一定知名度的电子商务企业调查。

2. 实践准备工作

复习本章有关内容，提出自己的问题，设计好参观和调查的目标。

3. 实践步骤

(1) 了解该企业的概况。

(2) 该电子商务企业现有的物流模式。

(3) 具体分析，该企业现有的物流模式是否适应企业的实际。若是，则分析原因；若不是，则设计出合适的方案来。

五、实践结果

学生完成实践报告。

第八章 电子商务供应链管理

导 读

如何迅速组织物流，满足电子商务环境下用户的购物需求，已成为企业开展电子商务必须考虑的首要问题。物流是供应链流程的一部分，企业物流运作要使整个供应链物流总成本最低。20 世纪 90 年代以来，电子商务的推广，也促使供应链管理出现了新的方式——集成供应链管理（Integrated Supply Chain Management）系统研究。

相对于国外供应链管理的多年经验，我国供应链管理探索才刚刚起步。如何借鉴国外供应链管理的成熟经验，应对电子商务时代供应链与供应链之间的竞争，是我国企业的当务之急。本章就此着重介绍几种电子商务环境下的供应链管理方法。学习本章时，应注重领会供应链管理的核心思想。

导读案例八

本田公司（Honda）与其供应商的合作伙伴关系

位于俄亥俄州的本田美国公司，强调与供应商之间的长期战略合作伙伴关系。本田公司总成本的大约80%都是用在向供应商的采购上，这在全球范围是最高的。因为它选择离制造厂近的供应源，所以与供应商能建立更加紧密的合作关系，能更好地保证 JIT 供货。制造厂库存的平均周转周期不到 3 小时。1982 年，27 个美国供应商为本田美国公司提供价值 1 400万美元的零部件，而到了 1990 年，有 175 个美国的供应商为它提供超过 22 亿美元的零部件。大多数供应商与它的总装厂距离不超过 150 里。在俄亥俄州生产的汽车的零部件本地率达到 90%（1997 年），只有少数的零部件来自日本。强有力的本地化供应商的支持是本田公司成功的原因之一。

在本田公司与供应商之间是一种长期相互信赖的合作关系。如果供应商达到本田公司的业绩标准则可以成为它的终身供应商。本田公司也在以下几个方面提供支持帮助，使供应商成为世界一流的供应商：

(1) 2名员工协助供应商改善员工管理；

(2) 40名工程师在采购部门协助供应商提高生产率和质量；

(3) 质量控制部门配备120名工程师解决进厂产品和供应商的质量问题；

(4) 在塑造技术、焊接、模铸等领域为供应商提供技术支持；

(5) 成立特殊小组帮助供应商解决特定的难题；

(6) 直接与供应商上层沟通，确保供应商的高质量；

(7) 定期检查供应商的运作情况，包括财务和商业计划等；

(8) 外派高层领导人到供应商所在地工作，以加深本田公司与供应商相互之间的了解及沟通。

本田与Donnelly公司的合作关系就是一个很好的例子。本田美国公司从1986年开始选择Donnelly为它生产全部的内玻璃，当时Donnelly的核心能力就是生产内玻璃，随着合作的加深，相互的关系越来越密切（部分原因是相同的企业文化和价值观），本田公司开始建议Donnelly生产外玻璃（这不是Donnelly的强项）。在本田公司的帮助下，Donnelly建立了一个新厂生产本田的外玻璃。它们之间的交易额在第一年为5百万美元，到1997年就达到6千万美元。

在俄亥俄州生产的汽车是本田公司在美国销量最好、品牌忠诚度最高的汽车。事实上，它在美国生产的汽车已经部分返销日本。本田公司与供应商之间的合作关系无疑是它成功的关键因素之一。

（资料来源：http：//www.amteam.org/k/SCM/2007-4/557718.html）

[思考问题]

如何理解本案例中的供应链？你认为本田公司进行了怎样的供应链管理？

第一节　供应链与供应链管理概述

一、供应链

供应链的概念是20世纪80年代初提出的，但其真正发展却是在20世纪90年代后期。供应链译自于英文的“Supply Chain”，供应链管理则译自英文的“Supply Chain Management”（SCM）。

所谓供应链，是指产品生产和流通过程中所涉及的原材料供应商、生产商、批发商、零售商以及最终消费者组成的供需网络，即由物料获取、物料加工，并将成品送到用户手中这一过程所涉及的企业和企业部门组成的一个网络。

供应链是社会化大生产的产物，是重要的流通组织形式和市场营销方式。它以市场组织化程度高、规模化经营的优势，有机地联结生产和消费，对生产和流通有着直接的导向作用。电子商务将供应链的各个参与方联结为一个整体，实现了供应链的电子化管理，这也正是要讨论供应链及其管理的必要所在。

供应链按划分依据不同可以有多种类型，具体有：

①根据供应链的研究对象及其范围，供应链可分为企业供应链、产品供应链和基于供应链合作伙伴关系（供应链契约）的供应链等类型。

②以网状结构划分，供应链可分为发散型的供应链网（Y 型供应链网）、会聚型的供应链网（A 型供应链网）和介于上述两种模式之间的供应链网（T 型供应链网）等类型。

③以分布范围划分，供应链可分为公司内部供应链、集团供应链、扩展供应链和全球网络供应链四种类型。

④根据供应链的稳定性，还可以将供应链分为稳定的供应链和动态的供应链。

⑤根据供应链的功能模式，可以把供应链分为市场反应性供应链和物理有效性供应链。

⑥根据生产决策的驱动力，可以把供应链分为推动式供应链和拉动式供应链。

二、供应链管理

（一）供应链管理的概念及其内容

供应链管理是在现代科技条件下，产品极其丰富的条件下发展起来的管理理念，它涉及各种企业及企业管理的方方面面，是一种跨行业的管理，并且企业之间作为贸易伙伴，为追求共同经济利益的最大化而共同合作。所以开展电子商务必须加强对供应链的管理。

所谓供应链管理是指利用计算机网络技术全面规划供应链中的商流、物流、信息流、资金流等，并进行计划、组织、协调与控制。供应链管理的目标在于提高用户服务水平和降低总的交易成本，并且寻求两个目标之间的平衡。

实现企业供应链管理，首先要清楚供应链管理涉及的主要内容。我国著名的供应链管理专家马士华教授认为供应链管理主要涉及供应（Supply）、生产计划（Schedule）、传统物流（Logistics，主要指运输和存储）和需求（Demand）四个领域。如图 8-1 所示。

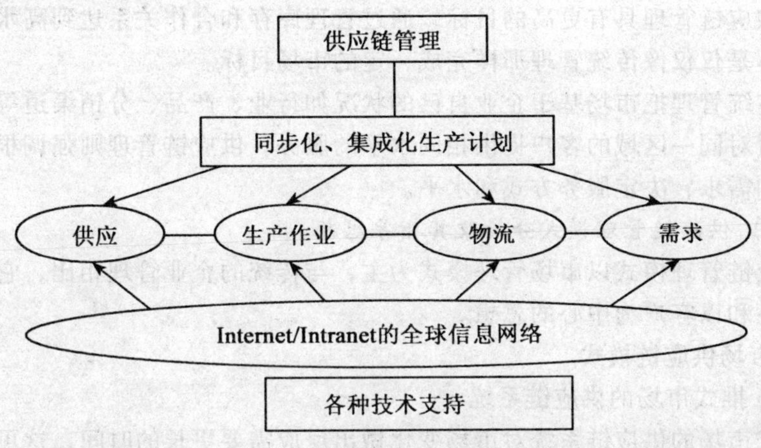

图 8-1　供应链管理领域

在以上四个领域的基础上，我们可以将供应链管理细分为职能领域和辅助领域。职能领域主要包括产品工程、产品技术保证、采购、生产控制、库存控制、仓储管理、分销管理。而辅助领域主要包括客户服务、制造、设计工程、会计核算、人力资源、市场营销。由此可见，供应链管理关心的并不仅仅是物料实体在供应链中的流动，除了企业内部与企业之间的运输问题和实物分销以外，供应链管理还包括以下主要内容：

①战略性供应商和用户合作伙伴关系管理；

②供应链产品的需求预测和计划；

③供应链的设计（节点企业、材料来源、生产设计、分销系统与能力设计、管理信息系统和物流系统设计等）；

④企业内部和企业之间的物料供应与需求管理；

⑤基于供应链的用户服务和物流（运输、库存、包装等）管理；

⑥企业间资金流管理（汇率、成本等问题）；

⑦基于 Internet/Intranet 的供应链交互信息管理。

（二）供应链管理与传统管理模式的区别

①供应链管理把供应链中所有节点企业看做一个整体，供应链管理涵盖整个物流从供应商到最终用户的采购、制造、分销、零售等职能管理领域和过程。

②供应链管理最关键的是需要采用集成的思想和方法来统筹管理整个供应

链的各个功能，而不仅仅是对传统管理节点企业、技术方法等资源简单的连接。

③供应链管理强调和依赖战略管理，最终是对整个供应链进行战略决策。

④供应链管理具有更高的目标，通过管理库存和合作关系达到高水平的服务，而不是仅仅像传统管理那样完成一定的市场目标。

⑤传统管理把市场基于企业自己的状况如行业、产品、分销渠道等进行划分，然后对同一区域的客户提供相同水平的服务；供应链管理则强调根据客户的状况和需求，决定服务方式和水平。

（三）供应链管理模式分析及其指导思想

供应链管理模式以市场管理模式为主，与传统的企业管理相比，它更加强调整体性和以客户为中心的思想。

1. 市场供应链模式

（1）推式市场的供应链系统

推式市场的供应链系统对市场变化做出反应需要更长的时间，这可能会导致“牛鞭效应”现象，即随着往供应链上游前进，需求被不断放大的现象，最终导致两种后果的产生：一是该系统可能没有能力满足变化的需求方式；二是当市场对某些产品的需求消失时，该供应链系统的库存将过时。

（2）拉式市场的供应链系统

在拉式市场的供应链系统中是由需求驱动的，因此生产是根据实际顾客需求而不是预测需求进行协调的。

2. “推动式”管理与“拉动式”管理的区别

①“推动式”管理要求企业按计划来配置资源，即企业是被推动运作的，企业要根据顾客的偏好与消费者的需求，设计新产品，并由供应商提供部分原料、中间产品和相关服务，产品在内部制造出来后通过零售商上市销售到顾客手中。整个过程是由内而外，应付需求高度多样化，大量的备用存货，各个环节都会付出由于库存、拖延与过长的交货时间所发生的高昂代价。

②“拉动式”管理是指根据市场需求由外而内决定生产什么、何时生产、生产多少。在这种管理模式下，顾客的需求、顾客的购买行为、顾客的潜在消费偏好、顾客的意见等都是企业谋求竞争优势所必须争夺的重要资源，是顾客而不是产品主导企业的生产和销售活动，顾客是核心和主要的市场驱动力。

3. 企业经营战略调整使供应链管理由“推动式”向“拉动式”转变

传统的供应链管理是一种“推动式”的供应链管理，管理的出发点是将原材料推到产成品、市场，一直推至客户端，随着市场竞争的加剧，生产出的产品必须要转化成利润，企业才能得以生存和发展，为了赢得客户、赢得市场，企业管理进入了以客户及客户满意度为中心的管理，因而企业的供应链运营规则随即由“推动式”转变为以客户需求为原动力的“拉动式”供应链管理，这是一种企业经营战略的调整。

综上所述，与其他任何管理方法一样，供应链管理有自己的思想、组织、方法和技术体系。供应链管理的指导思想可以简单地归纳如下三句话，即市场拉动、全局最优、战略合作伙伴关系。

“市场拉动”意指以顾客和最终消费者为经营导向，努力按顾客和消费者的期望提供他们真正想要的产品或服务，由市场需求拉动生产和供应。“全局最优”是指在既定的顾客服务水平前提下，追求供应链总体效益和总体效率的优化，以降低供应链总成本，缩短供应链总交货周期为原则对企业的供应、生产、运输、仓储等管理活动流程进行优化、重组。“战略合作伙伴关系”是指供应链合作关系强调长期的战略协议，强调相互之间的信任与合作，利益共享，风险同担。

第二节　供应链管理方法

一、快速反应（QR）

（一）QR 产生的背景

20 世纪 60 年代和 20 世纪 70 年代，美国的杂货行业面临着国外进口商品的激烈竞争。20 世纪 80 年代早期，美国国产的鞋、玩具以及家用电器的市场占有率下降到 20%，而国外进口的服装却占据了美国市场的 40%。面对与国外商品的激烈竞争，纺织与服装行业在 20 世纪 70 年代和 80 年代采取的主要对策是在寻找法律保护的同时，加大现代化设备的投资。尽管上述措施取得了巨大的成功，但服装行业进口商品的渗透却在继续增加。一些行业的先驱认识到，保护主义措施无法保护美国服装制造业的领先地位，他们必须寻找其他方法。

1984 年，美国服装、纺织以及化纤行业的先驱们成立了一个用国货为荣委员会（Crafted with Pride in USA Council）该委员会的任务是为购买美国生产的纺织品和服装的消费者提供更大的利益。1985 年该委员会开始做广告，提高了美国消费者对本国生产服装的信誉度。该委员会也拿出一部分经费，研究如何长期保持美国的纺织与服装行业的竞争力。1985 ~ 1986 年，Kurt Salmon 协会进行了供应链分析。结果发现，尽管系统的各个部分具有高运作效率，但整个系统的效率却十分低。于是纤维、纺织、服装以及零售业开始寻找那些在供应链上导致高成本的原因。结果发现，供应链的长度是影响其高效运作的主要因素。例如，整个服装业供应链，从原材料到消费者购买，时间为 66 周，其中11周在制造车间，40周在仓库或转运，15周在商店。这样长的供应链不仅各种费用大，而且更重要的是，建立在不精确需求预测上的生产和分销，因数量过多或过少造成的损失都非常大。整个服装业供应链系统的总损失每年可达25亿美元，其中2/3的损失来自于零售商或制造商对服装的降价处理以及在零售时的缺货。进一步的调查发现，消费者离开商店而不购买的主要原因是找不到合适尺寸和颜色的商品。

这项研究导致了快速反应策略的应用和发展。快速反应是零售商及其供应商密切合作的策略，零售商和供应商通过共享POS系统信息联合预测未来需求，发现新产品营销机会等，对消费者的需求做出快速的反应。从运作的角度来讲，贸易伙伴需要用EDI加快信息的流动，并共同重组它们的业务活动，以将订货前置时间和成本极小化。在补货中应用QR可以将交货前置时间降低75%。

（二）QR的含义

QR（Quick Response），即快速反应，是美国纺织服装业发展起来的一种供应链管理方法。它是美国零售商、服装制造商以及纺织品供应商开发的整体业务概念，目的是减少从原材料到销售点的时间和整个供应链上的库存，最大限度地提高供应链管理的运作效率。

QR要求零售商和供应商一起工作，通过共享POS信息来预测商品的未来补货需求，以及不断地预测未来发展趋势以探索新产品的机会，以便对消费者的需求能更快地做出反应。在运作方面，双方利用EDI来加速信息流，并通过共同组织活动来使得前置时间和费用最小。

QR的着重点是对消费者需求做出快速反应。QR的具体策略有待上架商品准备服务（Floor Ready Merchandise）、自动物料搬运（Automatic Material Handling）等。实施QR可分为三个阶段：

1. 第一阶段

对所有的商品单元条形码化，即对商品消费单元用EAN/UPC条形码标识，对商品贸易单元用ITF-14条形码标识，而对物流单元则用UCC/EAN-128条形码标识。利用EDI传输订购单报文和发票报文。

2. 第二阶段

在第一阶段的基础上增加与内部业务处理有关的策略。如自动补库与商品即时出售等，并采用EDI传输更多的报文，如发货通知报文、收货通知报文等。

3. 第三阶段

与贸易伙伴密切合作，采用更高级的QR策略，以对客户的需求做出快速反应。一般来说，企业内部业务的优化相对来说较为容易，但在贸易伙伴间进行合作时，往往会遇到诸多障碍。在 QR 实施的第三阶段，每个企业必须把自己当成集成供应链系统的一个组成部分，以保证整个供应链的整体效益。例如，Varity Fair 与 Federated Stores，是北美地区的先导零售商，在与它们的贸易伙伴采用联合补库系统后，它们的采购人员和财务经理就可以省出更多的时间来进行选货、订货和评估新产品。

（三）实施 QR 的成功条件

1. 改变传统的经营方式、经营意识和组织结构

①企业不能局限于依靠本企业独自的力量来提高经营效率的传统经营意识，而要树立通过与供应链各方建立合作伙伴关系，努力利用各方资源来提高经营效率的现代经营意识。

②零售商在垂直型 QR 系统中起主导作用，零售店铺是垂直型 QR 系统的起始点。

③在垂直型 QR 系统内部，通过 POS 数据等销售信息和成本信息的相互公开和交换，来提高各个企业的经营效率。

④明确垂直型 QR 系统内各个企业之间的分工协作范围和形式，消除重复作业，建立有效的分工协作框架。

⑤必须改变传统的事务作业的方式，通过利用信息技术实现事务作业的无纸化和自动化。

2. 开发和应用现代信息处理技术

这些信息技术有条形码技术、电子订货系统（EOS）、POS 系统、EDI 技术、电子资金转账（EFT）、卖方管理库存（VMI）、连续补货（CRP）等。

3. 与供应链各方建立战略伙伴关系

具体内容包括以下两个方面：一是积极寻找和发现战略合作伙伴；二是在合作伙伴之间建立分工和协作关系。合作的目标定为削减库存，避免缺货现象的发生，降低商品风险，避免大幅度降价现象发生，减少作业人员和简化事务性作业等。

4. 改变传统的对企业商业信息保密的做法

将销售信息、库存信息、生产信息、成本信息等与合作伙伴交流共享，并在此基础上，要求各方在一起发现问题、分析问题和解决问题。

5. 缩短生产周期和降低商品库存

具体来说供应方应努力做到：缩短商品的生产周期；进行多品种少批量生产和多频度少数量配送，降低零售商的库存水平，提高顾客服务水平；在商品实际需要将要发生时采用 JIT 方式组织生产，减少供应商自身的库存水平。

二、有效客户反应（ECR）

（一）ECR 产生的背景

20 世纪 60 年代和 70 年代，美国日用杂货业的竞争主要是在生产厂商之间展开。竞争的重心是品牌、商品、经销渠道和大量的广告和促销，在零售商和生产厂家的交易关系中生产厂家占据支配地位。进入 20 世纪 80 年代，特别是到了 20 世纪 90 年代以后，在零售商和生产厂家的交易关系中，零售商开始占据主导地位，竞争的重心转向流通中心、商家自有品牌（PB）、供应链效率和 POS 系统。同时在供应链内部，零售商和生产厂家之间为取得供应链主导权的控制，同时为商家品牌（PB）和厂家品牌（NB）占据零售店铺货架空间的份额展开着激烈的竞争，这种竞争使得在供应链的各个环节间的成本不断转移，导致供应链整体的成本上升，而且容易牺牲力量较弱一方的利益。

在这期间，从零售商角度来看，随着新的零售业态如仓储商店、折扣店的大量涌现，使得它们能以相当低的价格销售商品，从而使日用杂货业的竞争更趋激烈。在这种状况下，许多传统超市业者开始寻找适应这种竞争方式的新管理方法。从生产厂家角度来看，由于日用杂货商品的技术含量不高，大量无实质性差别的新商品被投入市场，使生产厂家之间的竞争趋同化。生产厂家为了获得销售渠道，通常采用直接或间接的降价方式作为向零售商促销的主要手段，这种方式往往会大量牺牲厂家自身的利益。所以，如果生产商能与供应链中的零售商结成更为紧密的联盟，将不仅有利于零售业的发展，同时也符合生产厂家自身的利益。

另外，从消费者的角度来看，过度竞争往往会使企业在竞争时忽视消费者的需求。通常消费者要求的是商品的高质量、新鲜、服务好和在合理价格基础上的多种选择。然而，许多企业往往不是通过提高商品质量、服务好和在合理价格基础上的多种选择来满足消费者，而是通过大量的诱导型广告和广泛的促销活动来吸引消费者转换品牌，同时通过提供大量非实质性变化的商品供消费者选择。这样，消费者不能得到他们需要的商品和服务，他们得到的往往是高价、不甚满意的商品。对应于这种状况，客观上要求企业从消费者的需求出发，提供能满足消费者需求的商品和服务。

在上述背景下，美国食品市场营销协会（UC Food Marketing Institute，FMI）联合包括 COCA-COLA，P&G，Safeway Store 等 6 家企业与流通咨询企业 Kurt Salmon Associates 公司一起组成研究小组，对食品业的供应链进行调查、总结、分析，于 1993 年 1 月提出了改进该行业供应链管理的详细报告。在该报告中系统地提出有效客户响应的概念体系。经过美国食品市场营销协会的大力宣传，ECR 概念被零售商和制造商所接纳并被广泛地应用于实践。

(二) ECR 的含义

ECR (Efficient Consumer Response)，即"有效客户反应"，它是在食品杂货业分销系统中，分销商和供应商为消除系统中不必要的成本和费用，给客户带来更大效益而进行密切合作的一种供应链管理方法。

ECR 的最终目标是建立一个具有高效反应能力和以客户需求为基础的系统，使零售商及供应商以业务伙伴方式合作，提高整个食品杂货业供应链的效率，而不是单个环节的效率，从而大大降低整个系统的成本、库存和物资储备，同时为客户提供更好的服务。

有效客户反应是一种运用于工商业的策略。供应商和零售商通过共同合作(如建立供应商/分销商/零售商联盟)，改善其在货物补充过程中的全球性效率，而不是以单方面不协调的行动来提高生产力，这样能降低由生产到最后销售的贸易周期的成本。

通过 ECR，如计算机辅助订货技术，零售商无需签发订购单，即可实现订货；供应商则可利用 ECR 的连续补货技术，随时满足客户的补货需求，使零售商的存货保持在最优水平，从而提供高水平的客户服务，并进一步加强与客户的关系。同时，供应商也可从商店的销售点数据中获得新的市场信息，改变销售策略；对于分销商来说，ECR 可使其快速分拣运输包装，加快订购货物的流动速度，进而使消费者享用更新鲜的物品，增加购物的便利和选择，并加强消费者对特定物品的偏好。

(三) 实施 ECR 的原则与要素

1. 实施 ECR 的原则

①以较低的成本，不断致力于向食品杂货供应链客户提供更优的产品。更高的质量、更好的分类、更好的库存服务以及更多的便利服务。

②ECR 必须由相关的商业带头人启动。该商业带头人应决心通过代表共同利益的商业联盟取代旧式的贸易关系，而达到获利之目的。

③必须利用准确、适时的信息以支持有效的市场、生产及后勤决策。这些信息将以 EDI 的方式在贸易伙伴间自由流动，它将影响以计算机信息为基础的系统信息的有效利用。

④产品必须随其不断增值的过程，从生产到包装，直至流动到最终客户的购物篮中，以确保客户能随时获得所需产品。

⑤必须采用通用一致的工作措施和回报系统。该系统注重整个系统的有效性(即通过降低成本与库存以及更好的资产利用，实现更优价值)，清晰地标识出潜在的回报(即增加的总值和利润)，促进对回报的公平分享。

2. 实施 ECR 的四大要素

实施 ECR 的四大要素是：高效产品引进 (Efficient Product Introductions)、

高效商店品种（Efficient Store Assortment）、高效促销（Efficient Promotion）以及高效补货（Efficient Replenishment）。

①高效产品引进。通过采集和分享供应链伙伴间时效性强的更加准确的购买数据，提高新产品销售的成功率。

②高效商店品种。通过有效的利用店铺的空间和店内布局，来最大限度地提高商品的获利能力。如建立空间管理系统等。

③高效促销。通过简化分销商和供应商的贸易关系，使贸易和促销的系统效率最高，如消费者广告（优惠券、货架上标明促销）、贸易促销（远期购买、转移购买）；

④高效补货。从生产线到收款台，通过 EDI，以需求为导向的自动连续补货和计算机辅助订货等技术手段，使补货系统的时间和成本最优化，从而降低商品的售价。

（四）ECR 的实施方法

要实施有效客户反应，首先应联合整个供应链所涉及的供应商、分销商以及零售商，改善供应链中的业务流程，使其最合理有效；然后，再以较低的成本，使这些业务流程自动化，以进一步降低供应链的成本和时间。具体地说，实施 ECR 需要将条形码、扫描技术、POS 系统和 EDI 集成起来，在供应链（由生产线直至付款柜台）之间建立一个无纸系统，以确保产品能不间断地由供应商流向最终客户。同时，信息流能够在开放的供应链中循环流动。这样，才能满足客户对产品和信息的需求，即给客户提供最优质的产品和适时准确的信息。

1. 为变革创造氛围

对大多数组织来说，改变对供应商或客户的内部认知过程，即从敌对态度转变为将其视为同盟的过程，将比实施 ECR 的其他相关步骤更困难，时间花费更长。创造 ECR 的最佳氛围首先需要进行内部教育以及通信技术和设施的改善，同时也需要采取新的工作措施和回报系统。但企业或组织必须首先具备一贯言行一致的强有力的高层组织领导。

2. 选择初期 ECR 同盟伙伴

对于大多数刚刚实施 ECR 的企业来说，建议成立 2～4 个初期同盟。每个同盟都应首先召开一次会议，来自各个职能区域的高级同盟代表将对 ECR 及怎样启动 ECR 进行讨论。成立 2～3 个联合任务组，专门致力于已证明可取得巨大效益的项目，如提高货车的装卸效率、减少损毁、由卖方控制的连续补货等。

以上计划的成功将增强企业实施 ECR 的信誉和信心。经验证明：往往要花上 9～12 个月的努力，才能赢得足够的彼此间的信任和信心，才能在开放的非敌对的环境中探讨许多重要问题。

3. 开发信息技术投资项目

虽然在信息技术投资不大的情况下就可获得 ECR 的许多利益，但是具有很强的信息技术能力的企业要比其他企业更具竞争优势。无纸的、完全整合的商业信息系统将具有许多补充功能，既可降低成本，又可使人们专注于其他管理以及产品、服务和系统的创造性开发。这种信息系统的投资开发对于支持 ECR 的成功实施具有重要意义。

（五）ECR 与 QR 的比较

ECR 主要以食品行业为对象，其主要目标是降低供应链各环节的成本，提高效率。而 QR 主要集中在一般商品和纺织行业，其主要目标是对客户的需求做出快速反应，并快速补货。这是因为食品杂货业与纺织服装行业经营的产品的特点不同：食品杂货业经营的产品多数是一些功能型产品，每一种产品的寿命相对较长（生鲜食品除外）。因此，订购数量过多（或过少）所造成的损失相对较小。纺织服装业经营的产品多属创新型产品，每一种产品的寿命相对较短。因此，订购数量过多（或过少）造成的损失相对较大。二者共同特征表现为超越企业之间的界限，通过合作追求物流效率化。

具体表现在如下三个方面：

1. 贸易伙伴间商业信息的共享

零售商将原来不公开的 POS 系统产品管理数据提供给制造商或分销商，制造商或分销商通过对这些数据的分析来实现高精度的商品进货、调整计划，降低产品库存，防止出现次品，进一步使制造商能制定、实施所需对应型的生产计划。

2. 商品供应方涉足零售业并提供高质量的物流服务

作为商品供应方的分销商或制造商比以前更接近位于流通最后环节的零售商（特别是零售业的店铺），从而保障物流的高效运作。当然，这一点与零售商销售、库存等信息的公开是紧密相连的，即分销商或制造商所从事的零售补货机能是在对零售店铺销售、在库情况迅速了解的基础上开展的。

3. 企业间订货、发货业务通过 EDI 实现订货数据或出货数据的传送无纸化

企业间通过积极、灵活运用这种信息通信系统，来促进相互间订货、发货业务的高效化。计算机辅助订货（CAO）、卖方管理库存（VMI）、连续补货（CRP）以及建立产品与促销数据库等策略，打破了传统的各自为政的信息管理、库存管理模式，体现了供应链的集成化管理思想，适应市场变化的要求。

从具体实施情况来看，建立世界通用的唯一的标识系统以及用计算机连接的能够反映物流、信息流的综合系统，是供应链管理必不可少的条件，即在

POS信息系统基础上确立各种计划和进货流程。也正因为如此，EDI的导入，从而达到最终顾客全过程的货物追踪系统和贸易伙伴间的沟通系统的建立，成为供应链管理的重要因素。

三、电子订货系统（EOS）

（一）EOS的含义

EOS（Electronic Ordering System），即电子订货系统，是指将批发、零售商场所发生的订货数据输入计算机，通过计算机通信网络连接的方式即刻将资料传送至总公司、批发业、商品供货商或制造商处。因此，EOS能处理从新商品资料的说明直到会计结算等所有商品交易过程中的作业，可以说EOS涵盖了整个商流。在寸土寸金的情况下，零售业已没有许多空间用于存放货物，在要求供货商及时补足售出商品的数量已不能有缺货的前提下，更必须采用EOS系统。EOS内涵了许多先进的管理手段，因此在国际上使用非常广泛，并且越来越受到商业界的青睐。

EOS系统不是单个的零售店与批发商组成的系统，而是许多零售店和批发商组成的大系统的整体运作方式。EOS系统基本上是在零售店的终端利用条形码阅读器获取准备采购的商品条形码，并在终端机上输入订货材料；利用电话线通过调制解调器传到批发商的计算机中；批发商开出提货传票，并根据传票，同时开出拣货车，实施拣货，然后依据送货传票进行商品发货；送货传票上的资料便成为零售商的应付账款资料及批发商的应收账款资料，并输到应收账款的系统中去；零售商对送到的货物进行检验后，便可以陈列与销售了。

（二）EOS的构成要素

从商流的角度来看电子订货系统，我们不难得到批发商和零售商、供货商、商业增值网络中心在商流中的角色和作用。

1. 批发、零售商

采购人员根据MIS系统提供的功能，收集并汇总各机构的要货的商品名称、要货数量，根据供货商的可供商品货源、供货价格、交货期限、供货商的信誉等资料，向指定的供货商下达采购指令。采购指令按照商业增值网络中心的标准格式进行填写，经商业增值网络中心提供的EDI格式转换系统而成为标准的EDI单证，经由通信界面将订货资料发送至商业增值网络中心。然后等待供货商发回的有关信息。

2. 商业增值网络中心

商业增值网络中心（VAN）不参与交易双方的交易活动，只提供用户连接界面，每当接收到用户发来的EDI单证时，自动进行EOS交易伙伴关系的核查，只有互为伙伴关系的双方才能进行交易，否则视为无效交易；确定有效交易关系后还必须进行 EDI 单证格式检查，只有交易双方均认可的单证格式，才能进行单证传递；并对每一笔交易进行长期保存，供用户今后的查询或在交易双方发生贸易纠纷时，可以根据商业增值网络中心所储存的单证内容作为司法证据。

商业增值网络中心是共同的情报中心，它是透过通信网络让不同的机种的计算机或各种连线终端相通，促进情报的收发更加便利的一种共同情报中心。实际上在这个流通网络中，VAN 也发挥了巨大的功能。VAN 不单单是负责资料或情报的转换工作，也可与国内外其他地域的 VAN 相连并交换情报，从而扩大了客户资料交换的范围。

3. 供货商

根据商业增值网络中心转来的 EDI 单证，经商业增值网络中心提供的通信界面和 EDI 格式转换系统而成为一张标准的商品订单，根据订单内容和供货商的 MIS 系统提供的相关信息，供货商可及时安排出货，并将出货信息通过 EDI 传递给相应的批发、零售商，从而完成一次基本的订货作业。

当然，交易双方交换的信息不仅仅是订单和交货通知，还包括订单更改、订单回复、变价通知、提单、对账通知、发票、退换货等许多信息。

（三）EOS 系统给零售业带来的好处

①压低库存量。零售业可以通过 EOS 系统将商店所陈列的商品数量缩小到最小的限度，以便使有限的空间能陈列更多种类的商品，即使是销量较大的商品也无需很大库房存放，可压低库存量，甚至做到无库存。商店工作人员在固定时间去巡视陈列架，将需补足的商品以最小的数量订购，在当天或隔天即可到货，不必一次订购很多。

②减少交货失误。EOS 系统订货是根据通用商品条形码来订货的，可做到准确无误。批发商将详细的订购资料用计算机处理，可以减少交货失误，迅速补充库存，如果能避免交错商品或数量不足，那么把对商品的检验由交货者来完成是十分可取的，零售商店只做抽样检验即可。

③改善订货业务。由于实施 EOS 系统，操作十分方便，无论任何人都可正确迅速地完成订货业务，并根据 EOS 系统可获得大量的有用信息，如订购的控制、批发订购的趋势、紧俏商品的趋势和其他信息等。若能将订货业务管理规范化，再根据 EOS 系统则可更加迅速准确地完成订货业务。

④建立商店综合管理系统。以 EOS 系统为中心确立商店的商品文件、商品货架系统管理、商品货架位置管理、进货价格管理等，便可实施商店综合管理系统。如将所订购的商品资料存入计算机，再依据交货传票，修正订购与实际交货的出入部分，进行进货管理分析，可确定应付账款的管理系统等。

（四）EOS 系统给批发业带来的好处

①提高服务质量。EOS 系统满足了顾客对某种商品少量、多次的要求，缩短交货时间，能迅速、准确和廉价的出货、交货；EOS 系统提供准确无误的订货，因此减少了交错商品率，减少了退货；计算机库存管理系统可以正确、及时地将订单输入，并且及时输出出货资料，从而减少了缺货现象的发生，增加了商品品种，方便了为顾客提供商品咨询；共同使用 EOS 系统，使得零售业和批发业建立了良好的关系，做到业务上相互支持，相辅相成。

②建立高效的物流体系。EOS 系统的责任制避免了退货、缺货现象，缩短了交货检验时间，可大幅度提高送货派车的效率，降低物流的成本。同时，可使批发业内部的各种管理系统化、规范化，大幅度降低批发业的成本。

③提高工作效率。实施 EOS 系统可以减轻体力劳动，减少事务性工作，减少以前专门派人去收订购单和登记、汇总等繁杂的手工劳动，以前 3 小时至半天的手工工作量，现在实施 EOS 系统后，几分钟即可完成。通常退货处理要比一般订货处理多花 5 倍的工时，实施 EOS 系统后，避免了退货，减少了繁杂的事务性工作。

④销售管理系统化。将销售系统与商店的综合管理系统进行一体化管理时，使销售信息的处理更加快捷，及时补货到位，保证了销售市场的稳定，大大提高了企业的经济效益。

四、企业资源计划（ERP）

ERP（Enterprise Resource Planning），即企业资源计划，是在 MRPⅡ和 JIT 的基础上，通过前馈的物流和反馈的物流和资金流，把客户需求和企业内部的生产活动，以及供应商的制造资源结合在一起，体现完全按用户需求制造的一种供应链管理思想的功能网链结构模式。

此部分相关内容参见第五章第三节 ERP（企业资源计划）系统，在此不再赘述。

五、协同规划、预测和连续补货（CPFR）

随着经济环境的变迁、信息技术的进一步发展以及供应链管理逐渐为全球所认同和推广，供应链管理开始更进一步地向无缝链接转化，促使供应链的整合程度进一步提高。

高度供应链整合的项目就是沃尔玛所推动的 CFAR 和 CPFR，这种新型系统不仅是对企业本身或合作企业的经营管理情况给予指导和监控，更是通过信息共享实现联动的经营管理决策。

CFAR（Collaborative Forecast and Replenishment）是利用 Internet，通过零

售企业与生产企业的合作，共同做出商品预测，并在此基础上实行连续补货的系统。CPFR（Collaborative Planning Forecasting and Replenishment）是在CFAR共同预测和补货的基础上，进一步推动共同计划的制定，即不仅合作企业实行共同预测和补货，同时将原来属于各企业内部事务的计划工作（如生产计划、库存计划、配送计划、销售规划等）也由供应链各企业共同参与。

CPFR具有以下特点：

①协同：CPFR要求双方长期承诺公开沟通、信息共享，从而确立其协同性的经营战略。协同的第一步就是保密协议的签署、纠纷机制的建立、供应链计分卡的确立以及共同激励目标的形成。在确立协同性目标时，不仅要建立起双方的效益目标，更要确立协同的盈利驱动性目标，只有这样，才能使协同性能体现在流程控制和价值创造的基础之上。

②规划：CPFR要求有合作规划（品类、品牌、分类、关键品种等）以及合作财务（销量、订单满足率、定价、库存、安全库存、毛利等）。此外，为了实现共同的目标还需要双方协同制定促销计划、库存政策变化计划、产品导入和中止计划以及仓储分类计划。

③预测：CPFR强调买卖双方必须做出最终的协同预测。CPFR所推动的协同预测不仅关注供应链双方共同做出最终预测，同时也强调双方都应参与预测反馈信息的处理和预测模型的制定和修正，特别是如何处理预测数据的波动等问题。最终实现协同促销计划是实现预测精度提高的关键。

④补货：销售预测必须利用时间序列预测和需求规划系统转化为订单预测，并且供应方约束条件，如订单处理周期、前置时间、订单最小量、商品单元以及零售方长期形成的购买习惯等都需要供应链双方加以协商解决。协同运输计划也被认为是补货的主要因素。例外状况出现的比例、需要转化为存货的百分比、预测精度、安全库存水准、订单实现的比例、前置时间以及订单批准的比例，这些都需要在双方公认的计分卡基础上定期协同审核。

六、分销需求计划（DRP）与物流资源计划（LRP）

（一）DRP

DRP（Distribution Requirement Planning），即分销需求计划，是库存管理的一种方法，是MRP原理和技术在流通领域中的具体应用。它能够实现流通领域内物流资源按照时间、数量的需求计划到位，达到保证有效地满足市场需要又使得配置费用最省的目的。

DRP为管理部门提供了一系列的好处：

①对存货的有效管理使得存货水平得到了有效的降低，同时降低了仓储费用；

②对主生产计划的指导协调了产品的制造和物流环节，降低了产品的成本；

③降低了配送过程的运输费用；

④提高了预测能力；

⑤改善了服务水平，保证顾客的需求能得到满足；

⑥提高了存货对市场不确定性的反应的机动性。

（二）LRP

LRP（Logistics Resource Planning），即物流资源计划，是运用物流手段进行物资资源优化配置的技术，它是在MRP和DRP的基础上形成和发展起来的，是MRP和DRP的集成应用。

从市场的角度来看，LRP是为企业生产和流通的高效运行组织资源，包括从社会和企业内部有效地组织资源，改善企业物流，提高企业效率。

从社会的角度来看，LRP是为市场需求进行经济有效的物资资源配置，满足社会的物资需求。

总的说来，LRP就是要打破生产和流通领域的界限，面向大市场，为企业生产和社会流通提供经济有效的物资资源配置。LRP的基本思想包括了以下几个基本方面：

①站在市场的高度，既为社会市场需求配置物资资源，满足社会的物资需要，又为企业的生产和流通的经济高效运行组织资源。

②打破生产和流通领域的界限，允许企业在整个大市场内为企业、为社会统一进行物资资源配置，以降低配置成本。

③灵活运用各种手段，打破地区、部门、所有制界限，利用各种经营组织、经营方式以及采用各种物流优化方法，什么方式能实现资源的有效配置，最能提高经济效益就采取什么方式。

第三节　电子商务与供应链管理

供应链管理的载体是计算机管理信息系统，它分为两部分：

其一是企业内部网（Intranet），即企业内部财务、营销、库存等所有的业务环节全部由计算机管理，目的是使企业内部管理明细化。

其二是有严格的计算机管理的物流配送中心，制定适应供应链的配送原则和管理原则。

电子商务为供应链管理的有效实施奠定了基础，而供应链管理是企业开展电子商务的最佳也是唯一可行的切入点。供应链管理与电子商务相结合，产生了电子商务供应链管理。

一、电子商务与供应链管理的关系

在供应链中，所有的节点企业基于为用户提供质量最好、价值最高的产品或服务的共同目标而相互紧密地联结在一起。松散的联结是不能增值的，不管供应链中哪一点的失误，都可能导致整个供应链出现产品或服务的质量问题，而EC（电子商务）、QR、ECR等的出现与应用，则消除了用户和供应商之间的障碍。

知识经济时代的到来，信息替代劳动力和库存成为提高生产力的主要因素，而企业用于提高决策水平的信息更多的来源于电子商务。供应商通过EDI给其用户发出货运通知单，通知用户什么产品将于什么时候起运，用户利用这条信息更改其库存水平。而分销商把销售点和预测信息传送给它们的供应商，供应商再根据这些信息进行计划和生产。当供应链中节点企业能很好地通过电子商务达到信息共享后，企业就可以提高生产力，提高质量，为产品提供更大的附加值。

通过电子商务的运用，能有效联结供应商、制造商、分销商和用户之间在供应链中的关系，而且在企业内部，电子商务也可以改善部门之间的联系。如Internet加强了用户“拉动式”机制，使用户可以直接从供应商那里获得产品的同时，获得有用信息，而且通过Internet，企业能以更低的成本加入到供应链联盟中。

进一步分析，电子商务与供应链管理之间表现出如下关系：

1. 电子商务使供应链管理思想得以实现

供应链管理思想，强调核心企业与最杰出的企业建立战略合作关系，通过重新设计业务流程，做好本企业能创造特殊价值的、比竞争对手更擅长的关键性业务工作，这样不仅能大大地提高本企业的竞争能力，而且能使供应链上的其他企业都受益。电子商务是以管理人员为中心的人机交互式的管理信息系统。它是将先进的管理思想，运用到企业内外各个层面实施企业流程再造，借助于计算机实现供应链管理的全过程。

2. 电子商务促进了供应链的发展

电子商务的应用促进了供应链的发展，也弥补了传统供应链的不足。从基础设施的角度看，传统的供应链管理一般建立在私有专用网络上，需要投入大量资金，只有一些大型的企业才有能力进行自己的供应链建设，并且这种供应链缺乏柔性。而电子商务使供应链可以共享全球化网络，使中小型企业以较低的成本加入到全球化供应链中。由于采用电子商务的方法，许多核心供应链概念和规则已经以许多更高效率的方法在实践中应用了。这些概念包括：信息共享，多方合作，供应链管理设计，大规模定制的延迟，外包和合作，延伸或联合业绩度量。

3. 供应链管理是执行电子商务当中不可或缺的重要一环

供应链管理是电子商务的一个重要部分和环节，又是企业提高业务经营管理的重要手段。利用电子商务的优势，企业可以及时搜集信息并在此基础上进行统计分析，生成有价值的数据，以运用到企业内部日常经营和与外部上下游供应链的优化管理整合中。供应链管理提供制造商与其他企业体系间的供需联系管道，透过电子商务快速反映顾客的需要，以适时、适地、适量及优惠的价格提供客户所需的产品或服务，为客户、供应商及企业三方创造价值。

4. 供应链管理是实现电子商务的理论依据

企业建立电子商务是通过现代化的管理手段，用新的管理模式代替旧的管理模式的一场变革，实行电子商务必须以供应链管理理论为依据，在供应链管理思想指导下，实现电子商务。借助于计算机这个有利工具，通过网络实现企业供应链管理，提高企业竞争力是一种新的思想和方法，是一次管理革命。这是实现电子商务的基础。没有这样的基础，实施电子商务只不过是空中楼阁。基于供应链的管理思想，使原来在传统商务形式下被忽视的个别需求对应服务活动、按单生产、基于模块化的大规模定制、物流服务等高附加增值活动，在现代电子商务中得到了全面实现和高度关注。

二、电子商务与供应链管理的集成

集成化供应链管理将成为企业进入21世纪后适应全球竞争的一种有效途径。电子商务与供应链的集成与整合已是大势所趋。从管理手段上观察，供应链管理是基于Internet/Intranet的供应链交互的信息管理，这是以电子商务为基础的运作方式。基于Internet的信息技术的应用是供应链的基础支持系统，它包含各种功能和供应链中各组织单元的信息。供应链中的协作生产和物流集成，需要诸如订单计划、各节点存货状态、采购计划、生产计划、供应商交货预安排及储运存货情况等信息的集成共享，以有效降低供应链中为缓冲需求波动的存货的数量，同时又能保证交货及时和高效。而电子商务的出现可以为企业实施供应链管理提供有力的信息技术支持和广阔的活动舞台。

电子商务与供应链管理的结合，使得供应链的运作方式发生了改变。电子商务对供应链上的信息流、物流、商流进行优化和整合，促进了企业之间的沟通，有利于新产品的开发，改进流程效率，维持低库存零退货。由于有电子商务的介入，供应链的体系结构相应也会发生变化。如图8-2所示。

从图8-2可以看出，电子商务企业的供应链利用Internet技术，实现企业内部和企业之间的信息集成和信息协作，利用Internet上国际市场进行信息与资金流的交换。其中企业内部的信息流和资金流的交换是利用Intranet实现

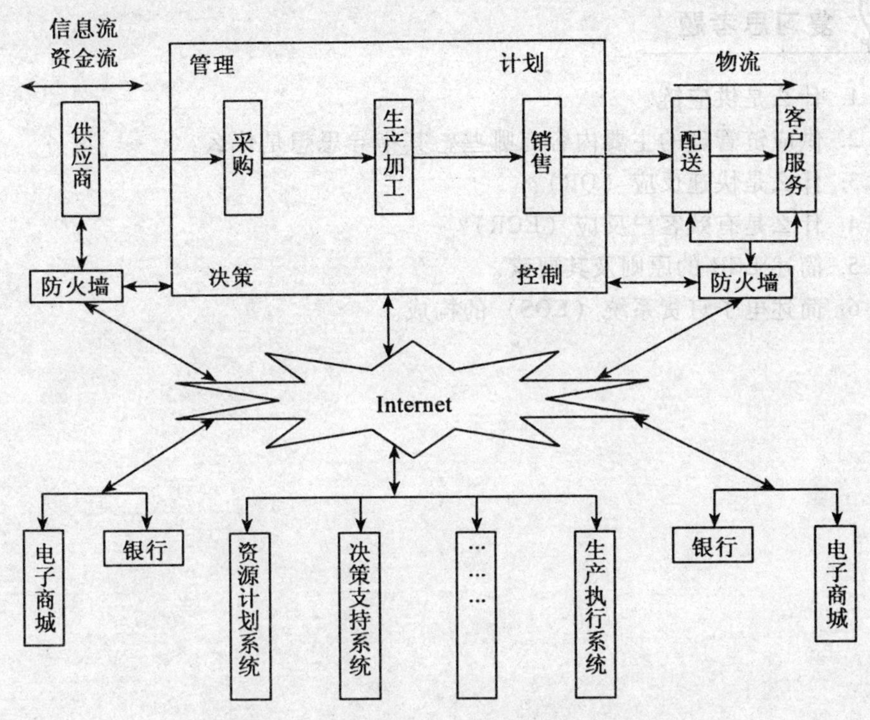

图 8-2　基于电子商务的供应链体系结构

的，企业之间的信息流和资金流的交换是通过 Internet 利用电子数据交换方式实现的。在这些信息技术的全力支持下，要求其供应链上各成员围绕物流和资金流进行信息共享和经营协调，实现柔性的和稳定的供需关系。

本章小结

供应链管理是指利用计算机网络技术全面规划供应链中的商流、物流、信息流、资金流等，并进行计划、组织、协调与控制。供应链管理的目标在于提高用户服务水平和降低总的交易成本，并且寻求两个目标之间的平衡。

供应链管理的方法有：快速反应（QR）、有效客户反应（ECR）、电子订货系统（EOS）、企业资源计划（ERP）、协同规划、预测和连续补货（CPFR）、分销需求计划（DRP）、物流资源计划（LRP）等。电子商务环境下应充分运用这些方法实施供应链管理集成化。

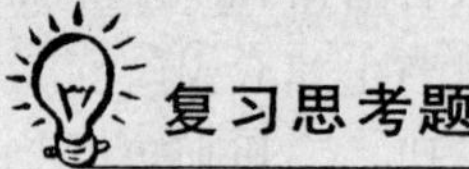

复习思考题

1. 什么是供应链？
2. 供应链管理的主要内容有哪些？其指导思想是什么？
3. 什么是快速反应（QR）？
4. 什么是有效客户反应（ECR）？
5. 简述 ECR 的原则及其要素。
6. 简述电子订货系统（EOS）的构成。

附录一　助理物流师模拟知识试卷

一、判断题（正确的在括号内画√，错误的画×。每题1分，共20分。）

（　）1. 从物流过程来看，从生产者到消费者的销售渠道环节最少，物流过程的可控制性比较强。

（　）2. 条形码技术是一种半自动识别技术。

（　）3. 贯彻“先进先出”原则是仓库合理存放货物的基本要求。

（　）4. 广义的库存不包括处于制造加工状态和运输状态的物品。

（　）5. 退货入库的商品因已经过检验，所以入库时无需再检验。

（　）6. 在库存管理 ABC 分类法中，A 类物品占库存总数的15%，其库存成本占总成本的70% ~80%。

（　）7. 装卸一般是指物品在物流节点间进行短距离的移动。

（　）8. 产品包装，尤其是产品商业包装在销售物流过程中将要起到便于保护、便于仓储、便于运输、便于装卸搬运的作用。

（　）9. 流通加工是为了弥补生产过程中加工不足，更有效地满足用户需要而进行的一种辅助性加工活动。

（　）10. 搬运一般是指在物流节点间进行物品的处理活动。

（　）11. 按物流系统性质分类，可分为生产物流、供应物流、销售物流、回收物流和废弃物物流。

（　）12. 物流信息不仅对物流活动具有支持保证的功能，而且具有连接整合整个供应链和使整个供应链活动效率化的功能。

（　）13. 装卸搬运作业组织是遵循经济效益为主，安全生产为辅的原则。

（　）14. 配送是在经济合理区域范围内，根据第三方物流服务提供者的要求，对物品进行拣选、加工、包装、分割、组配等作业，并按时送达指定地点的物流活动。

（　）15. 准时配送方式要求由具有很高水平的配送系统来实施。

（　）16. 拣选是配送中心作业活动中的辅助内容。

（　）17. 准时生产就是要严格按规定的上、下班时间进行生产。

（　）18. 物料编码是 MRP 系统识别物料的唯一标志。

(　　) 19. 精益生产方式的特点是少品种、大批量、低消耗和高质量。

(　　) 20. 物流具有创造需求的特性。

二、单项选择题（只有一个正确答案，将正确答案填写在括号内。每题 2 分，共 40 分。）

1. 第三方物流所包含的要素有（　）。

A. 第三方物流是建立在现代电子信息技术基础上的

B. 第三方物流根据顾客的临时需求提供多功能物流服务

C. 第三方物流是大众化物流服务，服务对象较多

D. 企业之间是临时合作关系

2. 从狭义范围来看，物流信息包括（　　）。

A. 商品交易信息　　B. 市场信息

C. 与物流活动有关的信息　　D. 政策信息

3. 现代物流管理以（　　）为目的。

A. 顾客满意　　B. 企业整体最优

C. 库存减少　　D. 生产成本最低

4. 配送是面向（　　）的服务。

A. 终点用户　　B. 中间用户

C. 始点厂家　　D. 中间厂家

5. 车辆配装时，应遵循以下原则（　）。

A. 重不压轻，后送后装　　B. 重不压轻，后送先装

C. 轻不压重，后送后装　　D. 轻不压重，后送先装

6. 供应商管理仓库可简写为（　）。

A. VMI　　B. SMV

C. SMI　　D. IMV

7. 用（　）观点来研究物流活动是现代物流科学的核心问题。

A. 静态　　B. 动态

C. 系统　　D. 全面

8. 在物流系统中，起着缓冲、调节和平衡作用的物流活动是（　　）。

A. 运输　　B. 配送

C. 装卸　　D. 仓储

9. 自动订货是（　　）。

A. 基于顾客需求利用计算机进行自动订货的系统

B. 基于库存和需要信息利用计算机进行自动订货的系统

C. 基于配送利用计算机进行自动订货的系统

D. 基于条形码利用计算机进行自动订货的系统

10. 反映物流各种活动内容的知识、资料、图像、数据、文件的总称称为（　　）。

A. 物流信息　　B. 物流集合

C. 物流汇编　　D. 物流情报

11. 企业在正常的经营环境下为满足日常的需要而建立的库存是（　　）。

A. 经常库存　　B. 季节性库存

C. 安全库存　　D. 最低库存

12. 配货时，大多是按照入库日期的（　　）原则进行。

A. 先进先出　　B. 先进后出

C. 后进先出　　D. 任其自然

13. 配送是输送的一种形式，其特点是（　　）。

A. 长距离大量的输送　　B. 长距离少量的输送

C. 短距离大量的输送　　D. 短距离少量的输送

14. 物流业是一种（　　）行业。

A. 生产性　　B. 生活性

C. 服务性　　D. 消费性

15. 海空复合运输最早起源于（　　）。

A. 英国　　B. 日本

C. 美国　　D. 巴西

16. 自动分拣系统由（　　）三种装置构成。

A. 验收装置、识别装置和自动分类装置

B. 设定装置、识别装置和自动输送装置

C. 设定装置、识别装置和自动分类装置

D. 验收装置、识别装置和自动输送装置

17. 单位装载方式按照使用的装载工具可分为（　　）。

A. 托盘方式和集装箱方式　　B. 托盘方式

C. 集装箱方式　　D. 袋装方式、托盘方式和集装箱方式

18. 在定期订货方式中，订货量等于（　　）。

A. 最高库存量－现有库存－订货未到量＋顾客延迟购买量

B. 最高库存量－现有库存＋订货未到量＋顾客延迟购买量

C. 最高库存量－现有库存－订货未到量－顾客延迟购买量

D. 最高库存量－现有库存＋订货未到量－顾客延迟购买量

19. 材料的净需求等于（　　）。

A. 总需求－可用库存－安全库存

B. 总需求－可用库存＋安全库存

C. 总需求 + 可用库存 + 安全库存

D. 总需求 - 有效库存 - 可用库存 + 安全库存

20. MRP 系统是一种以（　）为核心的生产管理系统。

A. 物料需求计划　　B. 制造资源计划

C. 企业资源计划　　D. 配送需求计划

三、多项选择题（有两个或两个以上正确答案，将正确答案填写在括号内。每题 2 分，共 40 分。）

1. 以下运输活动中，属于不合理运输的是（　）。

A. 迂回运输　　B. 对流运输

C. 支线运输　　D. 干线运输

2. 物流标准包括（　）。

A. 物流技术标准　　B. 物流工作标准

C. 物流管理标准　　D. 物流作业标准

3. 物流信息系统的基本内容包括物流信息（　）。

A. 传递的标准实时化　　B. 使用的全面化

C. 存储的数字化　　D. 处理的计算机化

4. 条形码是由一组规则排列的（　）组成的。

A. 条　　B. 空

C. 字符　　D. 各种花纹

5. JIT 的目标是（　）。

A. 零废品　　B. 零库存

C. 利润最大化　　D. 降低成本

6. 物流如何创造时间价值（　）。

A. 缩短时间创造价值　　B. 弥补时间差创造价值

C. 延长时间差创造价值　　D. 延长时间创造价值

7. 电子商务与物流的关系（　）。

A. 电子商务是现代化物流和信息技术发展的产物

B. 电子商务离不开物流

C. 物流是实施电子商务的根本保证

D. 电子商务会促进物流技术的发展

8. 物流总成本和物流企业（　）合起来，构成物流的价格，即物流费用。

A. 利润　　B. 税务

C. 成本　　D. 利息

9. 采购时间可将采购划分为（　）。

A. 现货采购　　B. 直接采购
C. 远期合同采购　　D. 紧急采购

10. 目前 B to B 在线采购方式的运营模式有（　　）。
A. 供应商提供的卖方在线系统　　B. 制造商提供的买方在线系统
C. 第三方在线系统　　D. 第四方在线系统

11. 现代包装机械化，对于加速实现物流现代化具有十分重要的作用，主要表现在（　　）。
A. 提高效率　　B. 降低劳动强度
C. 降低成本　　D. 提高质量

12. 运输合理化的影响因素包括（　　）。
A. 运输距离　　B. 运输环节
C. 运输工具　　D. 运输时间

13. 销售物流服务的构成要素有（　　）。
A. 订货周期　　B. 方便性
C. 可靠性　　D. 通信渠道

14. 下列哪些因素会影响销售物流渠道的选择（　　）。
A. 企业自身因素　　B. 运输路线的因素
C. 生产企业的因素　　D. 市场因素

15. 下列哪些项目可增强物流企业市场竞争力（　　）。
A. 节约总的物流费用　　B. 以高质量的服务提高社会形象
C. 要不断创造新价值　　D. 要有灵活的定价策略

16. 提供增值服务的主要领域有（　　）。
A. 以客户为核心的服务　　B. 以制造为核心的服务
C. 以运输为核心的服务　　D. 以配送为核心的服务

17. 订货周期由下列时间组成（　　）。
A. 订单传递时间　　B. 订单处理时间
C. 订单接受时间　　D. 订货准备时间

18. 允许缺货的经济批量，是指（　　）之和总成本最小的批量。
A. 订货成本　　B. 运输成本
C. 保管成本　　D. 缺货损失成本

19. 常见的 SCM 方法有（　　）。
A. QR　　B. EOS
C. ECR　　D. ERP

20. 储存成本的构成是（　　）。
A. 运输费用　　B. 存货损坏费用
C. 仓库保管费用　　D. 其他费用

附录二 用友 ERP-U8 供应链实训①

[实训项目]

购销存日常业务处理

[实训内容]

一、基本采购业务

二、普通销售业务

[实训目的]

掌握企业在日常业务中如何通过软件来处理采购入库业务、销售出库业务及相关账表查询。

[实训准备]

1. 教师准备供应链模块中所需要的初始设置数据，包括各子系统的启用、基础档案的设置、基础科目的设置以及期初余额的整理录入等。

2. 学生引入上述初始设置数据。

[实训资料]

1. 2007 年 1 月 2 日，供应部周伟向北京方正电脑公司订购 P4/1.7G 电脑 50 台，无税单价为 6 000 元，预计到货日期为本月 6 日。

2. 2007 年 1 月 6 日，收到所订购的方正电脑 50 台，商品已验收入硬件库，并收到专用发票一张，单价 6 000 元，增值税税率为 17%，价税合计 351 000 元，已用转账支票（支票号：ZP001）支付。财务部门确认此业务所涉及的应付账款及采购成本。

3. 2007 年 1 月 8 日，市场一部赵红收到北京飞宇中学订单一张，订购 A 软件 200 套，无税单价 200 元，金额 40 000 元，无增值税率。预计本月 12 日发货。

4. 2007 年 1 月 12 日，市场一部赵红向北京飞宇中学发出其所订货物，并据此开据销售普通发票一张。同时收到北京飞宇中学开出的转账支票一张，支票号为 ZP002。财务部门做收款处理。

[实训流程]

---

① 实训根据用友 ERP-U8 培训资料和汪刚、沈银萱编著《会计信息系统实验》改编。

一、基本采购业务操作流程

基本采购业务操作流程如图 1 所示。

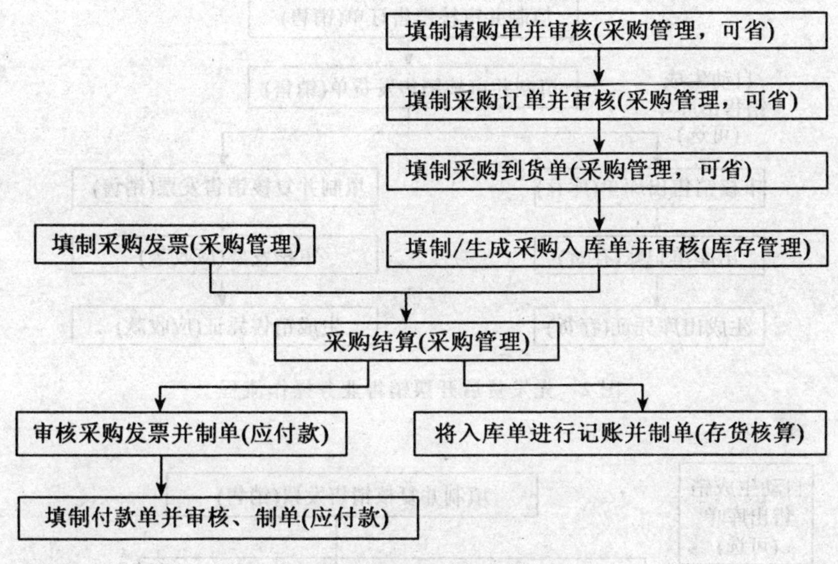

图 1　基本采购业务操作流程

注意事项：

1. 采购业务的处理流程中请购单、采购订单、采购到货单在实际应用时可根据需要选择是否使用。

2. 采购发票可参照采购订单、采购入库单生成。

3. 生成入库凭证时必须选择选项“已结算采购入库自动选择结算单的全部单据”。

二、普通销售业务

普通销售业务有两种模式，即先发货后开票和开票后直接发货。先发货后开票业务操作流程如图 2 所示。开票后直接发货业务操作流程如图 3 所示。

注意事项：

1. 先发货后开票模式下，是先录入发货单；开票直接发货模式下，是先录入发票。

2. 由系统自动生成的发货单无法修改。

［实训步骤］

一、基本采购业务（业务 1 和业务 2）

（一）在采购管理系统中填制采购订单并审核

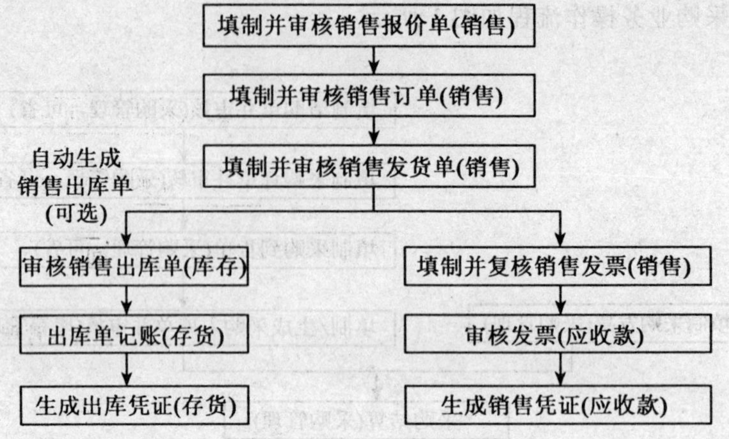

图 2　先发货后开票销售业务操作流程

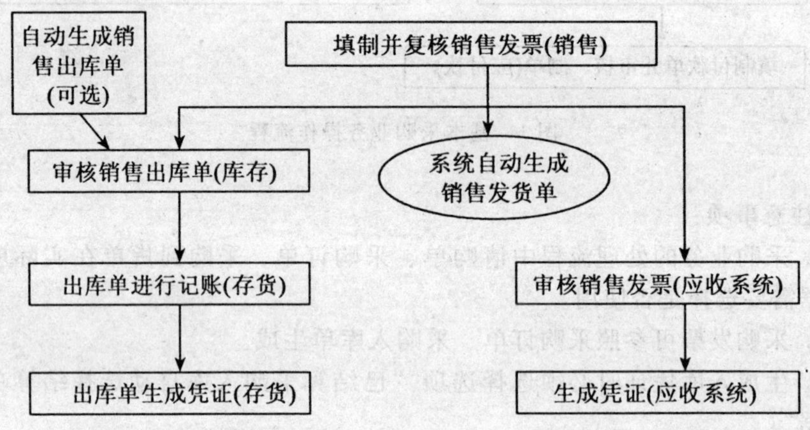

图 3　开票后直接发货销售业务操作流程

1. 启动采购管理系统，执行系统菜单“业务→订货→采购订单”，进入“采购订单”窗口（如图 4 所示），单击“增加”按钮。

2. 输入或选择表头数据。订单日期：2007-01-02；供货单位：北京方正；部门：供应部；业务员：周伟。

3. 输入或选择表体数据。存货编码：3002；数量：50；原币单价：6 000 元；计划到货日期：2007-01-06。

4. 单击“保存”按钮。单击“审核”按钮。

5. 单击“退出”按钮，退出“采购订单”窗口。

（二）在库存管理系统中输入采购入库单并审核

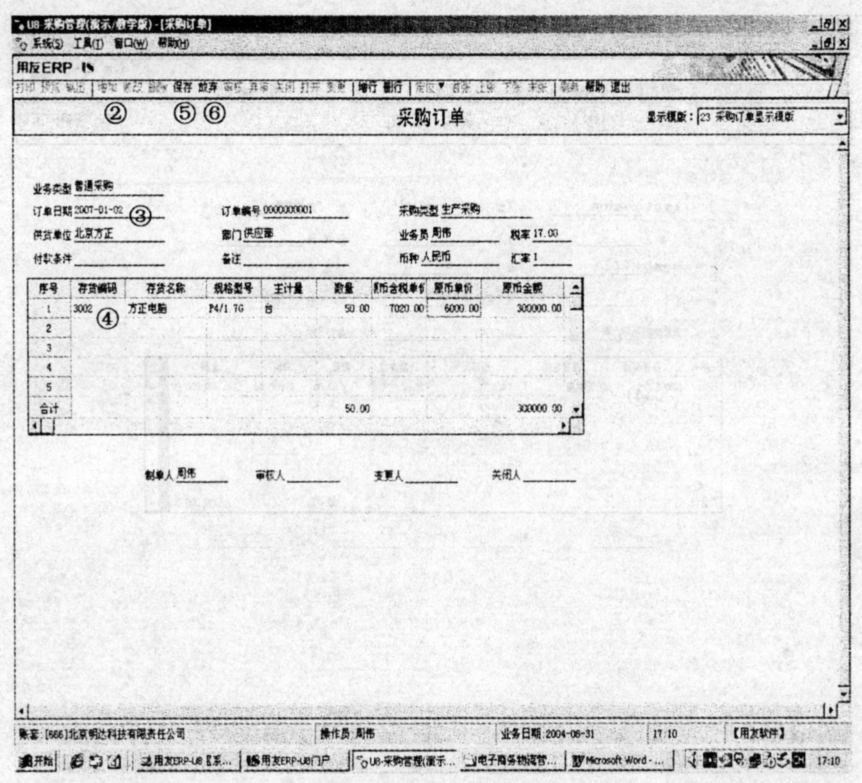

图4 采购订单

1. 启动库存管理系统，执行系统菜单“日常业务→入库→采购入库单”，进入“采购入库单”窗口（如图5所示），单击“增加”按钮。

2. 输入或选择表头数据。入库日期：2007-01-06；仓库：硬件库；供货单位：北京方正；部门：供应部；业务员：周伟；入库类别：采购入库。

3. 输入或选择表体数据。存货编码：3002；数量：50；单价：6 000元。

4. 单击“保存”按钮。单击“审核”按钮。

5. 单击“退出”按钮，退出“采购入库单”窗口。

（三）在采购管理系统中填制采购发票并进行采购结算

1. 启动采购管理系统，执行系统菜单“业务→发票→专用采购发票”，进入“采购专用发票”窗口（如图6所示），单击“增加”按钮。

2. 输入或选择表头数据。开票日期：2007-01-06；供货单位：北京方正；部门：供应部；业务员：周伟；发票日期：2007-01-05。

3. 输入或选择表体数据。存货编码：3002；数量：50；单价：6 000元。

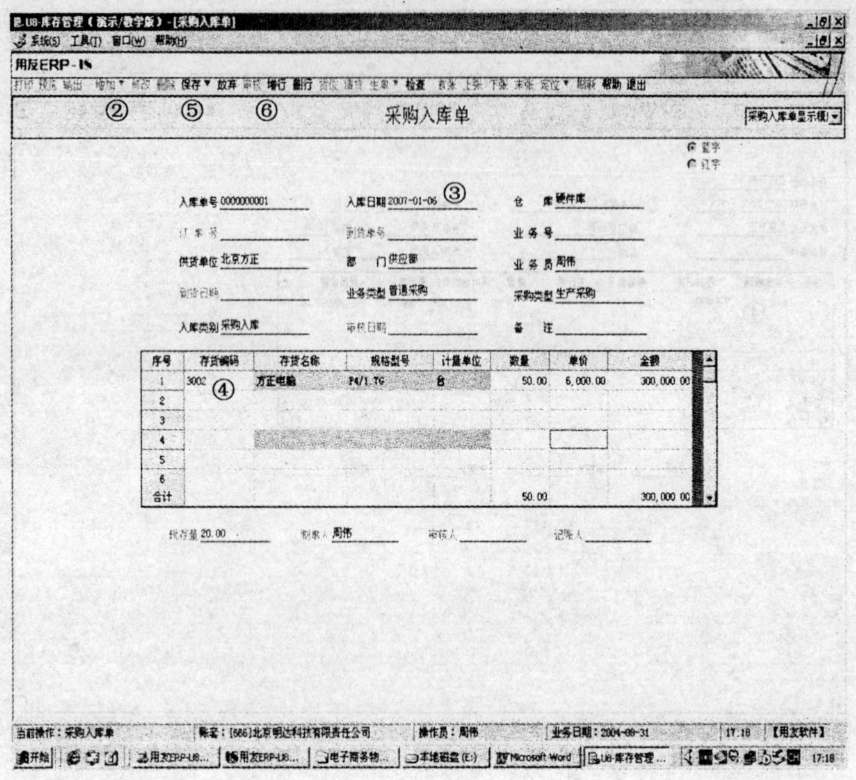

图 5 采购入库单

4. 单击“保存”按钮。

5. 单击“退出”按钮，退出“采购专用发票”窗口。

6. 执行系统菜单“业务→采购结算→自动结算”，打开“自动结算条件”对话框（如图 7 所示），单击“确认”按钮。

7. 打开“结算成功”提示框，单击“确定”按钮。

（四）在存货核算系统中对采购入库单记账并制单

1. 启动存货核算系统，执行系统菜单“日常业务→正常单据记账”，打开“正常单据记账条件”对话框（如图 8 所示），使用默认条件，单击“确认”按钮。

2. 进入“正常单据记账”窗口，单击“全选”按钮。单击“记账”按钮。

3. 单击“退出”按钮，退出“正常单据记账”窗口。

4. 执行系统菜单“财务核算→生成凭证”，进入“生成凭证”窗口。

5. 单击“选择”按钮，打开“查询条件”对话框，单击选择“采购入库单（暂估记账）”和“采购入库单（报销记账）”，单击“确认”按钮。

6. 进入“选择单据”窗口，单击“全选”按钮，单击“确定”按钮。

7. 进入“生成凭证”窗口，选择“转账凭证”类别（如图9所示）。

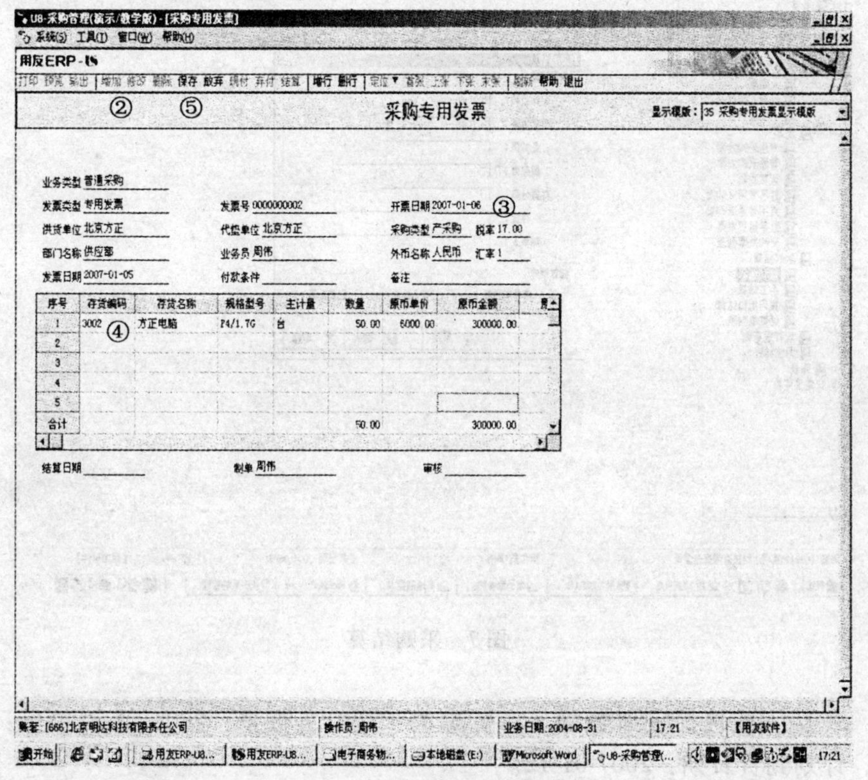

图6 采购专用发票

8. 在表中对方科目编码栏，输入“120102”，单击“生成”按钮。

9. 进入“填制凭证”窗口，单击“保存”按钮，将入库凭证保存。

二、普通销售业务（业务3和业务4）

（一）在销售管理系统中填制销售订单并审核

1. 启动销售管理系统，执行系统菜单“业务→销售订货→销售订单”，进入“销售订单”窗口，单击“增加”按钮。

2. 输入或选择表头数据。订单日期：2007-01-08；客户简称：飞宇中学；销售部门：市场一部；业务员：赵红。

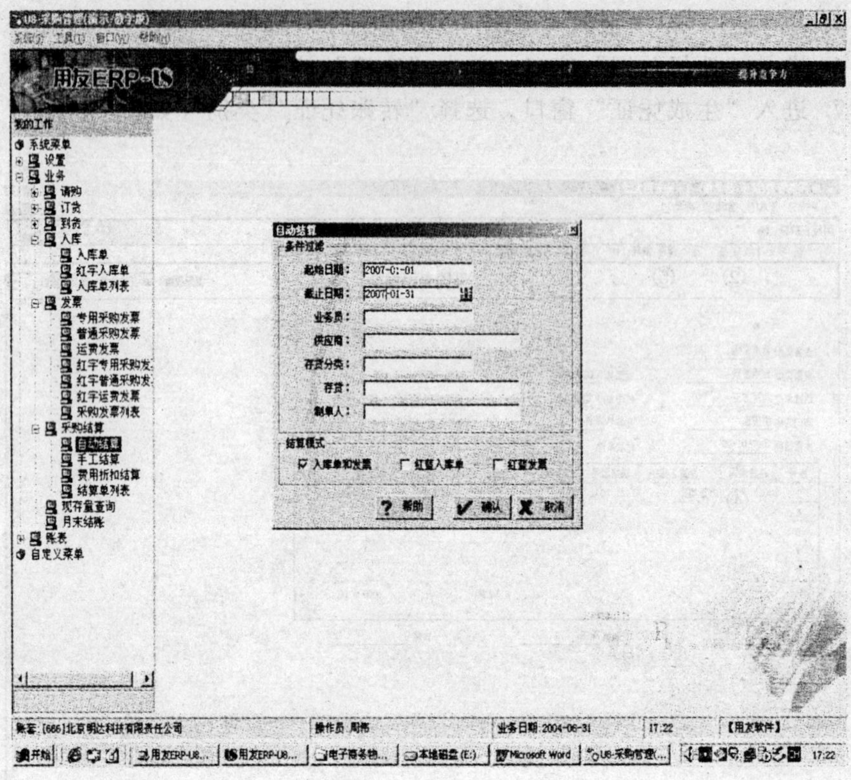

图 7　采购结算

3. 输入或选择表体数据。存货编码：2001；数量：200；无税单价：200元；计划到货日期：2007-01-12。

4. 单击“保存”按钮。单击“审核”按钮。

5. 单击“退出”按钮，退出“销售订单”窗口。

（二）在销售管理系统中输入并审核销售发票和发货单

1. 启动销售管理系统，执行系统菜单“业务→开票→销售普通发票”，进入“销售普通发票”窗口，单击“增加”按钮。

2. 输入或选择表头数据。开票日期：2007-01-12；客户简称：飞宇中学；销售部门：市场一部；业务员：赵红。

3. 输入或选择表体数据。仓库：软件库；存货编码：2001；数量：200；无税单价：200 元。

4. 单击“保存”按钮。单击“复核”按钮。

5. 单击“退出”按钮，退出“销售普通发票”窗口。

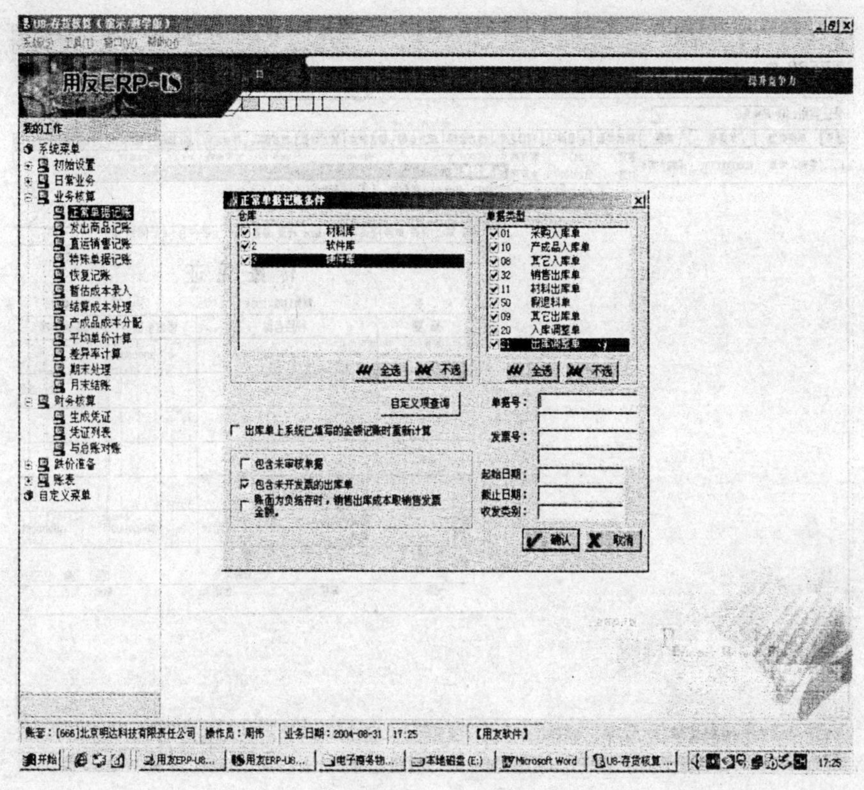

图 8　采购入库单记账

6. 发货单由销售发票自动生成并审核。可以执行系统菜单“业务→发货→发货单”，进行查看。

（三）在库存管理系统中审核销售出库单

1. 启动库存管理系统，执行系统菜单“日常业务→出库→销售出库单”，进入“销售出库单”窗口，单击“审核”按钮。

2. 弹出“该单据审核成功!”信息提示框，单击“确定”按钮。

（四）在存货核算系统中对销售出库单记账并制单

1. 启动存货核算系统，执行系统菜单“日常业务→正常单据记账”，打开“正常单据记账条件”对话框，使用默认条件，单击“确认”按钮。

2. 进入“正常单据记账”窗口，单击“全选”按钮。单击“记账”按钮。

3. 单击“退出”按钮，退出“正常单据记账”窗口。

4. 执行系统菜单“财务核算→生成凭证”，进入“生成凭证”窗口。

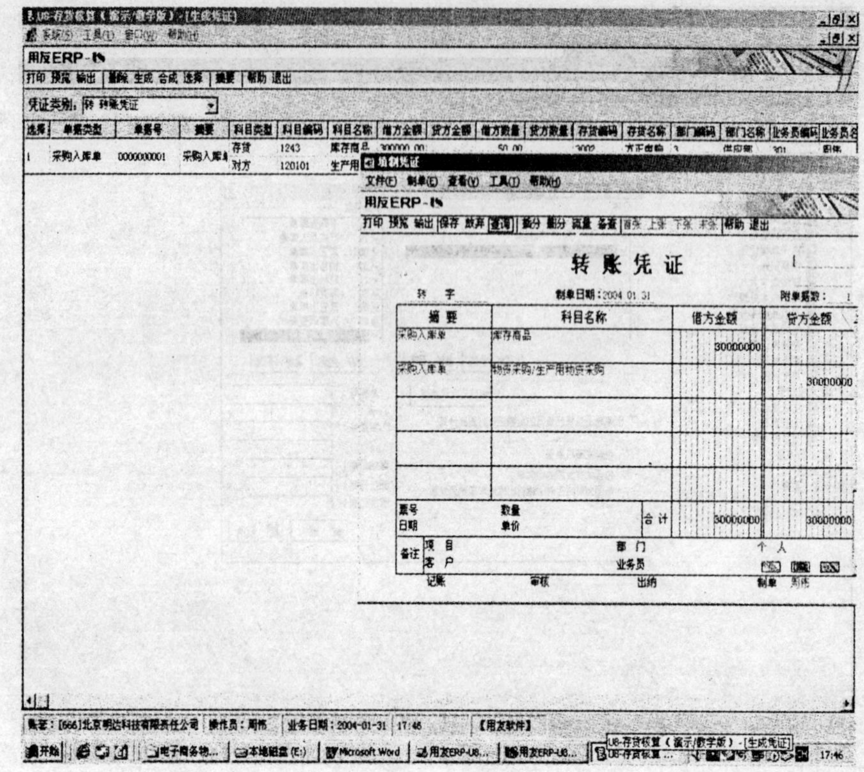

图9 生成凭证

5. 单击“选择”按钮，打开“查询条件”对话框，单击选择“销售出库单”，单击“确认”按钮。

6. 进入“选择单据”窗口，单击“全选”按钮，单击“确定”按钮。

7. 进入“生成凭证”窗口，选择“转账凭证”类别。

8. 单击“生成”按钮。

9. 进入“填制凭证”窗口，单击“保存”按钮，将出库凭证保存。

参考文献

[1] 张铎，林自葵．电子商务与现代物流［M］．北京：北京大学出版社，2004.

[2] 张文杰．电子商务下的物流管理［M］．北京：清华大学出版社，北京：北方交通大学出版社，2003.

[3] 劳动和社会保障部，中国就业培训技术指导中心组织．国家职业资格培训教程——物流师系列［M］．北京：中国劳动社会保障出版社，2005.

[4] 崔介何．电子商务与物流［M］．北京：中国物资出版社，2003.

[5] 罗振华．电子商务物流管理［M］．杭州：浙江大学出版社，2003.

[6] 王忠诚．电子商务物流［M］．大连：大连理工大学出版社，2003.

[7] 张金寿．电子商务物流管理［M］．武汉：武汉理工大学出版社，2005.

[8] 潘军．电子商务物流管理［M］．南京：东南大学出版社，2002.

[9] 朱新民，林敏晖．物流采购管理［M］．北京：机械工业出版社，2004.

[10] 孙学琴，梁军．物流中心与运作［M］．北京：机械工业出版社，2004.

[11] 朱华．配送中心管理与运作［M］．北京：高等教育出版社，2003.

[12] 薛威，孙鸿．物流企业管理［M］．北京：机械工业出版社，2004.

[13] 陈文汉．电子商务物流［M］．北京：机械工业出版社，2004.

[14] 何明珂．电子商务与现代物流［M］．北京：经济科学出版社，2002.

[15] 蔡淑琴．物流信息系统［M］．北京：中国物资出版社，2002.

[16] 李东．管理信息系统的理论与应用［M］．北京：北京大学出版社，2001.

[17] 江锦祥．物流与电子商务［M］．北京：人民交通出版社，2003.

[18] 孙红．物流信息系统［M］．武汉：武汉理工大学出版社，2005.

[19] 张铎，周建勤．电子商务物流管理［M］．北京：高等教育出版社，2002.

[20] 詹姆斯·C. 约翰逊，唐纳德·F. 伍德. 现代物流学［M］. 北京：社会科学出版社，2003.

[21] 潘军. 电子商务物流管理［M］. 南京：南京大学出版社，2002.

[22] 兰宜生，等. 电子商务物流管理［M］. 北京：中国财政经济出版社，2001.

[23] 桂学文. 电子商务物流［M］. 武汉：华中师范大学出版社，2001.

[24] 宋华. 电子商务物流与电子供应链管理［M］. 北京：人民大学出版社，2004.

[25] 屈冠银. 电子商务物流管理2版［M］. 北京：机械工业出版社，2007.

[26] 何杨平，韩海雯，张潇元. 现代物流与电子商务［M］. 广州：暨南大学出版社，2004.

[27] 陈修齐. 电子商务物流管理［M］. 北京：电子工业出版社，2006.

[28] 汪群，韩翔、万煜，等. 企业商务电子化物流［M］. 北京：科学出版社，2004.

[29] 魏修建. 电子商务物流管理［M］. 重庆：重庆大学出版社，2004.

[30] 梁晨. 如何进行物流服务管理［M］. 北京：北京大学出版社，2004.

[31] 王绍军. 电子商务与物流［M］. 上海：上海交通大学出版社，2006.

[32] 凌守兴. 电子商务物流管理［M］. 上海：华东理工大学出版社，2006.

[33] www.china-logisticsnet.com（中国物流网）.

[34] www.chinawuliu.com.cn（中国物流与采购网）.

[35] www.56net.com（物流网）.

[36] www.cla.gov.cn（中国物流行业协会）.

图书在版编目(CIP)数据

电子商务物流管理/刘丽华,蔡舒主编．—武汉：武汉大学出版社,2008.2
高职高专“十一五”规划教材
ISBN 978-7-307-06099-9

Ⅰ.电…　Ⅱ.①刘…　②蔡…　Ⅲ.电子商务—物流—物资管理—高等学校:技术学校—教材　Ⅳ.F713.36　F252

中国版本图书馆 CIP 数据核字(2008)第 005880 号

责任编辑:辛　凯　　责任校对:王　建　　版式设计:詹锦玲

出版发行：武汉大学出版社　(430072　武昌　珞珈山)
(电子邮件：cbs22@whu.edu.cn　网址：www.wdp.com.cn)
印刷:湖北民政印刷厂
开本：720×1000　1/16　印张:14.625　字数:278 千字　插页:2
版次：2008 年 2 月第 1 版　2012 年 7 月第 5 次印刷
ISBN 978-7-307-06099-9/F·1120　定价:26.00 元

版权所有，不得翻印;凡购我社的图书，如有质量问题，请与当地图书销售部门联系调换。

高职高专“十一五”规划教材

公共课书目

安全警示录——大学生安全教育读本
应用写作实训教程

经济类书目

财会系列：

☆财务管理教程
☆财务管理全程系统训练
☆税法教程
☆税法全程系统训练
☆企业涉税会计教程
☆企业涉税会计全程系统训练
☆成本会计教程
☆成本会计全程系统训练
☆中级会计教程
☆中级会计全程系统训练
☆初级会计教程
☆初级会计全程系统训练
☆电算化会计教程
☆电算化会计全程系统训练
☆会计职业技能仿真训练
会计职业技能综合实训
行业特殊业会计教程

物流系列：

☆货物学
物流基础

市场营销系列：

☆市场营销
☆市场营销实训教程
☆电子商务物流管理
管理学
现代企业管理
电子商务概论
市场营销策划
网络营销
国际贸易单证实务

旅游系列：

☆旅游服务礼仪
旅游概论
旅游服务心理
旅游市场营销
旅游英语
导游业务
旅游景区管理
旅游政策与法规
旅行社管理与实务
餐厅服务与管理
前厅与客房服务管理

☆已出书